디자인 씽킹 퍼실리테이션 대백과

디자인 씽킹 퍼실리테이션 대백과

실무에 바로 써먹는 60가지 디자인 도구

멜리사 알다나, 뱅상 드로메르, 요안 르메니 지음
허린 옮김

유엑스 리뷰

지금으로부터 오 년 전, 나는 디지털 전환^{Digital Transformation}(디지털 기술을 경영에 적용하여 전통적인 운영 방식과 서비스를 혁신하는 것)에 관심을 두기 시작했다. 디지털 전환이 국가와 공공기관 및 대기업뿐만 아니라 소기업에 무엇을 의미하는지 질문을 던지게 된 것이다.

이 질문에 대한 답을 찾으려면 어마어마한 도전 과제를 맞닥뜨려야 했다. 이제 디지털 경제가 세계에서 가장 중요한 경제 중 하나가 되었고, 무엇보다도 디지털이 성장의 주요 요인이 되었기 때문이다.

중국 산업부 차관의 말에 따르면, 사실상 현 중국 성장의 3분의 1을 담당하는 분야가 디지털 경제이며, 영국과 같은 선진국의 경우 경제 성장의 반을 디지털 산업이 차지하고 있다.

그런데 특히 전통적 기업들은 디지털 전환을 하기 위해 어떤 도전이 필요한지 파악하는 데 어려움을 겪는다. 대규모 기술 인프라, 인공지능, 대규모 전문가 그룹, 데이터 과학자, 프로그래머, 인공지능 박사에게 엄청난 투자를 하지만, 기업 스스로는 변화하지 않았다는 사실을 깨닫기까지 수년이 걸린다. 기업의 시장 점유율은 제자리이고, 비즈니스 모델은 변화하지 않았으며, 그 사이에 기업마저 디지털 대기업과의 경쟁에 취약해졌다. 유럽에서도 자동차 산업, 의료, 유통, 플랜트(생산용 기계 장치 및 설비 시스템), 금융 서비스 등 다양한 분야의 많은 기업이 이러한 문제를 겪었다.

새로운 기술 역량을 갖추는 것이 어려운 이유는 애초에 기술 역량을 기업 경영의 핵심에 두지 않고 있기 때문이다. 대체로 기술 역량은 고객 중심 문화를 포함한 기업 문화와 연관이 있으며, 특히 관리와 경영 모델처럼 가장 다루기 어렵고 예상하지 못한 분야와 연계되어 있다.

불과 몇 년 전만 해도 이러한 이야기를 하면 회의적인 답변을 듣기 마련이었다. 문화는 중요한 요소이기는 해도 상대적으로 부차적인 요소로 다룰 수 있다고 생각했기 때문이다. 이런 생각 탓에 문화가 디지털 모델로의 전환을 방해하는 요소가 될 수 있다고는 짐작도 하지 못한 것이다.

그러나 스타트업 문화를 지닌 디지털 개발팀과 함께 일한 사람이라면 디지털 문화가 다른 곳에서 관찰할 수 있는 문화와는 근본적으로 다르다는 것을 알고 있을 것이다. 이러한 기업은 최대한 빨리 프로토타이핑prototyping(제품 출시 전에 시험 삼아 만들어 보는 모형 제작 방법)을 진행하고, 고객과 직접 만나서 의견을 듣고, 급진적인 실험을 실행하는 것을 가장 중시한다. 보통 몇 분만 시간을 들여 살펴보면 기업 전략이 곧 제품이 (또는 서비스가) 되는 경향이 있다는 것을 알 수 있다.

이런 기업 환경에서 조화와 교류를 형성하는 것이 코드와 데이터다. 코드와 데이터가 기업 전체를 관통하고, 다양한 분야를 아우름으로써 기업에 활력을 주는 급진적인 프로젝트를 진행할 수 있게 된다. 마크 저커버그Mark Zuckerberg나 링크드인Linkedin의 설립자 리드 호프먼Reid Hoffman은 수천 명의 직원을 둔 기업으로 성장하는 와중에도 코드에서 눈을 떼지 않고 오랫동안 이 업무를 수행했다.

디지털 기업은 우연히 탄생하지 않는다. 새로운 방식으로 조직과 생산의 혁신을 가능하게 한 코드 및 데이터와 기업이 완벽하게 하나가 되었기 때문에 가능했다.

이미 앞에서 언급했듯이 실험의 중심에 고객이 있으며, 횡단성transversality(이 개념은 수직적 위계와 수평적 칸막이를 깨려는 문제의식에서 출발한다)이 실험을 지배한다. 또한, 디지털 도구를 통해 이전에는 전혀 생각지 못한 수준까지 다양한 영역을 아우르는 조직 모델을 고안할 수 있게 되었다는 점을 이해해야 한다.

그런데 이것이 지금 당신이 읽고 있는 이 책과 어떤 관련이 있을까?

사실 거의 모든 것과 관련이 있는데, 유명한 디자인 씽킹 방법론이 코드의 세계에서 만들어졌기 때문이다. 이전에는 분명 더 작은 단위에서 쓰였지만, 지금과 마찬가지로 효과적이었다. 사용자 중심의 문화, 급진적인 프로젝트, 시험(과 실패), 다문화적인 만남, 위계질서의 소멸은 디자인 씽킹과 디지털 경영 문화에 공통으로 존재하는 가치이다.

그러나 이러한 개념들은 우리를 종종 불편하게 만든다. 대다수의 기업에서 아직도 존재하는 "지시와 감시" 경영 모델과는 꽤 동떨어져 있기 때문이다. 디지털 기업의 경영과 관리가 (비록 권한과 의사 결정이 상위 계층에 속하지 않고 조직 전체에 걸쳐 분배된 조직 구조인 홀라크라시^{Holacracy}는 아니지만) 전통적 모델과 전혀 다르다는 점은 말할 것도 없다. 게다가 위계질서는 완화되고, 실질적인 기능 본위의 경쟁이 이루어지며, 보고서 문화와 관료주의는 훨씬 축소되었다. 또한, 디지털 기업들은 투명성과 내려놓음(단념 또는 포기하는 태도, 즉 결과에 연연하지 않는 태도를 뜻한다)의 문화를 실현해야 하는데 특히 내려놓는 것을 한 번도 연습하지 않은 이들에게는 어려울 것이다.

최고의 공대와 경영 대학원을 졸업한 기업 간부가 최고의 자질을 지녔음에도 디지털 혁명이 지닌 가능성을 이해하고 국가 전역에서 디지털 혁명을 실현하기가 어려운 이유가 바로 여기에 있다.

이 책은 디자인 씽킹 방법론에 입문하고 심화할 수 있는 교육법을 제안하고 있기에 의미가 있다. 자신의 기업이 미래에 더 잘 대비하기를 희망하는 모든 이가 최고의 혁신 능력과 강화된 경쟁력을 갖추고, 전체 외부 효과^{Externality}에 대한 이해를 한다면 매우 바람직한 결과가 나올 것이다. 미래의 초석인 디지털 전환의 중심에는 디자인 씽킹이 있다. 디자인 씽킹의 장점은 조화와 일관성이기에 이 두 장점이 최초의 시도를 받아들이고자 하는 모든 이를 이끌어 줄 것이다.

-질 바비네^{Gilles Babinet}(프랑스 국가 디지털 협의회 공동 의장)

차례

단계별로 따라 하는 디자인 씽킹 28

디자인 씽킹 퍼실리테이터 되기 94

3부

디자인 씽킹 프로세스의 4가지 유형 158

4부

바로 써먹는 60가지 디자인 씽킹 도구 178

저자들은 누구인가?

　당신이 이 글을 읽고 있다면 이는 분명 회사에서, 고객에게서, 또는 친구들과의 저녁 모임에서 고상한 단어처럼 등장하는 "디자인 씽킹^{Design Thinking}(디자인 과정에서 디자이너가 활용하는 창의적인 전략)"이라는 용어를 들어봤기 때문일 것이다. 어쩌면 디자인 씽킹에 관한 기사를 읽었거나 학교 강의실에서 전공 수업을 들었던 경험이 있을 수도 있다. 오늘날 많은 사람이 관심을 두는 주제 중 하나인 디자인 씽킹을 그냥 지나치기는 어렵다. 여러 조직에서 과거보다 디자인 씽킹을 자주 언급하게 된 이유에 대해서는 뒤에서 다룰 것이다.

　당신이 이 책을 읽는 이유는 직접 고안하고, 계획하고, 실행하는 공동 창작 워크숍을 기대하기 때문일 것이다. 디자인 씽킹 방법론을 더 많이 알고 싶은 욕구와 함께 방법론을 언제, 어떻게, 왜 적용할 것인지를 알고자 하는 의지가 이 책의 마지막 장까지 당신을 안내할 것이다.

우리는 지난 3년 동안 신제품 및 서비스의 개발, 조직의 정의 또는 공간 재정비 등 다양한 문제를 디자인 씽킹을 적용해 해결하도록 많은 기관을 도왔다. 그동안의 혁신적인 과정은 우리의 철학과 사고방식이 되었다.

사람들은 종종 디자인 씽킹이 도구와 관련된 방법론인 것처럼 소개한다. 그러나 디자인 씽킹은 무엇보다도 사용자를 중심에 두는 사고방식이며, 팀의 집단 지성을 바탕으로 하는 공동개발의 원동력이다. 이 책에서는 디자인 씽킹을 처음 실행하는 당신이 도움이 되는 지침을 찾을 수 있도록 실용적인 관점에서 다양한 방면에 대해 다루려고 한다.

가장 위대한 혁신은 아침에 샤워할 때 문득 떠오르는 천재적인 아이디어로 탄생하기도 하지만, 대부분의 혁신 제품은 세계 각지에 있는 당신과 우리와 같은 사람들이 맞닥뜨린 구체적인 문제를 해결하기 위해 제안한 방책에서 탄생한다.

그럼 먼저 뱅상^{Vincent}에 대해 소개하겠다. 뱅상은 우리 팀에서 창의성을 담당한다. 스스로를 "닌자 디자이너"라고 부르는 그는 기상천외한 성격에 어떤 사람은 감당하기 어려운 정도로 넘치는 에너지를 가졌다. 뱅상은 2011년부터 인터페이스 디자인 분야에서 약 열 개의 스타트업과 일하

기 시작했다. 그는 신생 기업들을 도와 개발과 브랜드의 이미지 및 가시성과 사용자 경험^{UX}(사용자가 어떤 제품이나 서비스를 직·간접적으로 사용하면서 축적되는 총체적 경험)을 강화하는 데 주력했다.

이후 뱅상은 큰 성공을 거두어 투자펀드 회사 두 곳의 디자인 파트너가 되었다. 그의 역할은 투자회사가 출자한 스타트업들의 디지털 제품의 클릭스트림 ^{Clickstream}(인터넷 사용자가 어디에 있었는지를 보여주는 디지털 경로의 단계를 나타냄)을 분석하는 것이었다. 이후 2015년 11월, 뱅상은 대학 시절에 만난 멜리사와 함께 디자인 씽킹 클랩 닷 아이오^{Design Thinking Klap.io}(이하 클랩^{Klap}) 웹 사이트와 컨설팅 회사를 설립했다.

이제 사고방식을 넘어 아예 뼛속까지 기업인인 멜리
사^{Mélissa}를 소개하겠다. 일단 아이디어가 떠오르면 아무
도 그녀를 막을 수 없다. 기필코 아이디어를 실현해내는
그녀의 원동력은 상상을 현실로 만들어 아이디어가 실현
되었을 때 느끼는 흥분과 감동이다. 멜리사는 2011년부
터 핀테크^{FinTech}('금융^{finance}'과 '기술^{technology}'을 조합한 말로, 핀테크는 기술을 이용하
여 새로운 금융 및 은행 서비스를 제공하는 것) 스타트업에서 홍보 담당으로 일하면서
신기술의 세계에 첫발을 떼었다.

성장의 기회가 되었던 즐거운 모험을 마친 후 멜리사는 인터넷 자동차 리드
^{lead}(잠재적 소비자층의 요구를 창출하기 위해 인터넷 트래픽을 수집하는 것이 목적
인 인터넷 사이트)를 획득하는 사이트, 캡틴-드라이브 닷컴^{Captain-drive.com}을 공
동 개발했다. 이후 수공 제작 브랜드를 개발하고자 하는 의지로 킥 스타터^{Kick}
^{Starter}(2009년 설립된 미국의 대표적인 크라우드 펀딩 서비스)에서 크라우드 펀딩
^{crowd funding} 캠페인으로 출자에 성공해 페루 수공 제작 배낭 브랜드인 마치토스
^{Machitos}를 설립했다. 그리고 마침내 2015년 뱅상과 클랩을 공동으로 설립했다.

이제 요안^{Yoann}을 소개할 차례이다. 요안에게는 날
쌘돌이^{Mr. Agility}라는 별명이 있다. 그는 정보 기술 컨설
팅 분야에서 이렇다 할 확신 없이 3년을 지낸 후 어질리
티^{Agility}(민첩성, 기민성)와 린^{Lean}(짧은 시간에 제품을 만들
고 성과를 측정해 다음 제품 개선에 반영하는 것을 반복해 성
공 확률을 높이는 경영 방법)의 세계에 발을 들여놓았다. 요안은 애자일 개발 방법론
^{Agile Software Development}(개발 대상을 다수의 작은 기능으로 분할하여 하나의 기능을
하나의 반복 주기 내에 개발하는 개발 방법)과 기업 내 게임을 바탕으로 진행하는 워
크숍 도구, 혁신적인 접근법에 관해 풍부한 지식을 갖고 있었다. 그는 프로젝트 팀
장, 코치, 그리고 워크숍 퍼실리테이터^{facilitator}(진행자)로서 5년간 차근차근 경력

을 쌓아나가 마침내 워크숍 진행 분야에서 최고의 전문성을 갖추었다. 현재 요안은 CAC40 주가지수(프랑스의 대표적인 주가지수로서, 파리 증권거래소에서 가장 활발하게 거래되는 40개 우량종목을 대상으로 발표한다) 대기업들을 돕고 있다. 그는 기업들의 민첩한 실행을 도와줄 도구와 게임, 자신만의 경험을 가득 담은 배낭 없이는 결코 밖을 나서지 않는다.

그런데 이런 그에게도 작은 결점이 있다. 바로 보드게임 수집에 광적으로 집착한다는 것이다. 항간의 소문에 따르면 보드게임이 너무 많아서 셀 수 없을 정도라고 한다. 2017년 디자인 씽킹 연수에 참여하려고 온 요안은 멜리사와 뱅상과 만났고, 서로 공통의 관심사를 첫눈에 알아보았다.

이 책의 그래픽 디자이너 앙젤Angel은 개념과 주요 용어를 시각화해 모두가 쉽게 이해하도록 돕는 중요한 역할을 맡았다. 그래픽 디자인을 전공한 그녀는 삽화가, 예술가, 사회학자, 기자 등 수많은 진로를 두고 늘 고민해 왔다. 당시그녀는 교수님의 강의 내용을 전부 도식과 그림으로 그리면서 시간을 보냈는데 이것이 진짜 재능이라는 것을 깨닫지 못했었다. 현재 워크숍에서 콘셉트 시각화를 담당하고 있는 그녀는 기업뿐만 아니라 여러 사회 활동 기관에 실질적인 영향을 주고 있다.

이 책이 존재해야 하는 이유 세 가지

가치와 비전 공유하기

공감, 테스트 앤 런test and learn, 집단 지성을 기반으로 CAC40 주가지수 기업 및 스타트업, 공공행정 기관과 400회 이상의 워크숍을 진행하면서 쌓은 다양한 경험과 디자인 씽킹에 대한 비전을 공유하고자 한다. 그동안 여러 기업과 함께 다양한 상황을 겪으면서 우리는 미국 에이전시들이 실행하는 디자인 씽킹을 유럽 기업에 그대로 적용할 수 없다는 사실을 깨달았다. 내부 팀과 디자인 씽킹 과정을 통합하고 전통적인 일 처리 방식을 바꾸려면 유럽의 상황에 맞게 변형해야 했다. 구체적으로 어떻게 했느냐고? 신속한 테스트, 짧은 기간 내 반복적으로 개발하기, 팀 내와 여러 팀 사이에 신뢰의 문화 만들기를 기본으로 협업하는 문화를 쌓아나갔다. 그러나 우리에게 무엇보다도 중요한 것은 모든 혁신 프로세스의 중심을 사용자에게 맞추는 것이었다.

우리가 믿는 디자인 씽킹의 주요 가치

공감: 제품을 개발하려는 대상과 만나고 사용자의 관점에서 그들이 어떻게 느끼는지를 이해하여 적합하고 일관성이 있는 해결책을 제시하는 것이 중요하다.

인간 중심: 프로젝트, 문제 또는 조직은 데이터와 결과로 요약되지 않는다. 신제품 개발이나 새로운 서비스를 구축하고 조직의 구성을 재고하거나 새로운 콘셉트를 고안하려면 모두에게 의미 있는 공동의 비전을 공유해야 한다. 이를 위해 적극적으로 참여하는 여성·남성 참가자가 필요하다.

"행동"으로 전환하기와 "실행하기": 멋들어진 파워포인트 발표를 준비하는 것만으로는 설득할 수 없다. 시장은 빠르게 변화하므로 쉽게 접근할 수 있는 기술을 활용해 구체적인 요소를 동시에 준비하면서 진행하는 편이 낫다. 이것이 바로 프로토타이핑이 중요한 이유이다.

반복과 "테스트 앤 런": 한 번, 두 번, 세 번 계속해서 실패를 겪으면서 모든 가능성을 탐색하는 태도를 배워야 한다.

팀 작업과 집단 지성의 힘: 창의력을 고무하고 더 빨리 그리고 더 멀리 나아가려면 이미 존재하는 규율과 경쟁에서 탈피한 다분야 팀을 꾸리는 것이 절대적으로 필요하다.

경험 전달하기

우리는 3,000명이 넘는 사람들에게 디자인 씽킹을 소개해 왔다. 그 과정에서 특정 주제를 다루며 워크숍 진행 방식을 짜고 구성하고, 잘 다듬은 툴킷^{toolkit}(도구 상자)를 적용할 다양한 방법을 찾았다. 그리고 이를 만들었고, 형식화했으며, 시도 했다. 우리의 경험이 집약된 비결을 당신에게 전달하기 위함이 바로 원동력이었다. 우리의 바람은 당신이 여기에 소개된 모든 내용을 스스로 적용하고 새로운 방식을 찾아서 당신만의 스타일을 만드는 것이다. 요컨대 당신이 이 책을 통해 자신의 한 계를 초월하고, 나아가 우리를 능가하기를 바란다(만약 우리를 능가한다면 당신의 방 법을 기꺼이 배우겠다!). 디자인 씽킹에 단 한 가지 방식만 적용해야 한다는 경직된 생각은 전혀 사실이 아니며 오히려 그 반대다. 그렇기에 당신이 디자인 씽킹의 후 편을 쓰길 기대한다. ☺

실용적이고 이해하기 쉬운 디자인 씽킹을 위하여

우리가 디자인 씽킹을 배우기 시작했을 때 디자인 씽킹 이론에 관한 수많은 책 과 글을 만났다. 물론 대부분의 도서는 혁신 프로세스인 디자인 씽킹의 기초와 원 리, 정신을 이해하기에 매우 좋다.

그러나 막상 대부분의 책들을 모두 읽은 후 구체적인 주제 앞에 섰을 때 어디서 부터 시작해야 할지 막막했다. 이 경험에 비추어 당신이 바로 사용할 수 있도록 디 자인 씽킹 실행에 적용할 60개의 도구를 정리하고, 필요한 주제에 맞게 변형할 수 있는 전형적인 워크숍의 프로세스를 기재했다.

누구를 위한 책인가?

이 책은 디자인 씽킹의 세계에 뛰어든 독자 여러분을 위한 것이다.

• 디자인 씽킹을 다룬 책을 한 번도 읽지 않았고 디자인 씽킹이 무엇인지 모르지만 새로운 역량을 개발하고자 하는 강한 의욕이 있다면,

• 디자인 씽킹이 무엇인지는 알고 있지만 어디서부터 시작해야 하는지 모른다면,

• 디자인 씽킹 워크숍에 이미 참여한 후 스스로 워크숍을 진행하기 위한 프로세스와 검증된 도구가 필요하다면,

• 디자인 씽킹 전문가이지만 호기심에 이 책을 펼쳐보았다면,

　이 책은 당신을 위한 것이다.

그런데 앞 카테고리 중 어디에도 해당되지 않는가? 몇 장을 더 뒤적여보라. 기회가 가득한 신세계를 발견할지 누가 알겠는가!

우리는 당신이 이 책을 읽는 동안 다음의 사항들을 요구할 것이다.

• 방법론과 도구를 소개할 때에는 지성을,

• 경험에 관한 피드백을 거치면서는 가슴과 감정을,

• 마지막으로 행동에 옮기기 위해서는 몸을 움직여라!

이 책이 담고 있는 내용과
담고 있지 않은 것

당신이 읽는 이 책은 천지창조부터 디자인 씽킹의 등장까지 아우르는 이론 서적이 아니며(흥미로운 주제이기는 하지만 말이다), 디자인 씽킹이 무엇인지 설명하는 형이상학적 사조들을 소개하는 학술서도 아니다. 이 책의 목표는 우리의 관점을 소개하면서 디자인 씽킹에 첫발을 떼는 당신을 돕는 것이다. 따라서 디자인 씽킹에 관한 시선과 비결을 공유하고 싶은 열정적인 이들의 단편을 담았다.

이 책에서는 선별하여 집약한 이론과 개념, 글로 옮긴 삶의 순간들보다도 여러 워크숍을 진행하면서 골라낸 실용적인 정보, 설명과 함께 여러 도구를 소개한다. 그리고 책을 읽은 후 바로 디자인 씽킹을 시작할 수 있도록 구성했다.

전반적인 안내

디자인 씽킹
프로세스 입문하기

디자인 씽킹이 **당신의 비즈니스에**
중요한 이유는 무엇인가?

당신은 성공하는 기업들이 얼마나 빠르게 시장에 반응하는지 아는가? 이들 기업에는 놀라울 정도로 빠르고 정확하게 사용자들을 위한 새로운 콘셉트를 출시하는 능력이 있다.

실제로 성공하는 기업은 경쟁에서 살아남는 데 비용을 많이 지불하지만, 가시성이 적은 장기 주기보다는 단기 주기로 개발하면서 효과적으로 혁신을 이루어낸다.

매우 빠른 반응성^{reactivity}을 갖춘 기업들은 성공하는 좋은 제품, 즉 사용자들이 압도적으로 선호할 만한 제품을 출시하는 데 필요한 능력을 개발한다. 예를 들어 넷플릭스^{Netflix}를 보라. 활동 분야 및 비즈니스 모델을 끊임없이 성공적으로 혁신하는 것을 볼 수 있을 것이다. 그런데 당신은 넷플릭스가 DVD 통신 판매로 시작했다는 사실은 알고 있었는가?

> "피라미드 구조 안에서 디자인 씽킹은 위계질서를 수평적으로 만들고, 집단 지성을 기반으로 다방면으로 협업함으로써 승인 프로세스 안에서 경직되지 않도록 도와준다."
>
> 플로렁 마르샬(Florent Marchal), SEB 그룹(Groupe SEB) 프랑스, 혁신팀장

넷플릭스는 사업을 시작한 지 불과 몇 년 후 합법적인 스트리밍 배급 경로를 열고, 더불어 기존의 모든 코드를 파괴하면서 영상 시장의 판도를 바꾸는 데 성공했다.

오늘날 전통적인 조직들은 이렇게 하루가 다르게 민첩하게 변화하여 짧은 기간에 대기업 사이에서 자리를 잡은 실리콘밸리의 기업들로부터 많은 영감을 받고 있다.

왜 디자인 씽킹이 점점 더 중요한 자리를 차지하는지를 이해하려면 우리가 겪고 있는 현 상황을 더 잘 살펴봐야 한다.

다음의 주요 변화 다섯 가지는 디자인 씽킹이 문제 해결에 효과적인 이유를 설명해 준다.

곳곳에 산재하는 파괴(disruption)

국내 및 해외 시장에서 제품과 서비스를 선택할 수 있는 폭이 넓어지면서 경쟁은 더욱 치열해졌다. 여러 기업이 두각을 나타냄에 따라 시장을 흔드는 새로운 위치를 선점하여 점령하거나 아예 새로운 시장을 창조하는 것을 목표로 삼게 되었다. 특히 스타트업이 이를 먼저 깨닫고 사용자가 직면한 문제에 그들만의 해결법을 제시했는데, 많은 경우 기존 모델과 단절된 방법을 보여준다. 바로 이것이 스타트업의 저력이다!

 이전 같지 않은 사용자의 집중력: 재퍼들
(zappers, 채널을 이리저리 돌리는 사람)

사용자들의 변덕이 심해지면서 더욱 자극적인 서비스를 제공하고 끊임없이 쇄신하면서 사용자들의 마음을 사로잡는 것이 기업의 도전 과제가 되었다. 정보 접근성, 제품 사용 후기, 소셜 네트워크가 서비스가 지닌 즉각적인 특성이 사용자들에게 권력을 되돌려주었고, 그들을 더욱더 깐깐하게 만들었다.

더는 회사에 충성하지 않는 직원

 오늘날 직원에게 가장 중요한 것은 기업이 지적 자극을 제공하고 성과를 인정하는 것이다. 기업은 팀들이 프로젝트에 참여하고 모험에 기꺼이 뛰어들 수 있도록 필요한 환경을 조성해야 한다. 특히 새로운 세대에게 보수는 직장을 선택하는 우선 조건이 아니며, 일의 의미와 기업의 사명이 중요해졌다.

관성을 극복해야 하는 조직

민첩성, 빠른 반응! 신제품을 출시하자마자 구식이 되어버리는 상황을 피하려면 끊임없이 혁신하고 새로운 비즈니스 기회를 잡고 기술을 활용해야 한다. 기업은 지난 성공에 안주해서는 안 된다. 오늘날 시장에서 유리한 자리를 계속 차지하는 것은 불가능하다! 디지털 덕분에 시장 진출의 문턱은 점점 더 낮아졌고, 이로 인해 모두가 인터넷 사이트를 만드는 것이 가능해졌기 때문이다. 즉, 적은 비용으로 누구나 제품이나 서비스를 제안할 수 있게 되었다.

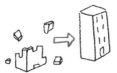

실패는 또다른 R&D
(Research and Development, 연구 개발)

혁신의 이면에는 실패가 존재한다. 그러나 더이상 실패는 금기가 아니며, 오히려 혁신에 이르는 과정이 되었다. 오랫동안 내부에서 진행한 사업 기획에 따라 신제품을 출시하기보다는 과학에서 하듯 실험하고 시도하면서 조정해 가야 한다.

그런데 디자인 씽킹이란
도대체 **무엇**인가?

당신은 6개월 동안 질질 끌던 프로젝트를 진척하지도 못하면서 끝나지 않던 회의를 기억할 것이다! 참여했던 그 사업들, 때로는 시작하기까지 일 년이 걸렸던 사업, 또 더 심각한 경우에는 파워포인트 단계에서 한 발자국도 나가지 못했던 사업을 기억해 보라. 끝으로 당신이 정말로 성공할 것이라 믿었지만, 사용자에게 테스트할 기회조차 얻지 못한 제품을 떠올려 보라. 매우 실망스럽지 않은가? 그렇지만 이제 디자인 씽킹으로 이 모든 상황을 바꿀 수 있다.

디자인 씽킹은 창조성과 협업, 실험적인 환경을 조성하도록 돕는 혁신적인 접근 방식이다.

1990년대 미국의 세계적인 디자인 기업 아이디오^{IDEO}가 대중화한 디자인 씽킹은 디자이너의 아이디어와 방법론에서 영감을 받은 것으로, 여러 분야의 팀들이 협업해서 사용자의 욕구와 기술적 가능성, 경제적 실현성을 조합하여 혁신할 수 있도록 하는 방법론이다.

디자인 씽킹의 기초에는 아래의 세 가지 기본 개념이 있다.

- 모든 사고의 중심이 되는 인간
- 집단 지성
- 실험

인간

디자인 씽킹 방법론에서는 사고의 중심에 인간이 있다. 즉, 이 방법론의 중심에 사용자가 있는 것이다.

당신이 개발하려는 혁신적 제품의 사용자들은 어떤 라이프 스타일을 갖고 있는가? 사용자들의 습관과 걱정은 무엇인가? 사용자들을 더 잘 이해하려면 인류학자처럼 그들 곁에서 관찰하고 몰입해야 한다.

항상 마음에 새겨야 할 키워드는 "공감empathy"이다. 디자인 씽킹 프로세스에서는 "그들 대신" 생각하는 것이 아니라 스스로 "그들의 입장"이 되어야 한다.

집단 지성

디자인 씽킹을 하면서 당신은 집단 지성의 힘을 느끼게 될 것이다.

새로운 제품이나 서비스를 고안하기 위해 구성된 팀에게도 인간은 정말 중요하다.

집단 지성은 여러 사람이 혼합된 그룹 안에 존재하는 다양한 지식, 역량, 욕구와 아이디어가 지닌 모든 다양성의 가치를 활용하는 것뿐만 아니라, 이 다양성을 생산적이면서 창의적인 대화 안에 담는 것을 말한다. 개인보다 그룹이 복잡한 문제를 고민할 때 시너지 효과를 낼 수 있기 때문에 더 큰 힘을 발휘할 것이다.

단, 그룹이 집단 지성을 발현하려면 다분야·다문화 팀의 구성이 전제되어야 한다. 또한, 팀 내에서도 동등한 정보의 공유, 공통 규범의 존중, 다양한 사회 관계, 모든 구성원에게 돌아가는 협업의 혜택이 모두에게 분명하게 확인되고, 인식되고 공유되어야 한다.

몇 번이고 강조하지만, 집단 지성을 끌어내려면 다양한 분야의 팀이 그룹을 이루는 것이 정말 중요하다. 주어진 주제에 따라 공동 창작을 하기 위해 마케팅부서, 생산부서, 물류부서, 프로그래머, 지원부서, 디자인팀, 인사부서, 미래의 사용자가 어우러진 혼합 팀을 구성할 수 있다.

실험

　디자인 씽킹 워크숍을 할 때 아이디어를 종이 위에만 적고 다음 단계로 나아가지 않는 것은 상상도 할 수 없는 일이다. 소매를 걷어붙이고 프로토타입^{prototype}(상품화에 앞서 미리 제작해 보는 시제품)을 만들어야 한다.

　어린 시절에 접었던 종이비행기, 즐겁게 조립했던 레고 성이나 시간이 가는 줄도 모르고 열심히 정리했던 인형의 집을 떠올려 보라. 이것이 바로 전투기, 건축 디자인, 설계도를 낮은 단계의 버전으로 표현한 것이다.

　누군가는 실험을 위기^{risk} 또는 실패할 기회라고 말한다. 바로 이 때문에라도 프로토타이핑은 꼭 거쳐야 할 단계다. 왜냐고? 이유는 아주 단순하다. 바로 이 기회를 통해 당신의 첫 번째 가정이 시장에서 정말 성공할 수 있을지를 과도한 예산과 자원, 에너지를 들이지 않고 테스트해 볼 수 있기 때문이다.

1부

단계별로
따라 하는
디자인 씽킹

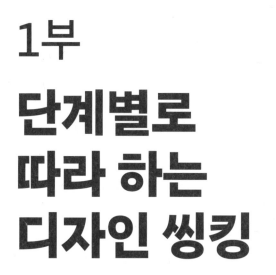

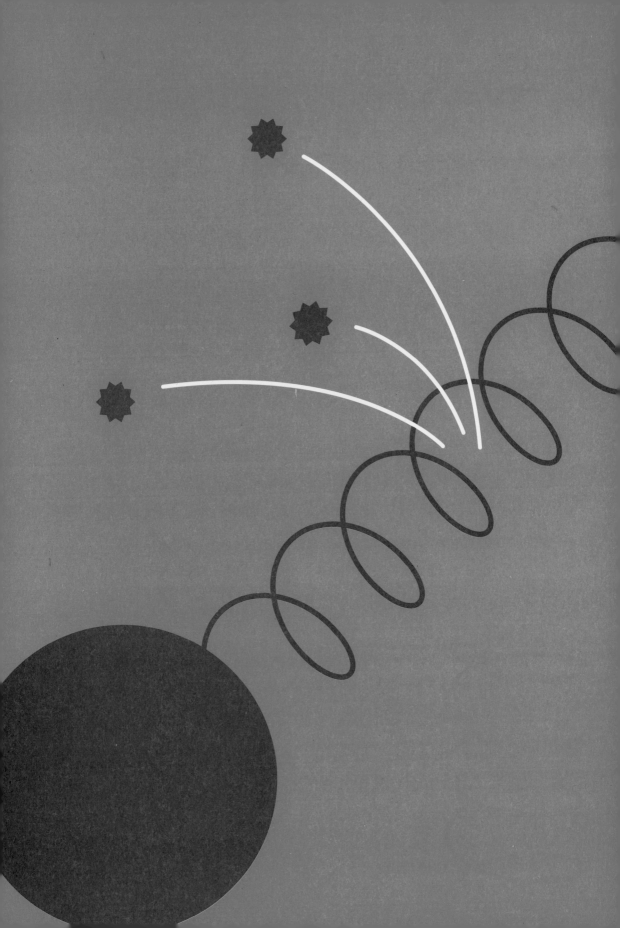

　　디자인 씽킹이 등장한 배경을 살펴보았으니 이제 더욱 구체적인 내용으로 깊이 들어가 디자인 씽킹 프로세스의 중심을 들여다보자.

　　여기에서는 디자인 씽킹 방법론의 주요 단계를 살펴볼 것이다. 아마도 당신은 이미 디자인 씽킹에 관한 여러 책을 읽어보았거나 인터넷 블로그에서 글을 읽으며 많은 시간을 보냈을 것이다. 그렇다면 분명 방법론의 단계를 나누는 방식이 가지각색이라는 사실을 깨달았으리라. 세 단계, 다섯 단계로 나뉘거나 저자의 영감에 따라 일곱 단계로 나뉘기도 한다.

　　이러한 차이가 있지만 목적은 모두 같다. 사용자를 위해 혁신하기, 행동으로 옮기기, 프로토타입을 제작하고 최종 사용자들의 피드백을 받아 여러 시도를 하면서 배우기가 바로 그 목적이다.

디자인 씽킹의 **주요 단계**

많은 이들이 제안하는 내용과 우리의 방식을 통일하면서도 명확하게 설명하기 위해 다음 장에서 주요 단계를 자세히 소개하기로 하겠다.

- **몰입**immersion: 근본적인 첫 단계, 사용자의 행동 양식과 함께 주어진 상황에서 어떻게 상호 작용하는지를 더 잘 이해하기 위해 말 그대로 사용자의 세계에 푹 빠진다. 목표는 해결해야 할 불편함을 느끼는 지점, 즉 페인 포인트pain point(통점)가 무엇인지 찾아내는 것이다.
- **아이디어 창출**ideation: 두 번째 단계에서는 찾아낸 주요 문제점에서 출발해 많은 아이디어를 만들어 낸 후, 가장 적합하다고 판단하는 아이디어를 선택한다.
- **프로토타이핑**prototyping: 정해진 기준을 바탕으로 가장 적합한 해결책을 만들고 형태를 부여한다. 이 단계는 기획에서 필수적이다.
- **테스트**test: 네 번째 단계에서 비로소 프로토타입을 사용자가 직접 이용해 볼 수 있다. 이때 가정이 옳았는지 틀렸는지를 확인하고 피드백을 받아서 이전 단계를 반복해야 할지를 판단한다.
- **반복**iteration: 반복 프로세스는 특히 컴퓨터 과학에서 자주 볼 수 있는데, 컴퓨터가 일련의 명령을 계속해서 되풀이하여 실행하는 과정과 관련이 있다. 우리가 다루는 디자인 씽킹에서는 점차 확인되는 가정의 내용에 따라 반복하여 프로토타이핑하는 것을 뜻한다.

우리는 스탠퍼드 대학교의 디스쿨d.school(데이비드 켈리David Kelly가 설립한 캘리포니아 스탠퍼드 대학교의 디자인 씽킹 교육 기관)에서 영감을 받았는데 "공감하기Empathize"와 "정의하기Define" 두 단계를 "몰입"이라는 하나의 단계로 묶어 변형하였다.

왜 이런 선택을 했느냐고? 지난 수년간 프랑스 기업 환경에서 일하면서 함께 워크숍을 했던 프랑스 기업들이 "공감하기"와 "정의하기" 단계를 분리해서 이해하기 어려워한다는 사실을 깨달았기 때문이다. 몰입 단계로 묶는 편이 더 강력한 방식으로 의미를 전달할 수 있었다. 그러나 이는 우리의 선택일 뿐, 당신이 이 방식을 따를지 말지는 자유롭게 선택할 수 있다.

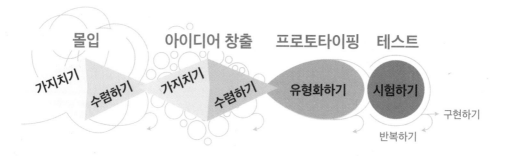

GRT가스 다릴라 마딘느와의 인터뷰

혹시 디자인 씽킹을 팀에 소개하고 적용하고 싶은데 어떻게 해야 할지 고민하고 있는가?
이 질문에 답하려면 다릴라 마딘느^{Dalila Madine}의 경험처럼 실제 경험을 소개하는 것이
가장 좋은 방법일 것이다. 2017년 다릴라는 GRT가스^{GRTgaz}(천연가스를 공급하는 프랑스 기업)
기업 내부에 디자인 랩^{Design Lab}을 설립했다. 우리는 그녀가 디자인 씽킹 프로세스를
기업에 도입하는 초기 단계에서 도움을 주었다. 그녀의 경험을 들어보자.

멜리사: 어떻게 디자인 씽킹 프로세스를 감행하게 되었는가?

다릴라: 사용자를 중심에 둔 프로젝트, 해결책과 제품 디자인을 고안하고,
더불어 팀 작업에 익숙하지 않은 사람들이 협업할 수 있게 도우려고 디자
인 씽킹 프로세스를 시작했다. 그리고 디자인 랩을 만들었는데, 우리 기업
은 디자인 씽킹 랩을 갖춘 첫 번째 대기업 중 하나이다. 디자인 랩은 일종
의 내부 프로젝트를 배양하는 인큐베이터와 같은 개념으로, 인간(고객과 직
원)을 중심에 두었다. 이곳에서 디자인 씽킹을 이용해 문제점에서 해결책에
도달할 수 있도록 프로젝트 담당자들을 돕는다.

"디자인 씽킹"을 시작하게 된 구체적인 과정은 어떠했나?

먼저 자료를 수집하고 스탠퍼드 디스쿨에서 교육받는 것에서부터 시작했
다. 그리고 디자인 씽킹 방법론을 비전략 프로젝트에 시범적으로 적용하면
서 이 세계에 빠르게 뛰어들었다. 내 목적은 디자인 씽킹이 정말로 문제 해
결에 흥미로운 방법인지 증명하는 것이었다. 더불어 GRT가스 직원들에게
적합한 접근 방식을 보강하기 위해서 디자인 씽킹의 주체들, 에이전시, 디
자인 씽킹과 관련된 여러 협회 등을 참여시켰다. 이와 동시에 디자인 씽킹
의 기업 토착화와 교육을 시작했는데, 기업 내에 디자인 씽킹을 알리고, 각

프로세스 단계가 지닌 의미와 프로세스에 필요한 사고방식을 설명하는 것이 중요했기 때문이다.

디자인 씽킹을 채택하면서 겪은 어려움과 내부의 저항은 무엇이었나?

공감 단계는 디자인 씽킹 프로세스에서 가장 어려운 단계 중 하나이다. 고객/사용자들이 겪는 경험과 실제 어려움을 이해하려면 그들의 삶에 몰입해야 한다. 그러려면 우선 자신을 내려놓아야 하는데, 프로젝트 담당자들이 이렇게 하기란 쉽지 않다.

최근 다릴라는 프렌치 퓨처 아카데미French Future Academy를 설립했다.

디자인 씽킹은 '실제' 욕구에 응답하는 '최상의' 사용자 경험을 만드는 것을 목표로 하는 사고방식, 방법론, 도구를 결합한다. 이러한 사고방식이 바탕에 깔리지 않은 상태에서 도구만 사용하면 빠른 지름길로 갈 수는 있겠지만, 진정한 해답은 비껴가는 결과를 초래한다. 그러므로 디자인 씽킹을 위해 가장 먼저 갖추어야 할 사고방식을 살펴보겠다.

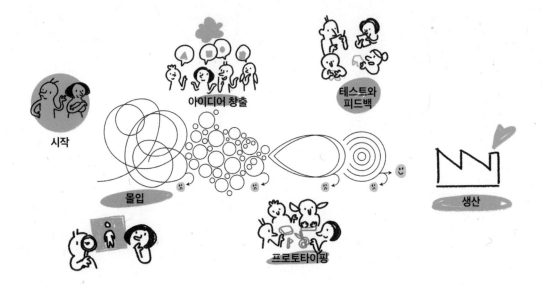

시작 · 아이디어 창출 · 테스트와 피드백 · 몰입 · 프로토타이핑 · 생산

디자인 씽킹의 **사고방식**

초심자의 시선 유지하기

초심자의 시선을 유지하려면 사용자를 향한 열린 마음과 호기심을 갖추고 겸손해야 한다. 우리가 지닌 전문성, 경험, 지표들은 새로움과 공감에 자리를 내주려 하지 않는다. 그러므로 디자인 씽커Design Thinker인 당신은 기존의 메커니즘에서 탈피하여 창의성이 자유롭게 발현되게 해야 한다.

집단 지성의 힘에서 영감 얻기

그룹 안에 존재하는 모든 지식과 역량, 아이디어의 다양성을 인정하면서 이를 창의적이고 생산적인 대화 안에 담아내는 것을 말한다. 다수의 프로젝트는 각기 다른 역량을 지닌 다섯 사람이 모인 그룹에서 고안한 아이디어가 전문가 다섯 명이 모여 고안한 아이디어보다 훨씬 창의적이고 혁신적임을 보여주었다.

테스트 앤 런, 반복에 들어서기

우리는 아이디어를 말로 표현하기보다 각 단계에서 프로토타입으로 만들고 보여줄 것이다. 이렇게 하는 이유는 다음 개발 단계로 넘어갈지를 결정하기 전에 대상 사용자를 직접 만나 구체적인 요소들을 가지고 우리가 세운 가정을 테스트하기 위해서다.

시각화 문화 개발하기

시각화 문화에서는 디자인 씽킹의 정수 그 자체로 사진, 포스터, 동영상, 영감을 주는 이미지로 도배한 게시판, 스토리보드 등을 활용해서 진행하는 프로젝트의 모든 과정을 관통하며 보여주어야 한다. 시각화 자료는 프로젝트가 발전하는 과정을 분명하게 보여줄 것이다.

낙관적인 자세 갖기

우리가 기대하는 만큼 사용자들이 프로젝트에 열광하거나 만장일치로 지지하는 반응을 보이는 경우는 거의 없다. 이것이 바로 프로젝트를 진행하는 내내 긍정적이고 낙관적인 태도를 유지해야 하는 이유이다.

1장

몰입:
사용자 속으로
뛰어들기

몰입이란 무엇인가?

당신이 해결해야 할 문제의 대부분은 당신 자신의 문제가 아니라, 실제 사용자가 부딪히는 문제이다. 몰입은 사용자를 발견하고 알아가고 이해하기 위한 단계이다. 공감을 통해 사용자를 더 깊이 이해하는 몰입 작업이 인간을 중심으로 하는 구상conception 프로세스의 기초가 된다.

유의미한 혁신을 이루기 위해서는 사용자를 더 잘 이해해야 한다. 사용자의 입장이 되고, 사용자들이 어떤 상황 속에서 어떻게 경험하는지를 이해하면, 개인이 그러한 행동을 하는 이유와 방식뿐만 아니라 사용자의 신체적·정서적 욕구, 세계를 보는 방식, 그들의 욕구와 관련된 유의미한 것을 이해할 수 있다.

TIP 아래 사항을 마음에 새기면 사용자와 더 쉽게 소통할 수 있다.
선입견 없이 관찰하기, 새로운 시선으로 바라보기, 주의 깊게 듣기, 판단하지 않고 듣기, 유도하지 않고 사용자와 상호 작용하기 그리고 무엇보다도 열린 마음을 유지하는 것이 중요하다.

예: 디스쿨로 더 잘 알려진 스탠퍼드 대학교 하소 플래트너 디자인 인스티튜드 Hasso Plattner Institute of Design at Stanford University(더 자세한 내용은 다음을 참고하라: https://dschool.stanford.edu/) 학생 네 명이 디자인한 장치. 이 프로젝트는 개발도상국 중 특히 네팔에 실질적으로 필요한 영아용 인큐베이터를 값싸게 만들고자 하는 노력에서 비롯되었다.

왜 몰입 단계를 거쳐야 하는가?

몰입의 순간은 사용자들이 불편함을 느끼는 지점, 즉 페인 포인트를 찾는 데에 그 목적이 있다. 이를 거치면 아이디어 창출 단계에서 프로젝트팀이 불편함을 해결할 방책을 찾기 위해 연구할 수 있다. 그런데 모든 이가 몰입 단계의 정당성을 항상 인정하기란 쉽지 않다. 아마도 당신은 다음과 같은 주장을 이미 들어보았을 것이다.

"우리는 이미 사용자가 무엇을 필요로 하는지 알기 때문에 몰입 단계는 불필요합니다.", "우리는 이미 우리 고객이 무엇을 원하는지 알고 있습니다." 또는, "몰입 단계에 쓸 예산도 시간도 없습니다."

사용자를 만나는 것에서부터 출발하는 것이 중요하다고 모두가 이구동성으로 말할지라도, 이를 실제로 진지하게 실행하는 일은 또 다른 문제이다.

당신에게 예산이나 시간이 부족하든지에 상관없이, 피할 수 없는 이 단계를 거치지 않으면 디자인 씽킹의 진행은 의미가 없다. 실제로 몰입 단계를 배제하고 아이디어 창출 단계로 바로 넘어가면, 당신이 제품을 개발하려는 의도와는 달리 대상 사용자들과 동떨어질 위험이 있기 때문이다.

물론 사업을 빠르게 진행해야 하는 경우가 많을 것이다. 그렇다고 몰입 단계를 배제하려는 유혹에는 넘어가지 말라. 몰입 단계를 실행하기 위해 꼭 수천 명의 사용자를 모아야 하는 것은 아니다. 적절히 선정한 사용자 두세 명과 격식 없는 질(質) 좋은 인터뷰로도 충분하다.

학생들과 고객들이 몰입 단계를 언제 시작하는 것이 좋을지 자주 질문한다. 디자인 씽킹 워크숍을 시작하기 전에 깊은 몰입 작업을 할 수 있도록 시간을 충분히 갖는 것이 이상적이라고 기꺼이 말하겠다. 이 사전 작업 덕분에 당신은 워크숍에서 팀들이 출발점으로 삼을 만한 재료를 갖출 수 있고, 이후 당신이 사용자들에 관해 이야기할 순간에도 다룰 만한 주제를 마련할 수 있기 때문이다.

그러나 일정 또는 예산의 이유로 워크숍 전에 이러한 시간을 갖기가 쉽지 않은 것이 사실이다. 이 경우에는 워크숍 당일에 몰입 단계를 진행하는 것으로 대체할 수 있다.

해결해야 할 사용자의 문제점 찾아내기

인큐베이터 프로젝트를 시작하기 전까지는 팀 구성원 중 누구도 영아와 미숙아에게 의학적 문제를 일으키는 요인에 대한 전문적인 지식을 갖고 있지 않았다. 의료기구 개발과 관련된 지식은 더욱더 없었다. 팀원들은 모두 엔지니어나 MBA 학생들이었기 때문이다.

이들은 약간의 사전 조사만 한 후 개발도상국에서 저가로 구매할 수 있는 값싼 재료들로 제작한 인큐베이터를 만드는 것에 그칠 수도 있었을 것이다. 그러나 그들의 고민은 여기에서 멈추지 않았다.

프로젝트팀은 현지 병원을 방문하고 사용자들과 만나기 위해 네팔로 떠났다. 바로 우리가 "몰입"이라고 부르는 단계로 들어간 것이다. 프로젝트의 대상이 되는 사용자들에게 공감하는 이 단계에서 학생들은 기존에 문제를 다루던 방식을 완전히 바꾸게 되었다.

이들은 현지에서 근본적인 사실을 깨달았다. 현지에 유아용 인큐베이터가 이미 존재했지만, 대부분 사용하지 않고 있었던 것이다. 왜 그랬을까? 인큐베이터가 진짜로 필요한 가족들은 유아용 의료기구를 갖춘 도시에서 멀리 떨어진 곳에서 살았기 때문이었다. 사용자가 사는 환경을 편견 없이 이해하고 몰입하는 과정을 거친 덕분에 학생들은 문제점을 다음과 같이 수정할 수 있었다. "의료 혜택을 받지 못하는 농촌 지역에서 태어난 신생아들을 어떻게 도울 수 있을까?"

위의 과정을 경험하면서 학생들은 문제점을 정확히 짚어낼 수 있었고, 사용자들의 필요가 병원이 아닌 가정에 있었다는 사실을 밝힐 수 있었다. 새로운 문제점을 찾아낸 그들은 도시에서 멀리 떨어진 마을로 떠났다. 마침내 그들은 디자인 씽킹 프로세스를 이용하여 아기의 체온을 유지해 주는 침낭 모양 인큐베이터, "임브레이스 인펀트 워머Embrace Infant Warmer"를 개발하게 되었다. 이것은 병원용 인큐베이터와 비교했을 때 비용은 적게 들면서도, 장소의 구애 없이 어디서든지 사용할 수 있는 제품이다. 이 예시는 디자인 씽킹 프로세스에서 몰입 단계가 중요함을 여실히 보여준다.

저자의 경험담

뱅상은 다음의 두 예시를 통해 어떻게 디자인 씽킹 프로세스에 사용자를 통합했는지를 이야기한다. 첫 번째 예시에서는 디자인 씽킹 워크숍 진행 전에 준비 기간이 없었고, 두 번째 예시에서는 조금 더 넉넉한 기간이 있었다.

1. 나는 의료 분야 기업과 일할 기회가 있었다. 디자인 씽킹 워크숍 당일에 기업의 주요 고객인 개인 고객과 의료 분야 전문가들을 초대했다. 기업의 여러 다양한 직원들로 구성된 팀들은 사용자와 짝을 지어 사용자 경험에 관한 인터뷰를 진행하면서 사용자가 직면하는 주요 문제점들을 찾아냈다. 이렇게 인터뷰 방식을 활용하여 긴 몰입 단계를 사전에 진행하지 않고도 사용자를 프로세스 안에 포함할 수 있었다.

2. 에너지 분야 기업과 진행했던 워크숍에서는, 사전에 직원들이 짝을 이루어 사용자의 거주지를 방문했다. 직원들이 사용자를 직접 만나고 사용자가 이용하는 서비스를 더 가까이에서 관찰하면서 사용자의 경험을 더 잘 이해할 수 있었다.

몰입 단계는 어떻게 진행되는가?

몰입 단계에서는 가지치기와 수렴하기 단계가 연속해서 일어난다.

몰입 단계에서 가지치기

우선, 사용자의 행동 양식 및 환경을 관찰한다. 이때 최대한 열린 태도를 갖추고, 사용자의 말을 경청하면서 얻어낸 정보를 당신의 확신과 선입견으로 인해 왜곡하지 않도록 유의해야 한다. 사용자에 대한 지식을 빠르게 습득하기 위해서 인류학에서 영감을 받은 양질의 방법론을 활용할 수 있다. 그렇다고 인류학 박사가 될 필요는 없으니 걱정하지는 말라! 구체적으로는 다음과 같이 실행한다.

- 사용자 관찰하기
- 공감하면서 상호 작용하기
- 사용자의 입장이 되어보기

사용자 관찰하기

우리는 사용자의 일상, 특히 실험하는 동안 사용자가 어떻게 행동하는지를 관찰하고 이해하는 것에 관심을 둔다.

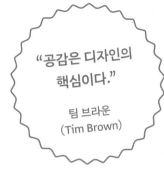

관찰하는 동안 그림자처럼 따라다니며 그의 모든 경험에 동행해야 한다. 사용자와 상호 작용은 하지 않으면서 그를 둘러싼 환경과 주어진 상황에서 사용자가 어떻게 행동하는지를 연구한다. 관찰 내용을 기록하는 형식으로는 사진을 찍어 경험의 각 단계를 묘사한 포토에세이 photo essay나 사용자의 모습을 촬영한 영상물을 예로 들 수 있다.

공감하면서 상호 작용하기

격식을 갖춘 회의나 격식 없이 편하게 만나는 자리에서 사용자들을 인터뷰한다. 양질의 인터뷰는 타깃 사용자들을 더욱더 잘 알 수 있게 한다.

디스쿨에서 인터뷰를 진행하는 방식

사용자의 입장이 되어보기

일정 기간 사용자의 삶을 살아보고, 사용자가 제품을 사용하면서 겪는 것을 직접 겪어보는 것이다. 여기에서 우리는 사람들이 언어로 표현하는 것뿐만 아니라 일반적인 행동 양식에도 관심을 둔다.

몰입 단계에서 수렴하기

사용자에 대한 당신의 시각이 넓어졌다면, 이제 사용자의 주요 문제가 무엇인지 정의해야 한다. 이 수렴 단계에서 연구해야 할 특정한 분야를 명확히 찾아낸다.

관찰과 인터뷰를 통해 사용자의 입장이 되어보면, 다음 내용을 알아낼 수 있다.

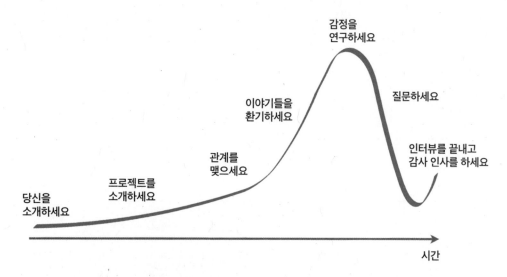

- 사용자 경험(참조-도구 23)의 목적은 사용자가 필요성을 느낀 시점부터 제품 또는 서비스와 상호 작용하면서 최종적인 효과를 얻어내기까지 겪는 일련의 단계를 연속적으로 묘사하는 것이다. 사용자의 경험을 되짚어보면 어느 시점에서 주요 문제점이 발생하였는지를 더욱더 잘 찾아낼 수 있다. 다음은 휴가를 떠나는 사용자의 경험을 여섯 단계로 단순화하여 표현했다.

휴가를 떠나는 과정(단계)

- 페르소나persona(참조-도구 18)는 전형적인 사용자 그룹을 대표하는 가상의 프로필이다.

야망

습관

난관

성, 이름

나이
회사
사는 도시
가족
거주지
취미
경력

필요

몰입 단계에서 사용할 수 있는 여러 다양한 도구들(참조-도구 17~25)은 도구 상자(이 책의 4부를 보라)에서 찾아보라.

몰입 단계에서 얻을 수 있는 요소로는 다음을 예로 들 수 있다.

- 페르소나
- 공감 지도empathy map
- 사용자 경험
- 도전 과제 해결에 공조하는 팀

사용자 조사를 어떻게 진행하는가?

사용자 경험 연구원인 마르고 가예Margot Gayet가 사용자 조사를 성공적으로 진행하는 방법에 관해 조언했다. 그 내용을 여기에 소개한다.

준비하기

문제, 할당된 예산, 주어진 시간에 따라 방식 선택하기

국내 또는 해외 조사인가, 사전 조사인가, 콘셉트를 마무리하는 단계에서 이루어지는 조사인가? 상황에 따라 여러 다른 방식이 있지만, 주요 세 가지 방식만 소개하겠다.

- **사용자 인터뷰:** 사용자 인터뷰는 사용자와 단둘이, 또는 팀원 2명과 함께 대면하며 열린 방식으로 대화하는 것이다. 이때 사용자와 관련이 있는 장소를 선택하는 것이 좋다. 조용한 카페도 괜찮다.
- **에스노그라피**ethnography(특정 그룹의 생활방식을 관찰하는 연구 방법): 응답자 곁에 머물면서 상황에 완전히 몰입한다. 그리고 그들이 가는 모든 장소에 동행하면서 최대한 현실에 가까운 상황을 관찰한다. 연구 주제에 따라서는 대중교통

을 이용하고 상점에 가거나 저녁 식사를 준비하는 등 여러 상황에서 응답자와 동행하게 될 것이다. 응답자가 무엇을 기대하는지를 알아내고 몸짓과 행동 양식을 자세히 관찰하면서 그와 대화한다. 이 활동의 목적은 단순히 진술하는 내용 이상의 정보를 얻는 것이다. 더불어 응답자를 둘러싼 물리적인 환경이 선택에 어떤 영향을 주는지를 이해하고, 행동 동기와 라이프 스타일을 더욱더 잘 이해해야 한다. 특히 관찰하는 동안 잊지 말고 응답자를 촬영하라!

• **원격 관찰**video diary(영상 일기): 이 방법은 거리상 멀리 떨어져 있는 인터뷰 응답자를 관찰하거나 대면 인터뷰를 보완하기 위해 사용한다. 응답자에게 소형 카메라를 제공해서, 제품을 이용하는 순간과 조사의 내용과 관련된 흥미로운 순간에 그들이 직접 촬영하도록 한다. 그리고 영상을 촬영하는 상황에서 어떤 사건이 일어나고 있는지를 간단히 묘사해야 한다. 즉, 무엇을 하는지, 어디에 있는지 또는 어떤 감정을 느끼는지 등을 설명하는 것이다. 마지막으로 각 장면은 몇 분만 찍어도 충분하고, 이때 얼굴 중심이 아닌 주변 환경도 함께 촬영해야 함을 분명히 이해시켜야 한다.

현장 조사에 필요한 준비

사용자 조사를 위해 사전에 몇 가지 준비를 해야 한다.

• 관찰해야 할 응답자 프로필, 조사에 필요한 일반적인 기준(성별, 나이, 장소 등) 및 정보의 사용 기준을 정하라.

• 관찰 지침 준비하기. 자세한 질문을 작성하기보다는 다루어야 할 주제 목록을 만들라.

• 예산이 적다면 지인이나 소셜 네트워크를 통해 사용자를 섭외하도록 한다. 예산이 풍족하다면 모집원이나 패널리스트를 활용하여 참가자들을 모집할 수 있다. 단, 패널리스트 모집 비용과 그들에게 지급해야 할 수당이 포함된 가격인지를 꼼꼼히 확인하라.

- 미팅 하루 전에 참가자들에게 연락하여 시간과 장소를 다시 한번 알려준다. 그리고 갑작스러운 일이 생기거나 늦게 도착할 때 연락할 수 있는 전화번호도 알려주어야 한다. 실제로 이런 일이 꽤 자주 일어난다.
- 가방에 수첩, 녹음기, 카메라, 배터리 두 개를 넣어두라. 관찰 수칙, 활동 참가비와 더불어 인터뷰 참여 확인서도 챙겨라. 이 확인서는 참가자가 인터뷰가 끝난 후 인터뷰 참여 및 참가비 수령 여부를 확인하고 서명하기 위한 것이다. 참가자가 촬영에 동의한다면 초상권 사용동의서도 준비하라.

사용자 조사하기

간과하지 말아야 할 몇 가지 원칙이 있다.

- 사무실로 출근하지 않는다는 사실을 잊지 말라. 검소하고 평범한 옷 스타일을 입으면 참가자는 당신을 더 친근하게 느끼고, 자신이 판단받는다는 느낌을 덜 받을 수 있다. 반면, 당신이 너무 잘 차려입고 나타나면 상대방은 이질감을 느낄 것이다.
- 자신을 소개하고 조사의 목적과 배경을 설명하라. 인터뷰를 촬영하는 경우에는 촬영에 응하는지 다시 확인한다.
- 응답자에게 틀린 답변은 없다는 것을 강조하고, 격식을 차린 설문 조사가 아니라 편안한 대화임을 충분히 설명하라.
- 인터뷰를 시작할 때 어떤 고객을 위한 인터뷰인지 알리지 말라. 만약 응답자가 원하면 인터뷰가 끝난 후에 알려줄 수 있다.
- 응답자가 편하게 느낄 수 있도록 열린 질문으로 시작하거나, 관심이나 취미 등 광범위한 주제를 먼저 다뤄라.
- 짧고 피상적인 답변("네" 또는 "아니요", "남자" 또는 "여자" 등)이 나올 수 있는 닫힌 질문이 아닌 열린 질문을 하라. 예를 들어 "~는 무엇인가요?", "~하려면 어떻

게 하나요?"와 같은 질문으로 시작하라.

- 준비한 순서대로 질문하려 하지 말라. 다루고자 하는 주제에 따라 인터뷰가 진행되는 이상, 응답자가 답변하는 흐름에 "맡겨라."
- 물건, 옷 스타일, 장식 등 인터뷰가 진행되는 장소의 환경에 신경을 쓰고, 인터뷰 중 받은 인상을 수첩에 적어라.
- "왜?"에 관하여 고민하면서 응답자의 진짜 동기가 무엇인지 잘 이해하라(참조-도구 21).

브리핑하기

사용자 조사가 인문 과학 분야에 속한다고 말할 수 있다. 그리고 이 조사에서도 몇 가지 규칙을 염두에 두는 것이 바람직하다.

- 인터뷰 그리고/또는 관찰에 대한 가정을 너무 성급하게 세우지 말고, 현장 조사가 끝날 때까지 중립성을 지켜라.
- 인터뷰가 끝난 직후 곧바로 브리핑하며 당신의 생각을 나열하라. 각 인터뷰가 끝난 후에는 응답자의 경험, 습관, 감정을 그대로 옮기도록 노력하면서 간단히 몇 줄 적는다. 당신이 할 수 있는 가장 객관적인 태도를 유지하면서 응답자의 입장이 되어보라.
- 녹음기 또는 카메라 화면을 이용해 인터뷰에서 중요한 내용을 다시 듣고, 녹취를 그대로 문서로 옮겨라. 이 작업은 당신이 최종 보고서를 작성할 때 응답자가 내뱉은 한마디 한마디, 정확한 발언의 내용을 쉽게 찾을 수 있다. 인터뷰 녹취 작성을 전문가에게 의뢰할 수도 있다.
- 첫 번째로 떠오른 생각들을 동료들과 나누고 함께 브레인스토밍^{brainstorming}하면서 당신의 생각을 말하고 현장에서 수집한 내용에 살을 붙여라.

인터뷰에서 얻은 재료들을 크게 세 부분, 즉 전반적인 통찰(주요 포인트, 주요 관찰 내용, 기본 경향), 세부적인 통찰(당신이 주목한 상세한 내용, 지적할 만한 특이 사항), 각 단계에서 나타난 페인 포인트를 포함한 사용자 경험으로 종합 정리한다.

인터뷰를 잘못 진행하지 않도록 유의해야 하는데, 인터뷰를 연속적인 일련의 질문-대화라고 생각하기보다는 대화나 대담이라고 생각해야 한다. 그래야만 현실과 가장 비슷한 정보를 더욱더 많이 얻을 수 있다.

2장
아이디어 창출: 아이디어를 최대한 많이 생산하기

아이디어 창출이란 무엇인가?

아이디어 창출^{Ideation}은 창의성을 자극하고 아이디어를 최대한 많이 생산해 내는 매우 중요한 순간이다. 상상의 나래를 펴고 몰입 단계에서 발견한 사용자의 문제에 해결책을 찾아내는 단계이다. 이 단계에서는 아이디어의 질보다는 양이 관건이다!

지금이 밤 10시라고 상상해 보라. 당신은 프로젝트팀에 여러 콘셉트를 제안하는 발표를 준비하고 있다. 그런데 몇 시간이 지난 후에도 여전히 백지 앞에서 한 글자도 못 쓰고 있다. 그렇다면 모두 함께 아이디어를 최대한 찾을 수 있도록 아이디어 창출 워크숍을 제안해 보면 어떤가?

비록 아이디어는 개인에게서 나오는 것이지만, 팀이 함께 아이디어를 고민하면 팀의 에너지가 창의성을 자극하고 생각을 전환해 새롭고 참신한 콘셉트를 찾아낼 수 있다.

신뢰, 경청, 호의, 그리고 특히 판단하지 않는 자세 등 최상의 조건이 모이면 팀의 시너지가 형성된다. 이 때문에 참가자들이 아이디어를 모을 수 있을 뿐만 아니라 서로서로 아이디어를 듣고 상호 작용하면서 영감을 얻을 수 있다.

SEB 그룹 플로랑 마르샬과의 인터뷰

2017년 여름, 멜리사는 프랑스의 대기업인 SEB 그룹의 관리자들을 대상으로 한 디자인 씽킹 시범 사업을 준비하던 혁신 담당자 플로랑 마르샬^{Florent Marchal}과 함께 일했다. 워크숍 이후, 플로랑은 우리에게 어떻게 500명이 모인 조직 안에서 사회적이고 조직적인 프로젝트가 탄생했는지 설명했다.

멜리사: 프랑스 SEB 그룹에서 진행한 업무를 간단히 소개한다면?

플로랑: 2016년에 내가 맡은 업무는 인간을 다시 조직의 중심에 돌려놓음으로써 더 큰 성과를 얻으려는 노력에서 시작되었다. 구체적으로 가치 창출과 혁신에 모든 직원이 참여할 수 있도록 전 분야를 아우르는 주제를 중심으로 두고 활동했다.

이를 위해서 마흔 명 가량으로 구성된 관리자팀과 워크숍을 진행했다. 이들 관리자팀은 고위 경영자 그룹으로, 직원들의 자율성을 강화하고 민첩성을 강화하기 위한 새로운 경영 문화에 관여하고 이를 장려하는 역할을 한다.

왜 프랑스 SEB 그룹 내에서 디자인 씽킹 프로세스를 시작했는가?

우리 도전 과제의 핵심은 새로운 업무처리 방식, 혁신 경영이다. 그래서 여러 부서들이 의미 있게 생각하는 주제들에 적용하면서 디자인 씽킹 방법론을 테스트하고 싶었다.

어떤 주제를 다루었는가? 워크숍 동안에 어떤 일이 일어났나?

직원들이 선정한 도전 과제 세 가지를 관리자 40명이 참여한 워크숍에서 다루었다. "서로를 더 잘 알고 이해하기 위한 관리자-고용자 관계를 재창조하기", "신입 직원을 팀 내에 받아들이는 과정을 재고하기", "직원들을 더 잘 조직하는 해결방안 함께 만들기"이다.

관리자들을 혼합해 세 그룹을 만들었고, 각 그룹에 한 주제씩 배정하였다. 이렇게 하여 최대한 많은 아이디어를 찾아냈고 이로부터 적절한 프로토타입들이 탄생했다.

창의적인 워크숍에 참여한 관리자들의 반응은 어떠했나?

> "팀 안에서 우리는 모두 평등하다. 각자가 가치를 창출하는데, 바로 이것이 놀랄 정도로 풍부한 협동 효과를 만들어 낸다."

풍부한 토론 덕분에 워크숍이 끝난 후 매우 긍정적인 피드백을 받았다. 디자인 씽킹 방법론과 적극적으로 참여한 관리자들 덕분에 좋은 에너지가 형성되었다. 각자 자신의 역할을 찾은 것이다. 실제로 각자가 자신의 의견을 피력하는 순간들이 있었다.

예를 들자면, 어떤 이들은 평소보다 더 자연스럽게 아이디어를 찾아낼 수 있었다. 나도 아이디어 창출 단계가 관리자들에게 신선함을 주었다고 생각한다.

특히 제한된 아이디어 창출(참조-도구 31) 활동 덕분에 그들은 이전에 해 보지 못한 방식을 받아들일 수 있었다. 그런데 정말로 만족했던 단계를 따로 꼽자면, 각 팀이 한마음이 되어 하나의 아이디어를 주장하고 구체화하는 시간인 수렴 단계이다.

디자인 씽킹 워크숍 후 후속 조치가 있었는가?

"고용자들을 조직하기" 주제에서 채택한 우수한 아이디어를 실행했다. 바로 "자선의 날Charity Days"인데, 콘셉트는 직원들이 일 년에 한 번 모여서 사회의 소외 계층을 돕는 협회를 지원할 기회를 마련하는 것이다. 좋은 일을 하기 위해 프랑스 전국에서 각기 다른 부서와 기업의 여러 직종에서 일하는 직원들이 자선 그룹을 형성했다. 이 활동은 직원들끼리 만나서 관계를 맺고 공동체의 연대 의식을 강화해 준다. 구체적으로 기업의 "벽을 깨는" 현상이다!

무엇이 가장 인상적이었나?

실제로 서로에게 경청하는 법을 배웠다는 점이다. 팀 내에서 우리는 모두 평등하다. 각자가 가치를 창출하고 놀랄 정도로 풍부한 협동 효과를 만들어 냈다. 디자인 씽킹 워크숍은 개인의 자아를 깰 수 있는 환경을 형성하기도 했다.

프랑스의 SEB 그룹은 디자인 씽킹 프로세스를 포함한 새로운 경영 방식과 직원들이 제안한 행동을 구체적으로 실행한 사업 덕분에 ESSEC 경영대학원ESSEC Business School이 수여하는 2018 혁신 ESSEC 상을 받았다.

왜 아이디어 창출 단계를 거쳐야 하는가?

아이디어 창출의 목적은 문제를 해결하는 것이다. 이를 위해서는 아이디어를 최대한 많이 생산해야 하는데, 창의성과 상상력을 자극하고 협업을 돕는 도구나 방법론을 활용하여 아이디어 창출을 구체적으로 실현할 수 있다.

또 다른 형태의 브레인스토밍이라고 말할 수 있는 아이디어 창출이 가진 중요한 장점은, 토론뿐만 아니라 글쓰기를 이용한 협동 작업을 돕는 활동들이 많다는 점이다. 따라서 당신의 프로젝트가 진행되는 상황, 직면한 문제, 팀의 구성원, 각 참가자의 특성에 따라 적절한 아이디어 창출 방법을 선택하고 적용할 수 있다.

브레인스토밍은 말로 생각을 표현하거나 대중 앞에 서는 데 익숙하지 않은 사람들에게 간혹 힘들 수 있지만, 여러 다른 아이디어 창출 방법은 교육적이면서 화기애애한 분위기 속에서 각 개인의 생각을 받아들이고 협업할 수 있도록 돕는다.

아이디어 창출 단계를 성공적으로 이끌기 위해서는 아이디어 창출 활동을 시작하기 전에 경청하고 의견을 나눌 수 있는 환경을 조성해야 한다. 이를 위해서는 호의적인 분위기를 형성하고 참가자들의 특성과 주제에 알맞은 도구(참조-도구 26~33)를 선택해 좋은 작업 환경을 마련하는 것이 중요하다. 그러면 참가자들은 다음과 같은 자세를 갖출 수 있다.

- 서로의 아이디어에 개방적인 자세를 갖는다.
- 컴포트 존comfort zone(편안함을 느끼는 범위)에서 과감히 벗어난다.
- 대화에 적극적으로 참여하려는 의지를 갖고 긍정적인 자세를 취한다.
- 서로의 아이디어를 바탕으로 사고할 수 있는 유연한 자세를 갖춘다.
- 그리고 이 기회를 빌려 우중충한 회의실이나 사무실에서 벗어나라! 익숙한 폐쇄적 공간에서 벗어나 시원한 공기를 마시면 산소도 공급하고 상상력을 자극할 수 있어 좋다.

아이디어 창출 워크숍을 마친 후 얻을 수 있는 여러 혜택은 다음과 같다.

- 프로젝트의 강점을 찾아내고 최대화할 수 있다.
- 팀원들(직원, 사용자, 그 외 관계자)의 참여도와 성과를 높일 수 있다.
- 팀 전체가 교육적이면서 즐거운 접근 방식을 활용해 참여할 수 있다.
- 소통과 경청 능력을 향상할 수 있다.

아이디어 창출 단계는 어떻게 진행되는가?

몰입 단계와 마찬가지로 아이디어 창출도 가지치기 단계와 수렴하기 단계로 구분된다.

아이디어 창출 단계에서 가지치기

가지치기라고 부르는 첫 번째 단계는 팀을 다양한 방향으로 인도하고 독창적인 태도를 갖추도록 돕는다. 이 단계는 참가자들에게 가장 기분 좋은 순간일 것이다. 참가자들은 모든 벽을 뛰어넘어 한계를 정하지 않고 자유롭게 상상의 나래를 펼칠 수 있다.

워크숍에서 가지치기 단계를 위해 마련된 도구들(참조-도구 26~33)을 활용해 참가자들을 자극한 후 다음 단계인 수렴하기로 넘어간다.

아이디어 창출 단계에서 수렴하기

수렴하기 단계를 잘 이해하고 싶다면, 많은 양의 아이디어를 입구에 쏟으면 소량의 아이디어만 빠져나오는 깔때기를 떠올려 보자.

아이디어를 수렴하는 단계에서는 프로토타입으로 제작한 가장 중요한 아이디어를 찾아내기 위해 아이디어들을 솎아 낸다(참조-도구 34~37).

먼저 사전에 정한 규칙을 참가자들에게 알린다. 이 규칙은 프로토타이핑 단계로 넘어가기 전에 팀들이 아이디어를 수렴해 공통의 해결책을 도출할 수 있도록 도와줄 것이다. 아이디어를 선별하는 마지막 단계에서 다음의 내용을 확인해야 한다.

- 사용자에게 바람직하다: 사용자의 실질적인 기대를 충족한다.
- 조직(또는 기업)이 실현할 수 있다: 기술 또는 조직의 관점에서 실행할 수 있다.
- 지속성이 있다: 조직의 관점에서 지속 가능한 모델이다.

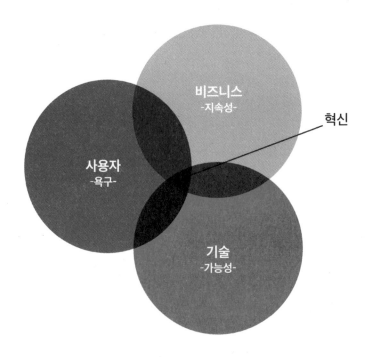

디자인 씽킹 퍼실리테이션 대백과

창의성을 자극하는 기술

확산적 사고^{divergent thinking}를 촉진하는 여러 다양한 도구들을 활용해 참가자들을 도울 수 있다. 이제부터 여러분에게 아이디어 창출 단계를 성공으로 이끌 열쇠를 제시하겠다.

- 혼자 구석에서 고민하지 말고 팀과 함께 새로운 해결책을 고민하라.
- 다른 관점을 볼 수 있도록 다양한 사람들을 모아라.
- 한 가지 방법만 고집하지 말라. 예를 들면, 각 참가자가 개별적으로 아이디어를 생각하는 단계부터 시작할 수 있다. 그리고 적어도 한 번씩은 모든 참가자가 발표하고 아이디어를 제안할 수 있도록 각자가 자신이 고안한 제품을 발표하는 기회를 준다. 팀과 즉흥적으로 하는 브레인스토밍이 내성적인 이들에게는 맞지 않을 수 있다. 이들은 디자인 씽킹 프로세스에 적극적으로 참여하지 않을 수 있기 때문이다.

- 타인의 아이디어에 공감하며 반응할 수 있어야 한다. 아이디어 창출 워크숍이 원활하게 진행되도록 도와야 하는 당신은 아이디어를 다수 생성하는 이 순간에 호의적인 환경을 유지하도록 주의해야 한다.
- 올바른 질문을 할 수 있도록 상상력을 깨워라!

제약이 있는 아이디어 창출

제약이 있는 조건을 주고, 이 조건 내에서 새로운 아이디어를 찾아야 한다. 제한된 조건을 활용하여 미지의 분야를 탐구하는 것이 목적이다.

- 구글에서 해결책을 실행한다면, 어떤 방식일까?
- 세 살 어린이가 해결책을 상상한다면?
- 부엌에서만 해결책을 찾을 수 있다면?

기술, 대상, 장소, 시간 등 다양한 조건을 제시한다면 아이디어가 가지치듯 뻗어나가고 수많은 가능성이 당신에게 다가올 것이다.

강제로 연결하기

강제로 연결하기 활동이 지닌 목표는 무엇일까? 참가자들에게 필요와 기능이 다양한 여러 물건(예: 의자, 칼, 머리빗, 책 등)을 제시한다. 각 참가자는 물건을 여러 개 고를 수 있는데, 이때 무작위로 선택하거나 자신의 직관에 따라 선택한다. 그리고 자신이 선택한 물건들을 연결하여 새로운 콘셉트를 상상한다.

이 활동을 통해시 혁신적인 아이디어를 창조한 구체적인 예로는 오늘날 우리에게 평범해 보이는 소파 겸용 침대, 스위스 군용 칼 등을 들 수 있다!

바이오미메틱스
(Biomimetics, 생물이 가진 여러 가지 기능을 모방해서 이용하는 기술)

아이디어를 찾을 때는 자신을 둘러싼 환경이 어떻게 작동하는지 관찰하는 것만큼 좋은 것이 없다. 다양한 생태계로부터 영감을 받는 것은 매우 효과적이다.

생물이나 식물은 풍부한 영감의 원천이다. 예를 들면, 대부분의 정수장(淨水場)은 천연 생태계와 비슷한 작동 모델이다. 또 다른 예로는 건축을 들 수 있는데, 다양한 타입의 뼈대와 자연 구조에서 영감을 얻어 공간을 디자인하는 경우가 많다. 에펠탑의 철골 구조가 넓적다리뼈의 구조와 비슷하다는 사실을 알고 있었는가?

아이디어 창출 단계를 위해 특별히 디자인한 도구 33을 참고하라. 이를 통해 한계를 뛰어넘고 상상의 제약을 벗어나는 것이 아이디어 창출의 목표임을 알 수 있을 것이다.

아이디어 창출 단계를 통해 얻을 수 있는 몇 가지 요소는 다음과 같다.

• 가능한 많은 아이디어를 찾아낸다.
• 사전에 정한 기준에 따라 아이디어를 분류하고 우선순위를 정한다.
• 프로토타이핑할 아이디어를 결정한다.

3장
프로토타이핑: 아이디어를 구체화하기

프로토타입은 무엇인가?

　프로토타입은 아이디어의 전체 또는 일부분을 유형의 물체나 디지털 방식으로 구체화한 것이다. 즉, 아이디어 창출 단계에서 가정하고 상상하여 디자인한 제품이나 서비스를 최대한 구체화하는 것을 말한다. 그런데 프로토타입은 결코 완성품은 아니다.

　미국 대기업 중 아이디어를 프로토타이핑하는 데 주력하는 기업이 있다. 이제는 스타트업 수준을 벗어나 마운틴뷰Mountain View(첨단 기술 연구 단지인 실리콘밸리의 주요 지역)를 대표하는 기업이 된 구글Google이다. 문샷 아이디어moonshot idea(매우 야심 찬 목표를 지닌 아이디어), 다시 말해 "조금 미친" 아이디어를 구현하는 프로토타입을 끊임없이 만들어 내는 창작과 연구가 구글의 특징이다. 구글의 X 연구실에서는 기밀 프로젝트의 대부분을 개발한다. 그 예로 무인 자동차인 구글 카Google Car나 구글 안경Googles Glass을 들 수 있다.

　그런데 대다수의 스타트업에서는 프로토타이핑이 일반적인 규칙이라는 사실을 알고 있었는가? 사실 많은 경우 기업에서 프로젝트를 처음부터 끝까지 진행하려면 예산뿐만 아니라 시간도 충분하지 않다. 그러므로 신생 기업들은 단숨에 아이디어를 실험하고, 수정하고, 심지어는 완전히 다시 시작한다. 이들에게 지하실에서 제품을 개발하느라 사용자와 한 번도 만나지 못한 채 2년을 소요하는 것은 상상도 할 수 없는 일이다. 이런 방식은 결국 실패할 위험이 큰 해결책을 만들어 낼 뿐이다.

이것이 스타트업이 프로토타입과 최소기능제품MVP, Minimum Viable Product(완제품 출시 전에 최소 실행 가능한 형태로 출시하여 고객들의 반응을 살펴보기 위한 제품)을 만드는 이유이다. 그러나 프로토타입과 MVP는 비슷하지만 서로 보완하는 개념임을 기억하라.

"프로토타입과 MVP는 뭐가 다르죠?" 워크숍에서 자주 받는 질문이다. 프로토타입은 상용화되거나 공정 생산하려는 의도로 만들지 않는다. 대신 사용자 그룹에 맡겨 피드백을 받는 것에 목적이 있다. 다시 말하면, 실험하고 싶은 아이디어로 세운 가정을 물리적 또는 디지털 형식으로 구현한 것이 프로토타입이다. 만약 프로토타입을 테스트한 사용자들의 반응이 좋지 않다면 이를 교훈으로 삼아 프로젝트를 초기에 접고 예산을 아낄 수 있다. 실패할 미래를 피할 수 있기 때문이다. 그런데 반대로 사용자들의 반응이 좋다면, 아이디어의 가정을 확인하거나 조정한 후에 현장에서 얻은 반응을 바탕으로 첫 번째 상용화 제품을 고려해볼 수 있다. 그리고 이 첫 번째 버전이 MVP로, 가장 단순하고 투박한 상용화 제품이다.

> "만약 수많은 말보다 이미지가 낫다면, 수없이 반복하는 회의보다 프로토타입 하나가 낫다."
>
> 데이비드 켈리(David Kelley), 아이디오 설립자

애플과 디자인 씽킹

1980년, 유명한 사과 로고 브랜드 애플^{Apple}은 당시 새로 출시하는 컴퓨터 모델인 리사^{Lisa}를 위한 전용 마우스를 디자인하기 위해 아이디오에 의뢰했다. 당시의 마우스는 비싸고 기능은 적었다. 스티브 잡스^{Steve Jobs}는 생산 비용을 10퍼센트 줄이면서 사용자가 더 직관적으로 사용할 수 있는 모델을 개발하기를 원했다. 제품 개발을 위해 데이비드 켈리와 아이디오의 팀은 새로운 모델들을 순서대로 프로토타이핑하면서 반복 프로세스를 진행했다.

디자인팀은 어떻게 애플 마우스의 구성 요소들을 찾아냈을까? 그들은 아주 단순하게 일상에서 볼 수 있는 물건에서 영감을 얻었다. 욕실 붙박이장과 냉장고를 뒤져 아이디어를 찾아냈다는 말이다! 예를 들면, 데오도란트^{deodorant}에 있는 회전 도포 방식형 구슬은 마우스 아래에 들어간 볼을 디자인하는 데 영감을 주었다. 볼 덕분에 마우스를 부드럽게 움직일 수 있었다. 그리고 노란색 버터통 뚜껑을 흉내 내어 마우스 덮개를 디자인했다. 테스트와 수정 과정을 여러 번 거친 후, 사용자들이 직접 사용하면서 테스트해 디자인을 승인받게 되었다. 더불어 적당한 구성 요소들을 찾아낸 덕에 경제적인 모델이 탄생했다.

위마인드 힌드 엘리드리시와의 인터뷰

위마인드Wemind는 자영업자들에게 직장인과 같은 혜택(의료, 주거, 할인 혜택)을 받을 수 있도록 돕는 것이 목적인 스타트업이다. 우리는 여러분에게 위마인드 공동설립자 힌드 엘리드리시Hind Elidrissi가 활용한 MVP 경험을 나누고자 한다. 회원이 몇백 명에 불과했던 서비스는 MVP 덕분에 단 3개월 만에 만 오천 명 이상의 자영업자 회원을 보유하게 되었다.

멜리사: 어떻게 위마인드 콘셉트를 승인하게 되었나?

힌드: 보험 분야에 종사한 경험이 있는 우리는 보험 시장의 큰 보험 회사들이 자영업자들을 다소 소홀히 대하는 것을 보았다. 여러 자영업자, 프리랜서와 만나면서 이들의 수가 계속 증가할 거라는 확신이 들었고, 미래 사용자들이 무엇을 필요로 하는지 더 잘 알기 위해 인터뷰를 하기 시작했다. 인터뷰 첫날부터 우리는 고객을 얻기 위해서 되도록 빨리 서비스를 시범 운영해야겠다고 생각했다. 그래서 친구들을 만났고, 첫 고객 200명을 모집할 수 있었다. 그들과 직접 만나면서 서비스를 구성하고 우리의 기조를 여러 차례에 걸쳐 수정하는 데 정말 많은 도움을 받았다. 그리고 MVP를 내놓은 후에 사업이 정말 빨리 발전했다.

MVP에 대해 더 이야기해 달라

주요 대상 고객인 프리랜서에게 우리의 비전을 설명하는 웹 사이트를 만들었다. 또한, 사업을 시작할 때 정확한 페르소나를 겨냥하는 것이 중요하다. 우리가 겨냥하는 시장은 일반적으로 모든 자영업자를 포함하는데, 변호사가 필요로 하는 서비스는 의사나 정보통신 분야 프리랜서가 필요로 하는 서비스와 다르다. 그래서 틈새시장으로 프리랜서를 공략했다. 우리의 가치 제안^{value proposition}(고객에게 제공하기로 약속한 가치)은 명확하고, 혁신적이었으며 독창적이었다. 구체적으로는 의료, 주거, 레저 분야에서 직장인이 받는 혜택과 동등한 혜택을 프리랜서에게 제안했다. 그리고 이 제안이 대상 고객들의 마음을 움직였다.

우리는 완성되지 않은 서비스까지 모두 포함하여 제품을 홍보하면서 기업으로서 발전할 수 있었다. "전통적"인 광고를 거치지 않고, 입소문이나 소셜 네트워크에 정보를 공유하는 방식만을 통해 프리랜서 만 오천 명을 모집할 수 있었다.

상호 공제 조합^{mutual benefit society}(같은 직장에 근무하거나 같은 직업에 종사하는 사람끼리 상부상조를 목적으로 만든 조직체) 제품을 통해 우리 모델이 유효함을 확인한 후에는, 보험업자들과 협상을 할 때 우리가 우위를 점유할 수 있었다. 따라서 조합원들에게 더 유리한 가격을 제안할 수 있게 되었다. 상황이 뒤집힌 것이다! 보험업자들이 보험 상품을 팔기 위해 우리에게 직접 연락을 했다.

지금은 우리가 직접 개발한 보험 상품을 선보이고 있는데, 예를 들면 부동산 임대 시 자영업자들에게도 직장인과 같은 혜택을 주는 최초의 보험 상품이 있다.

왜 프로토타이핑 단계를 거쳐야 하는가?

당신의 가정을 증명하거나 부정하기 위해

아이디어 창출 단계를 마친 후에는 당신이 하고 싶은 것에 대한 어느 정도 구체적인 아이디어가 나올 것이다. 프로토타이핑은 아이디어에 살을 붙이고 빠르게 사용자의 피드백을 얻을 수 있다(예를 들어, 내 고객들은 일본 문화에 관심을 두는지에 대한 답변). 또한, 당신이 세운 가정을 증명하거나 부정할 수 있다(내 고객들은 내가 제공하는 서비스를 받으러 올 것인가?).

프로토타입은 당신의 아이디어를 실현하고 콘셉트를 구체적이고 명확하게 보여 줄 것이다. 그리고 사용자뿐만 아니라 미래 제품의 콘셉트를 담당하는 팀과 서로를 잘 이해하고 소통을 원활하게 해 주는 완벽한 수단이 되어 줄 것이다.

더 넓게는 투자자, 납품업체, 협력업체, 미디어 등 사업과 연관된 관계자들의 마음을 움직일 수도 있다.

비디오 게임의 프로토타입

비디오 게임 산업을 예로 들어보자. 우리는 프로토타이핑에 관해 이야기할 때 최대 미국 게임 제작 회사인 EA 게임즈$^{EA\ Games}$를 자주 언급한다. 실제로 이 회사의 개발팀은 성공적인 게임들의 그래픽 콘셉트와 프로그래밍을 시작하기 전에 여러 다른 상호 작용을 모의실험할 수 있는 카드 게임을 먼저 창작한다. 카드 게임으로 실현하기에는 너무 정교해졌거나 복잡한 테스트가 필요한 경우에만 첫 번째 소프트웨어 프로토타입을 제작한다. EA 게임즈는 카드와 같은 기본적인 매체를 이용하여 자원을 절약함으로써 더 많은 콘셉트와 아이디어를 연구한다. 이를 통해 게이머들의 마음을 사로잡는 매력을 지닌 성공적인 게임을 개발하고 있다.

시간과 비용, 에너지를 절약하기 위해

다시 한번 확실히 말하자면, '빠른 프로토타이핑'이란 디지털 형태이든지 물리적 형태든지에 상관없이 전체 가정이 아닌 일부만 구체화하는 프로토타이핑을 의미한다. 만약 한 번에 너무 많은 가정을 하나의 프로토타입에 담으면, 어떤 가정이 의미가 있는 가정인지를 알아내기 어렵다는 위험성이 도사리고 있다. 물론 신제품을 고안하는 단계에서는 성공해 내겠다는 의지를 불태운다. 이는 당연하면서도 다행인 일이다. 그러나 이 단계에서 꼭 명심해야 할 교훈이 있다면, 바로 작은 것부터 시작하는 것이다. 빠르게 습득하라. 그리고 아이디어는 항상 사용자들을 통해 테스트하라!

공통적인 관점 갖기

놀이를 하나 해 보자. 눈을 감아라. 그렇다. 지금 두 눈을 감아보라. 그리고 눈을 감은 채 자동차를 떠올려 보라. 머릿속에 꽤 세세한 이미지가 떠오르는가?

보통은 떠올릴 수 있을 것이다. 그런데, 68페이지에 있는 자동차 삽화와 같은가? 당연히 그렇지 않다! 아마도 당신이 몰고 다니는 자동차를 상상했을 수도 있고, 리무진이나 경주용 차를 상상했을 수도 있다. 우리가 상상할 수 있는 자동차는 수없이 많다. 그렇다면 이제 이미지나 매체의 도움 없이 우리가 같은 대상에 관해 대화하고 있다고 확신하기가 어렵다는 것을 이해했을 것이다.

어떻게 프로토타입을 만들까?

프로토타입을 빠르게 만들면 구체적으로 아래와 같은 일을 이룰 수 있다.

- 테스트를 진행할 구체적인 요소를 얻을 수 있다(내 제품이 실질적인 필요에 적합한가? 쓸모가 있나? 내 서비스를 사람들이 이해하나? 등).
- 명확한 교훈(예: 대상, 서비스, 가격, 주요 장점, 도출한 주요 혜택 등)을 바탕으로 가치 제안을 작성할 수 있다.
- 가시성을 높일 수 있다. 우리는 대부분 새로운 프로젝트를 시작하자마자 반사적으로 온 세상에 소문을 내려 한다. 그러나 모든 이들을 겨냥하려다 보니 깊은 인상을 남기지 못하고 시시하게 끝난다. 이러한 함정에 빠지지 말라!

그러므로 팀이 한 표본의 사용자 그룹이나 틈새시장을 공략하도록 안내하라. 재정적 관점에서 볼 때, 프로토타이핑은 자금을 한 프로젝트에 집중하지 않고 자금을 분산할 수 있게 해 준다는 장점이 있다! 오히려 프로토타입은 초기 투자 비용을 줄여준다고 하는데, 이는 바로 완성품을 만들어 내는 것이 목표가 아니라 배우는 것이 목표이기 때문이다. 그런데 이 배움에서는 당신이 예상했던 결과를 얻지 못할 가능성이 크다. 바로 그게 배움의 원리다.

> "내가 사람들에게 뭘 원하느냐고 물었다면, 그들은 더 빠른 말을 원한다고 말했을 것이다."
>
> 헨리 포드(Henry Ford, 미국의 자동차 회사 '포드' 창업자)

처음부터 정확한 해결책을 찾기란 어렵다! 실패를 기회로 삼고, 해결책을 제시하는 제품을 디자인하라.

한편, 아마존Amazon의 사례는 '테스트 앤 런' 프로세스를 통해 프로젝트의 위기 비용을 줄일 수 있음을 보여준다. 실제로 아마존은 모든 종류의 프로젝트 시작 전에 사용자와 언론의 동향을 살피기 위해 언론 보도 자료를 먼저 작성한다. 이후 사용자 안내서 및 FAQ(자주 묻는 질문들)를 준비하면서 미래의 고객들이 할 수 있는 질문과 그에 대한 답변을 예상한다.

이것은 '어떻게 프로토타입을 만들어야 하나'라는 질문에 대한 답이 될 수 있다!

프로토타입 유형의 예

어떤 아이디어든지 모두 프로토타입으로 만들 수 있다. 정말이다. 가장 야심 찬 아이디어일지라도 부담이 큰 개발 과정과 거대한 자금 없이 프로토타입을 만들 수 있다. 또 그러기 위해서 당신이 디자이너가 되어야 하거나 복잡한 도구를 잘 다루어야 할 필요도 없다. 약간의 상상력만 있으면 누구나 할 수 있다!

그러나 프로토타입 작업을 시작하기 전에 우리가 이루고자 하는 목표가 무엇인지, 증명하고자 하는 가정은 무엇인지를 알아야만 한다. 정확한 피드백을 얻고 연구하려면 이러한 내용을 명확하게 정리해야 한다.

얻어낸 결과가 긍정적이거나 부정적인 것에 상관없이, 이 결과를 바탕으로 프로젝트는 발전할 수 있다. 그리고 프로토타입에서 얻어낸 피드백은 빠르고 효과적으로 프로젝트를 개선하는 데 꼭 필요한 요소이다.

물질적 제품

확인해야 할 가정

- **프레임워크**framework: 제품 전체의 시각화
- **기능**: 제품의 형태, 작동 원리 또는 사용감

프로토타입의 예: 입체 모형, 3D 프린트, 레이저 커팅laser cutting(레이저 광선의 에너지를 이용하여 행하는 절단 방법), 레고 블록 모형, 찰흙 모형

디지털 제품

확인해야 할 가정

- 가치 제안의 작성을 통한 도구의 실용성과 콘셉트

- 콘텐츠와 고객의 관심

- 이윤을 창출하는 요소

프로토타입의 예: 안내서, 제품 소개 웹 페이지, 모바일 애플리케이션 화면, 견해
와 가치를 드러내는 실물 카드 상자

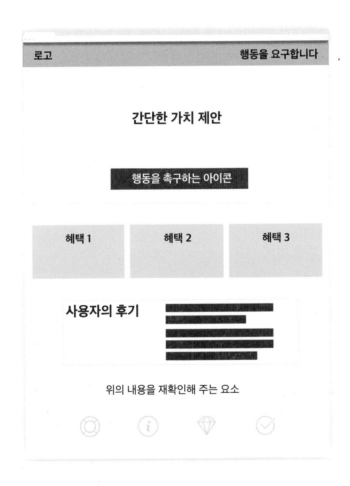

서비스

확인해야 할 가정: 서비스를 이용하는 모든 과정에서 얻은 사용자의 경험

프로토타입의 예: 스토리보드, 영상, 인포그래픽^{infographic}(디자인 요소를 활용하여 정보를 시각적인 이미지로 전달하는 그래픽)

예를 들어, 드롭박스^{Dropbox}의 창시자는 정교한 기술 개발을 시작하기 전에 자금을 모으기 위해 자신의 제품 시연 영상(출처: https://www.youtube.com/watch?v=7QmCUDHpNzE)을 직접 만들었다. 실제로 영상은 기술 제품의 사용자 경험을 가장 잘 전달할 수 있는 최고의 매체였다.

장소, 실제 공간

확인해야 할 가정

- 공간과 관련된 사용자의 필요
- 분위기, 콘셉트
- 기술적인 제약

프로토타입의 예: 소형 모형, 단순화한 프로토타입, 레고 블록 모형

메리어트^{Marriott} 호텔은 창고에 전체 층을 실제 크기로 재현함으로써 사람들의 이동 경로를 분석하고 구체적인 요소들을 최적화했다.

경기장 입장 방법
구성하기

인포그래픽의 목적: 경기장 입장 방법을 구성하고 운영하기 위한 새로운 프로세스의 실행과
관련된 가치 제안을 확인하기

프로세스, 조직

확인해야 할 가정

- 비전과의 연계성

- 관련된 조직

- 관련자들의 역할과 책임

- 의사 결정 및 위탁 프로세스 등

- 거버넌스^{governance}(공동의 목표를 달성하기 위하여 주어진 자원의 제약 하에서 이해

  당사자들이 책임감을 가지고 투명하게 의사 결정을 수행할 수 있게 하는 제반 장치)

- 새로운 회의 형식의 필요성

프로토타입의 예: 스토리보드, 영상, 인포그래픽, 포스터

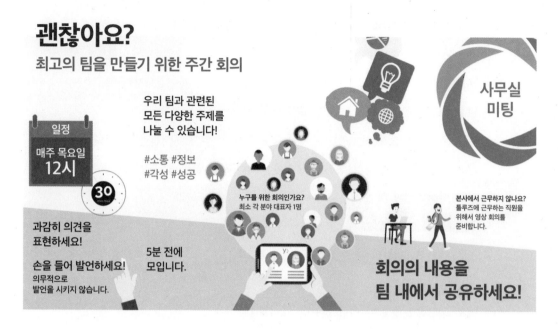

인포그래픽의 목적: 한 부서 내에서 실행할 새로운 회의 형식과 관련한 가치 제안 확인하기

성공적인 프로토타입을 만들기 위한 5가지 기본 규칙

* 대화하는 로봇, 연간 보고서 등 모든 것을 프로토타입으로 만들 수 있음을 꼭 기억하기. 예를 들어, IT 프로젝트 테스트에서는 오즈의 마법사 실험^{Wizard of Oz experiment}을 이용할 수 있다. 이 실험의 원리는 디지털 제품의 인간공학적인 부분을 테스트하기 위해 인간과 인터페이스 사이의 상호 작용을 프로토타입으로 만드는 것이다. 시험에 참여하는 사람들은 컴퓨터 시스템이 자율적으로 작동한다고 믿으면서 기계와 상호 작용을 하지만, 실제로는 인간이 시스템의 일부 또는 전체를 통제한다.

* 분산되지 않도록 프로젝트를 명확히 정의하고 정확하게 질문하기. 어떤 가정을 구체화하고 싶은가? 실용성에 관한 질문인가? 미학인가? 아니면 가치 제안인가? 각 질문에는 그에 맞는 프로토타입이 있다! 테스트 단계에서 각 질문에 답변하기 위해 그에 상응하는 프로토타입을 만든다.

- 사용자에게 보여주는 요소들에 집중하기. 목적은 미래를 내다보기 위한 것으로, 프로토타입은 실제처럼 보여야 한다. 개인 고객을 대상으로 하는 새로운 서비스를 홍보하는 제품 소개 사이트라면 전달하고자 하는 메시지가 중요하지, HTML 코드를 조사하는 방식은 중요하지 않다!

- 각 프로토타이핑 단계에서 사용자가 필요로 하는 것이 무엇인지 이해하기. 각 반복 단계에서는 항상 사용자가 무엇을 기대하는지 알아내도록 한다. 특히 제안한 아이디어에 대해 사용자가 어떻게 느끼는지 알아내라.

- 힘들더라도 당신이 제작한 프로토타입에 애정을 갖지 말라. 만약 피드백이 당신의 가정을 전적으로 무효화한다면, 프로토타입을 개선하려고 시도하지 말라. 테스트하고, 버리고, 처음부터 다시 시작하라! 이렇게 하면 분명 프로세스를 효과적으로 진행할 수 있을 것이다.

4장

테스트: 당신의 가정을 신속히 시험하기

테스트란 무엇인가?

간단히 말하자면 테스트는 사전에 제작한 프로토타입과 대상 사용자들이 만나는 단계이다. 디자인 씽킹 프로세스에서 테스트의 목적은 많은 양의 데이터보다는 양질의 정보를 얻는 것이다.

프로토타입이 준비되면, 이를 사용자 패널이 테스트해 고안한 해결책에 대한 가정이 유효한지 또는 무효한지를 확인한다. 3장에서 언급했듯이, 프로토타입은 디자인 씽킹 프로세스에서 채택한 아이디어를 낮은 버전으로 실현한 것이다. 유연하고 변형하기 쉬운 이 기본 포맷은 당신이 수집할 피드백의 내용에 따라 쉽게 반복하여 변형할 수 있다. 아직 확인해야 할 아이디어들이 있는 만큼, 이 낮은 단계의 형태를 유지하도록 하라. 그럼으로써 당신은 기술적으로 실행과 지속이 가능함과 동시에 사용자의 마음을 사로잡는 테스트를 회사에 제안할 수 있을 것이다.

> "현장에 진실이 있다."

랜딩 페이지를 이용한 가치 제안 테스트

테스트란 당신이 디자인 씽킹 프로세스를 진행할 때 결정적인 역할을 하는 단계이다. 특히 스타트업 기업 콜로리Kollori의 창업자 로맹 푸자로Romain Fusaro에게 테스트는 각성의 순간이었다. 콜로리는 전문 직업인들을 대상으로 하는 전자상거래e-commerce 사이트를 운영하면서, 기업 내 복지를 향상하는 서비스를 제공했다.

로맹 푸자로는 장기적인 소득 창출을 하지 못하는 비즈니스 모델이 콜로리의 문제라고 생각했다. 따라서 워크숍의 도전 과제는 분명했다. 기업의 DNA를 간직하면서도 사용자를 중심에 둔 '장기 서비스'를 디자인하는 것이었다.

콜로리는 빡빡한 하루 워크숍 과정을 통해 디자인 씽킹의 모든 과정을 거쳤다. 가장 먼저 일상에서 대상 고객을 깊게 이해하는 순간인 몰입을 시작했고, 여기에서 고객이 주로 느끼는 페인 포인트를 찾아냈다. 아이디어 창출 단계에서는 채택된 주요 문제를 해결하기 위해 수많은 아이디어를 쏟아냈다.

팀들이 여러 개의 훌륭한 프로젝트 발표와 토론을 마친 후, 로맹 푸자로는 맞춤형 '행복 총괄 책임자Chief happiness officer'를 최종 해결책으로 채택했다.

디자인 씽킹 워크숍의 목적은 파워포인트 단계에만 남아 있을 아이디어를 만드는 것이 아니다. 반대로 프로토타입을 제작해 테스트 과정까지 거치는 것이 디자인 씽킹의 목적이다.

그리고 참가자들의 열성적인 참여 덕분에 반나절 만에 다음과 같은 일을 해낼 수 있었다.

- 서비스를 소개하고 가치 제안을 설명하는 홈페이지 제작
- 미래의 서비스를 소개하는 마케팅 이메일 작성
- 서비스에 가입하는지 테스트할 목적으로 이메일을 보낼 표본 고객 그룹 선별

그리고 테스트가 그 역할을 톡톡히 했다! 워크숍 마지막 시간에 고객 200명으로 구성된 표본 그룹에 마케팅 메일을 전송했고, 몇 분이 지난 후 반응이 나타나기 시작했다.

같은 날 저녁, 서비스에 관심을 가진 우수한 미래의 고객들이 콜로리에 연락했는데, 이 중에는 세계에서 가장 많은 접속 수를 보유한 사이트나 프랑스의 유수 공학 대학이 있었다.

왜 테스트 단계를 거쳐야 하는가?

프로젝트, 아이디어, 또는 콘셉트를 테스트하지 않으면, 대부분 역효과가 발생한다. 사용자를 잘 알고 구체적인 제품 아이디어와 세계에서 가장 뛰어난 광고 역량을 가지고 있다 할지라도, 대상 고객층이 직접 제품을 테스트하지 않고는 제품이 실제 사용자의 기대에 부응하는지 알 수 없다. 따라서 테스트 단계를 거치지 않으면 우리는 다음과 같은 오류를 범하게 된다.

- 성급하게 투자할 수 있다. 자신의 관점에서 한 발짝 물러나지 않고 타인의 관점과 의견을 듣지 않으면, 자신의 관점만 고수하면서 사업을 진행하는 일종의 터널 안에 갇히게 된다. 그러므로 자신과 성향이 비슷한 그룹 안에만 머물지 말고 최대한 빨리 더 넓은 관점을 받아들이는 것이 중요하다.

- 실패할 프로젝트를 알아채지 못한다. 그렇다. 세상에는 가짜 아이디어들로 넘쳐난다. "더 래핑 카우The Laughing Cow" 치즈의 딸기 맛 버전을 들어보았는가? 심

지어는 피클 맛 치약도 존재한다! 다행히도 이들 혁신 제품은 한 번도 성공하지 못했다. 우리의 입맛을 위해서는 천만다행이다.

- 사용자들에 관해 배울 수 없고 그들을 이해할 수 없다. 사용자들의 피드백이 정말로 중요하다. 당신이 편견을 고수하면서 테스트 없이 곧바로 제품을 출시한다고 상상해 보라. 3D 텔레비전을 테스트 없이 출시한 예를 들 수 있다.[*]

팀 조직 개선을 위한 아이디어 테스트하기

멜리사는 유럽 최대의 천연가스 공급 기업과 디자인 씽킹을 진행했다. 당시 워크숍의 주제는 여러 다른 부처를 통합한 부서 내에서 협업 능력을 향상하는 방법이었다. 그리고 그 해결책으로 계급에 상관없이 서른 명 가량이 참여하는 주간 회의를 제안했다. 특정한 안건을 정하지 않고 모든 분야의 주제를 다루는 형식이었다.

"효율성과 조직"을 주제로 해결책을 연구한 프로젝트팀은 프로토타입의 형식으로 인포그래픽을 선택하여 아이디어를 구체적으로 표현했다. 그들은 새로운 회의 형식을 설명하고 장려하는 인포그래픽을 포스터로 인쇄했다. 그리고 관련 부서 직원들이 이 아이디어에 공조하는지 테스트하기 위해 각기 다른 부서가 일하는 층에 적절한 장소를 찾아 인포그래픽을 게시했다.

인포그래픽을 게시하고 몇 주가 지나자 프로젝트팀은 참가자 수, 소통의 방식 등의 아이디어가 효과가 있을지를 알려주는 여러 지표가 나타났다. 새로운 형식의 회의 아이디어를 인포그래픽 방식으로 구체적으로 테스트함으로써 이 해결책이 조직의 협업 능력을 개선하는 데 도움이 될 수 있음을 확인했다. 테스트 덕분에 회의 진행 방식의 초안을 수정하게 되었다. 회의의 횟수는 일주일에 한 번이 아닌 이주에 한 번으로 바뀌었으며, 영상 회의는 잦은 인터넷 접속 문제와 현장감이 떨어진다는 지적을 받아 결국 하지 않기로 했다.

---

[*] 3D 텔레비전 제조사들은 시장이 수용하기를 바라며 제품을 선보였지만, 시장은 3D TV 기술이 실용성이 떨어지는 반면 가격은 비싸다는 싸늘한 반응을 보였다.

올바른 해결책인가?
당신은 **도전 과제를 정확하게 찾아냈는가?**

테스트가 필요한 이유는 다음과 같다.

- 해결책을 도출하기 위해 세운 가정이 유효한지 확인하기 위해 테스트한다. 가정을 세운 후 사용자가 프로토타입을 직접 테스트함으로써 당신의 질문에 답을 얻을 수 있고 프로젝트를 진척할 수 있다.
- 프로토타입을 반복하여 수정할 수 있다. 프로토타입은 결코 한 모양만 갖추지 않는다. 최종 사용자 경험에 가까워질 때까지 계속하여 변화한다. 테스트는 양질의 데이터를 기초로 수정하는 방법이다.
- 사용자에 관해 더 배울 수 있다. 자신의 아이디어를 대상 사용자가 직접 사용하게 함으로써 새로운 사실을 배울 수 있다. 프로세스의 중심에 인간이 있다는 사실을 잊지 말아라! 사용자의 감정이나 반응은 예상할 수 없다. 이것이 바로 현실과 가장 유사한 환경에서 테스트하면서 사용자를 관찰해야 하는 이유이다.
- 당신이 문제점에 접근하는 방식을 구체적으로 정하라. 가정을 확인해 주는 요소들만 손쉽게 찾으려는 오류에 빠지지 말라! 당신이 세운 가정과 모순이 되는 모든 요소를 찾아야만 한다. 만약 모순이 나타나지 않는다면, 다음 단계로 갈 준비가 되었다는 뜻이다!

누구를 어떻게 테스트하나?

당연히 사용자가 프로토타입을 테스트해야 한다! 대상 고객이 아닌 당신과 함께 개방형 사무실을 쓰는 동료나 마케팅부서 동료에게 테스트를 부탁하면서 양질의 피드백을 얻으리라 기대할 수는 없는 노릇이다. 게다가 친구나 가족에게 제품 또는 서비스에 관한 피드백을 요청하는 것은 바람직하지 않다.

우리는 "교육을 너무 잘 받아서" 가까운 사람을 객관적으로 평가하기가 어렵다. 한 지인이 자신이 개발한 최신 제품을 당신에게 설명한다고 상상해 보라. 모든 열정을 쏟는 세기의 혁신 제품이라고 설명하는 그의 눈을 정면으로 바라보면서 솔직하게 당신의 생각을 이야기할 수 있는가? 물론 쉽지 않을 것이다.

> "발표할 프로토타입이 없다면 절대로 회의에 참석하지 말라."
>
> 데니스 보일(Dennis Boyle),
> 아이디오 파트너

기업에서는 사업 승인을 받고 프로젝트를 진행하기 위해 때때로 의사 결정 회의에서 콘셉트를 테스트해야 하는 경우가 있다. 이 경우에 당신에게는 두 가지 선택권이 있다. 하나는 기존의 승인 절차를 피할 방법을 찾는 것이다. 그러나 이는 불가능하다. 어떤 이들은 승인 절차를 기회로 활용하지만 어떤 이들은 혁신을 방해하는 복잡한 절차 안에 갇혀 헤맨다. 그리고 또 다른 선택은 승인 절차를 따르는 것이다. 그리고 절차를 따르기로 했다면 인내심으로 무장해야 한다. 워크숍에서 제작한 프로토타입을 가지고 제품을 홍보pitch하는 전략을 취하라(참조-도구 44). 그러면 최대한 모든 이들의 마음을 사로잡아 자유재량을 얻어 사용자 테스트 단계까지 단번에 갈 수 있다.

테스트 참가자들을 어떻게 모집할까?

만약 기존 고객들이 있다면 그들을 만나라. 특정 구역이나 대상 사용자 패널을 선별한 후 프로토타입 테스트 참여를 권유한다.

우리가 협력 회사들에 이러한 제안을 할 때마다 보통 비슷한 답변을 듣는다.

"멜리사, 너는 이해 못 해. 우리 고객들은 매우 깐깐해서 질 좋은 제품을 기대한다고.", "뱅상, 사용자들을 테스트로 귀찮게 할 수는 없어. 고객들은 참여하기를 망설일 거야!"

그러나 당신의 생각을 바꾸어야 한다. 많은 경우 사용자들은 신제품 출시에 관한 기회에 기꺼이 참여한다.

"당신이 옳다는 확신으로 프로토타입을 만들라. 그리고 당신이 틀렸다고 가정하고 테스트하라."

디스쿨 〈부트 캠프 부트 레그(Bootcamp Bootleg), 디자인 씽킹 툴킷〉

최우수 고객을 우선으로 선정하라. 고객에게 참여를 제안하는 것 자체가 고객의 마음을 사로잡는 수단이다. 아직 고객이 아니지만, 대상이 되는 사람들에게 프로토타입을 테스트해 볼 수도 있다.

만약 기존의 사용자 기반이 없는 시장에 진출한 신생 기업이라면, 대상 그룹 안에서 당신의 사용자들을 찾아라. 예를 들어, 세계를 누비는 배낭 여행객들을 위한 제품을 디자인했다면 페이스북을 활용하라. 세계 여행에 관심 있는 사람들이 모인 그룹이 많이 있을 것이다.

어떻게 테스트할까?

이제 당신은 분명히 이렇게 생각할 것이다. "좋아. 그런데 구체적으로 사용자 테스트를 어떻게 진행해야 하지?"

테스트 단계에 적용해야 할 몇 가지 기본 규칙이 있다.

- 사용자에게 아이디어를 설명하지 말고 프로토타입을 보여주라! 사용자는 당신의 아이디어가 어떤지를 평가하는 사람이 아니다. 사용자에게 구체적인 요소를 보여주면서 직접 사용해 보고, 만져보고, 경험하게 해야 한다.
- 사용자가 스스로 해석하도록 두라. 사용자는 어떻게 프로토타입을 직관적으로 사용하는가? 사용자가 주어진 상황 속에서 어떻게 행동하는지에 관심을 둔다.
- 사용자가 하고자 하는 말과 질문에 경청하라. 여러 프로토타입을 보여주면서 비교하도록 하면, 사용자가 각 프로토타입의 결점과 필요를 더 쉽게 찾을 수 있다.
- 사용자에게 적합한 테스트 환경을 만들어라. 디자인한 제품을 알맞은 환경에서 테스트하도록 유의한다. 다시 말하자면 제품을 실제로 사용할 만한 현실과

가장 유사한 환경을 조성해야 한다. 만약 그러한 환경을 조성하기가 어렵다면
어떻게 적합한 환경을 모방할 수 있을지 상상하라.

TIP 관찰하고, 또 관찰하라. 이것이 바로 테스트 단계에서 지켜야 할 꼭 지켜야 하
는 원칙이다. 그리고 열린 질문을 하라. "어떤 점이 좋다고 생각하시나요? 어떤 점
을 바꾸고 싶으신가요?" 사용자가 답변할 때마다 그 이유를 물어라. 사용자가 말
하는 동안 대신 말 하려고 하지 말라. 테스트하는 이가 자유롭게 생각을 말할 수
있도록 하라.

　사용자가 당신의 질문을 듣고 프로토타입을 어떻게 사용해야 하는지 유추해서
는 안 된다. 우리가 알고 싶은 것은 프로토타입을 사용하면서 보여주는 자연스러
운 반응이다!

　유용한 팁 하나 더: 프로토타입을 제작하기 전에 테스트 일정을 정하고, 정해
진 일정에 따라 제작을 진행하라. 그렇지 않으면 당신은 프로토타입이 완벽하지

않다는 생각에 테스트 단계를 차일피일 미루게 된다!

우리가 테스트 단계에서 즐겨 쓰는 형식은 제이크 냅^{Jake Knapp}이 《스프린트 세상에서 가장 혁신적인 기업 구글의 기획실행 프로세스(원제-Sprint: How to Solve Big Problems and Test New Ideas in Just Five Days)》에서 소개한 것을 빌려왔다.

테스트의 원리는 "특공대 모드"에 돌입해서 45분~1시간 동안 대상 사용자 5명과 인터뷰 5번을 하는 것이다. 제이콥 닐슨^{Jacob Nielsen}은 "사용자 테스트 5번이면 문제의 85퍼센트를 충분히 찾아낼 수 있다"라고 했다.

테스트 진행을 위해 다음 역할을 팀에 분배하라.
- 인터뷰를 받는 사람(1)
- 인터뷰 지침서를 갖춘 인터뷰 진행자(2)
- 포스트잇에 정리해서 바로 벽에 붙일 프로젝트 팀원 2명(3과 4)

배치	인터뷰 1	인터뷰 2	점심 및 브리핑	인터뷰 3	인터뷰 4	인터뷰 5	브리핑 및 실행 계획
9시	10시	11시	12시	오후 1시 30분	오후 2시 30분	오후 3시 30분	오후 4시 30분	오후 6시

"피드백은 선물이다"

테스트 앤 런 방식을 따르는 사람들은 피드백 또는 사용자의 반응을 소중하게 여기는데, 디자인 씽킹 프로세스도 테스트 앤 런 방식을 따른다. 그런데 프로토타입이 준비되었다고 모든 단계가 끝났다고 생각해서는 안 된다. 그렇다. 당신은 피드백이 중심이 되는 개선 주기를 이제 막 시작한 것뿐이다.

사실 프랑스에서 피드백 문화를 실행하기란 쉽지 않다. 프랑스인들은 성공하려면 뛰어나고 완벽해야 한다는 환경에서 교육받고 성장했으며, 상대방의 마음을 상하는 말을 자제해야 해야 한다고 배워왔다. 약간은 과장되게 표현했지만, 실제로 기업에서 볼 수 있는 장면과 그리 다르지 않다. 물론 팀 내에서 소통할 때 배려하는 자세가 필요함을 부정하는 것은 아니다. 그러나 팀이 원하는 방향과 다른 건설적인 정보를 전달하는 것 자체가 부정적인 것은 아니다. 오히려 당장 실패로 돌진하는 상황을 피할 수 있게 해 준다면 그보다 유익한 일이 어디 있겠는가?

그렇다면 당신은 이제 피드백을 수용하는 태도가 디자인 씽킹 프로세스의 핵심 요소라는 것을 이해했을 것이다.

피드백의 목적은 다음과 같다.

- 프로토타입으로 구체화한 가치 제안의 가정이 맞는지 확인하기 위해서,
- 자신과 다른 관점과 시각을 받아들일 수 있는 객관적인 자세를 유지하기 위해.
- 프로토타입을 계속 개선하기 위해서,
- 제품이 사용자의 필요에 최대한 가깝게 다가가기 위해서다.

피드백을 완벽하게 수용하기 위한 몇 가지 조언이 있다.

- 직선적인 피드백과 명확한 의견들을 받아들여라. 피드백은 비교 대조나 개인의 판단이 아니라 느낌의 표현이다. 피드백을 무시하는 것은 당신의 제품에 위협이 될 수 있다.
- 되묻고, 적극적인 태도를 보여라. 피드백은 두 사람 사이의 소통이다. 만약 이해하지 못한 내용이 있거나 암묵적으로 표현된 내용이 있다면, 질문하고 되물어라. 소중한 정보를 얻을 기회를 놓치지 말라.
- 실수를 인정하라. 처음부터 성공하는 사람은 없다!
- 모든 내용을 놓치지 않고 다시 찾아볼 수 있도록 공유 도구(엑셀, 트렐로-Trello, 웹 기반의 프로젝트 관리 소프트웨어, 공책 등)를 사용하고, 모든 피드백을 읽어라.
- 전체 피드백을 모두 사용하려고 하지 마라. 모든 피드백은 흥미롭기는 하지만, 일부 피드백은 쓸모없을 수도 있다. 피드백을 그대로 받아들이되, 모든 피드백을 반드시 활용하려고 할 필요는 없다. 적합한 내용만 찾아내면 된다. 〈보관하기-버리기-시작하기〉 도구가 많은 도움이 된다 (참조-도구 35).

테스트 단계에서 얻을 수 있는 몇 가지 요소는 다음과 같다.

- 유용한 피드백(물론 덜 중요한 피드백은 분류한다)
- 개선할 아이디어
- 큰 배움과 이에 따르는 성공

5장
반복: 개선하고 수정하기

반복이란 무엇인가?

만약 처음부터 잘하고 싶다면, 생각을 바꿔라. 반복은 그 자체로 독립된 단계는 아니지만, 자연스럽게 디자인 씽킹 프로세스의 일부가 되었다.

우리는 "빨리 실수하고 자주 실수해서 더 빨리 성공하라"라고 조언한다. 반복하여 테스트함으로써 프로젝트를 개선할 수 있기 때문이다.

왜 반복 단계를 거쳐야 하는가?

프로젝트를 진행하는 동안 이미 실행한 단계들을 다시 반복하는 것이 도움이 될 수 있다. 그러나 한 번만 반복하는 것으로는 충분하지 않다. 오히려 짧은 주기를 여러 번 반복하는 것이 실제로 효과가 있다. 자, 다시 반복하여 말한다. 몰입, 아이디어 창출, 프로토타이핑, 테스트 순환 단계를 따르라.

당신은 각 단계가 다른 단계와 상호 작용을 한다는 점을 알아챘을 것이다.

몰입은 해결해야 할 주요 문제점을 찾아낼 수 있게 해 준다. 문제점은 수많은 아이디어로 가지를 뻗어나갈 출발점을 뜻한다. 그리고 팀이 하나의 해결책으로 의견을 수렴하면, 이 최종 아이디어를 프로토타입으로 만든다. 프로토타이핑은 아이디어를 구체화해 해결책을 다듬을 수 있는 단계이다. 마지막으로 테스트는 진행된 사항을 다시 점검하여 좋은 제품 또는 서비스를 완성할 수 있도록 하거나 문제점을 다시 설정하게 한다. 문제점을 다시 설정하게 되면, 새롭게 발견한 내용을 바탕으로 새로운 프로토타입을 제작하고, 다시 테스트 단계를 거치면서 앞의 과정을 반복한다.

에어비앤비의 사례

많은 사람이 공유 숙박 플랫폼 에어비앤비^{Airbnb}에서 방을 예약해 본 경험이 있을 것이다. 에어비앤비는 사용자를 통한 테스트와 반복하기를 여러 번 거치면서 시장에서 유명한 서비스로 자리잡을 수 있었다.

2014년, 일본을 여행 중이던 뱅상에게 당시에는 출시되지 않았던 서비스를 테스트해 볼 수 있는 기회가 왔다.

"에어비앤비는 일본에서 머무는 내내 사용할 수 있는 휴대용 와이파이 박스와 인터넷 채팅으로 상담사에게 문의할 수 있는 24시간 서비스를 제공했어요. 일본어를 모르는 나에게 이 서비스는 여행 일정을 계획하는 데 많은 도움을 주었습니다. 상담사는 어떤 주제든지 내게 소중한 정보를 제공했죠. 내가 원하는 것에 맞추어 가봐야 하는 장소, 지역 음식을 맛볼 수 있는 식당 주소 등을 제안했습니다."

에어비앤비는 서비스 테스트를 통해 여행 일정 내내 여행자를 돕는 서비스가 적합한지 파악할 수 있었고 서비스를 개선할 수 있다. 이 경험 덕분에 사용자들이 느끼는 페인 포인트를 잘 알 수 있고, 여러 다른 가치 제안을 테스트할 수 있었다.

되돌아보니 이 서비스는 에어비앤비가 2016년 11월에 출시한 "체험" 서비스의 초기 프로토타입 중 하나였다. "세계 곳곳에서 숙소와, 독특한 체험을 예약하세요"라는 캐

> "천천히 서두르시오.
> 그리고 용기를 잃지 마오.
> 스무 번 고쳐 쓴 당신의 작품을
> 다시 시작하시오.
> 끊임없이 다듬고 또 다듬으시오.
> 가끔 덧붙이고 자주 지우시오."
>
> 부알로(Boil eau),
> 《시법(詩法, L'art Poétique)》
> (1674)

치프레이즈(타인의 주의를 끌기 위해 내세우는 기발한 문구)에서 에어비앤비가 제시하는 새로운 가치가 명확하게 드러났다. 에어비앤비는 여행객이 최고의 장소에 머물 뿐 아니라 최고의 시간을 보내기를 원했던 것이다.

그러므로 최적의 사용자 경험에 도달하기 위해서는 점진적으로 진전해야 한다. 전체 반복하기 과정 중에서는 도출한 가정들을 하나씩 확인하는 것부터 시작하라. 더 정교한 기능을 제작하려고 시도하기 전에 제품의 가치 제안이 유효한지를 먼저 확인하라. 테스트하면서 결과를 열린 마음으로 받아들인다면 새로운 기회들을 빠르게 찾을 수 있을 것이다.

> "나는 결코 지지 않는다. 이기거나, 배운다."
>
> 넬슨 만델라
> (Nelson Mandela)

그러므로 이 과정에서는 모든 단계가 역동적이라는 점을 염두에 두는 것이 중요하다. 디자인 씽킹을 방법론 또는 공식으로 받아들이기보다는 혁신에 대한 사고방식, 근본적인 태도의 변화로 받아들이는 것이 더 중요하다.

따라서 성공의 첫 번째 열쇠는 반복이다. 프로젝트의 모든 분야에서 짧은 주기를 연속하여 반복하면 전체 콘셉트에서 더 자세한 작은 세부 사항까지 프로젝트가 점점 더 명료해지는 것을 볼 수 있다.

프로세스에 푹 빠져들어라. 그리고 모든 단계와 이 책이 담은 각 도구를 당신의 것으로 만들어 자신의 환경에 적용하고, 당신과 함께 성장할 기업과 고객의 곁에서 이를 활용하라.

테스트와 반복의 전형적인 사례

MRI(자기공명 영상장치) 검사를 받아 본 적이 있는가? 이 검사는 전혀 아프지 않지만, 유쾌한 경험은 결코 아닐 것이다. 특히 어린이일 경우 더 많이 긴장하고, 검사 중에 몸을 움직이게 되어 여러 번 검사해야 하는 경우도 생긴다. 검사 시간이 늘어나면 어린이와 가족이 힘들 뿐만 아니라, 검사 일정이 늦춰지면서 병원에도 수익성이 줄어든다는 문제점이 있었다.

제너럴 일렉트릭General Electric(미국에 본사를 둔 세계적인 디지털 산업체)의 디자이너 더그 디츠Doug Dietz가 디자인 씽킹을 통해 어떻게 어린이의 삶을 바꾸었는지 만나보자.

디자인 씽킹 프로세스를 적용하여 어떻게 문제를 해결했을까?

더그와 디자인팀은 어린이 가족들이 집에서 출발해 MRI 스캐너까지 가는 데까지 겪는 경험을 가까이에서 관찰했다. 그리고 어린이와 부모가 집을 나설 때, 병원에 들어갈 때, MRI 스캐너실에 도착할 때, 이 세 순간에 이들의 스트레스가 정점에 이른다는 사실을 알게 되었다.

디자인 씽킹의 첫 단계인 몰입은 사용자를 실제로 만날 수 있게 해 주었다. 그들이 속한 환경으로 들어감으로써 사용자가 느끼는 페인 포인트 또는 해결해야 하는 주요 문제를 발견할 수 있었다. 그리고 디자인팀은 사용자가 거치는 모든 단계를 분석했다. 더그는 병원 입구와 MRI 스캐너실에 변화를 주기로 했다. GE 의료팀은 환자와 환자의 가족을 포함한 병원 직원들에게 아이디어 창출 단계에 참여하기를 요청했다. 어린이 MRI 검사를 개선할 수 있도록 최대한 많은 해결책을 상상하기 위해서였다. 아이디어 창출 단계는 상투적인 생각에서 벗어나서 팀의 아이디어에 활기를 가져다주는 창의적인 순간이다.

결국, 대략 열 개 정도의 아이디어 중에서 모험 이야기를 활용하는 아이디어가 채택되었다.

사실 어린이가 멋진 모험을 떠나는 주인공이 되는 것만큼 좋은 아이디어가 있을까? 시끄러운 소리를 내는 기계 안에 갇혀서 검사를 받는 것보다 모험을 상상하

는 것이 더 즐겁지 않을까? 더그는 아이디어 창출 단계에서 결정된 아이디어를 모두가 이해할 수 있도록 모든 팀과 공유했다. 그리고 그는 디자인팀과 함께 종이와 색연필을 사용해 그린 첫 번째 프로토타입을 만들었다. 시범 검사실을 종이 그림으로 도배해서 모험의 세계로 빠져들 수 있도록 꾸몄고, 스캐너도 모험 이야기의 일부로 삼았다.

우리는 프로토타입을 만들어서 아이디어를 구체화한다. 당신의 해결책을 구체화하여 표현할 수 있다면, 디지털 모형, 실제 모형, 인포그래픽, 스토리보드 등 어떤 방법이든지 사용할 수 있다. 프로토타입은 프로젝트의 진행에 따라 변화하기 때문에, 처음부터 완벽하지 않아도 괜찮다.

프로토타입 제작을 마쳤다면, 이제 실제 상황에서 해결책을 테스트해야 한다. 프로젝트팀은 해적선, 잠수함, 화물선 등 다양한 모험을 묘사한 스티커로 MRI 검사실을 꾸몄다. 스티커는 떼었다 붙였다 할 수 있는 재질로 만들어 쉽게 수정할 수 있게 했다. 테스트의 목표는 처음부터 좋은 아이디어를 찾을 수 없다는 것을 전제로 하고 피드백을 받는 것이었다. 실제와 같은 조건에서 어린이가 경험하고 주는 피드백으로 완벽할 때까지 해결책을 개선했다. 덕분에 비용이 많이 들지 않는 방식으로 어린이에게 상상의 세계를 선사해 MRI 스캐너 기계 속으로 들어갈 때 느끼는 밀실 공포와 공포감을 조성하는 기계 소음도 잊게 해 주었다.

더그가 만든 프로토타입은 분명히 여러 면에서 성공을 거두었다.

1. 어린이에게 공포감을 조성하는 괴로운 검사 시간을 완전히 잊게 해 주는 즐거운 경험으로 바뀌어 어린이 환자에게 진정한 즐거움을 선사했다. 새로운 경험이 사용자의 마음을 사로잡았다.

2. 병원 검사실이 주는 차가운 분위기를 기술적으로 비용이 적게 드는 스티커를 사용해 해결했다. 아주 간단한 방식으로 실행 가능한 해결책을 찾아낸 것이다. 만약 시각적인 접근이 아니라 기술적인 방식으로 접근했다면 아마도 해결책은 MRI 스캐너를 공략해 검사할 때 발생하는 소음을 줄이는 데 집중했을 것이다. 그랬다면 투자 비용도 훨씬 더 많이 들지만 사용자 경험은 덜 개선되는 결과가 나올 수 있었다.

3. 마지막으로 순전히 사업적인 관점에서도 평가할 수 있다. 어린이 환자가 경험하는 검사 과정을 개선함으로써 하루에 받을 수 있는 환자의 수는 늘리고 같은 검사를 반복하는 횟수는 줄일 수 있었다. 따라서 투자로 얻을 수 있는 이득도 함께 개선되었다.

더그의 사례는 디자인 씽킹에서 고려해야 하는 균형 잡힌 태도를 완벽하게 보여 준다. 이미 존재하는 실행 가능한 기술과 기업이 추구하는 경제적 지속성의 범위 내에서 사용자의 마음을 확실히 사로잡는 해결책을 찾아낸 모범적인 사례이다.

2부

디자인 씽킹
퍼실리테이터
되기

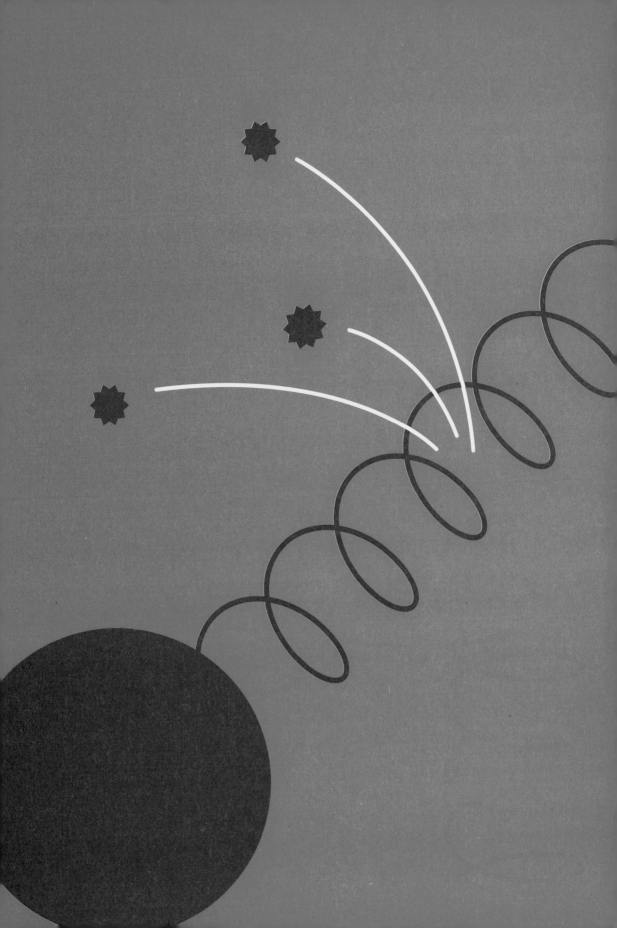

호기심이 많을 뿐만 아니라 호의적이고 공감을 잘하는 퍼실리테이터는 디자인 씽킹 워크숍을 시작하기 전과 후의 모든 과정에서 팀을 돕는다. 퍼실리테이터는 팀이 공동의 목표에 도달할 수 있도록 가장 적합한 진행 방식을 구성하고, 가장 알맞은 도구를 선별하고, 최상의 공간과 일정을 준비한다. 또한, 모든 참가자에게 동등한 발표의 기회를 주고, 모든 이들이 항상 적극적으로 참여하면서 서로를 경청하고 이해하여 집단 지성이 발현될 수 있는 환경을 만든다.

디자인 씽킹에서 퍼실리테이터는 팀을 대표하는 사람으로서 사전 탐구 및 자료 조사 단계에서도 팀을 안내한다.

퍼실리테이터로서 **어디까지 관여할까?**

　이제 당신의 역할과 사명, 진두지휘하는 리더로서 갖추어야 할 태도를 다루어보자. 그렇다. 당신에게도 준비가 필요하다.

　디자인 씽킹이라는 멋진 모험에 기꺼이 도전하는 당신은 (최대한 자주) 좋은 사람들과 협력하고 적합한 도구들을 갖추어야 한다. 그리고 무엇보다도 퍼실리테이터라는 운명을 받아들여야 한다.

　당신은 디자인 씽킹의 철학과 모든 단계를 척척박사처럼 습득했다. 그렇다면 이제 이 의욕을 어떻게 행동으로 옮겨야 할지, 그리고 이 책에서 읽은 내용을 어떻게 구체적으로 실행할지가 궁금하지 않은가? 디자인 씽킹의 세계를 여행하는 동안, 당신이 수행해야 하는 역할은 다음과 같이 변화할 것이다.

기회를 감지하기

당신은 회사, 고객, 조직 등에서 맞닥뜨리는 문제를 해결하기 위해 디자인 씽킹을 도입할 기회를 감지했다. 이제 당신을 지지할 중계자와 후원자들을 찾아내야 한다.

팀을 안내하고 돕기

디자인 씽킹을 시작하기 전에 팀에게 디자인 씽킹을 해야 할 필요, 도전 과제, 목표(비록 보이지 않을지라도!)를 잘 이해할 수 있도록 안내한다(그리고 당신이 팀원이라면 함께 참여한다). 그리고 디자인 씽킹에 사용할 수 있도록 재료를 충분히 준비하고 조사 및 자료 수집 단계를 잘 수행하도록 돕는다. 이 단계는 당신이 진행할 워크숍 방식을 설명해 디자인 씽킹이 가져다줄 혜택을 팀이 잘 받아들이도록 기반을 닦는 기회이기도 하다!

워크숍을 준비하고 조직하기

워크숍에 명확하게 기대하는 내용(이는 항상 변화할 수 있다)을 찾아낸 후 팀원들이 참여할 준비가 되면, 당신은 워크숍 준비를 시작한다. 명료하면서도 유연한 진행 방식을 구성하고, 맞닥뜨릴 수 있는 장애물을 찾아내 예방할 수 있다. 그리고 워크숍 전반에 걸친 준비와 물자 지원에 전념한다. 무엇보다도 워크숍을 최대한 효율적으로 진행할 수 있을 만큼 팀이 사전 자료를 충분히 수집했는지를 점검해야 한다.

효과적인 프로세스를 통해 팀 이끌기

축하한다! 드디어 워크숍을 시작했다. 당신은 미리 준비한 단계로 팀을 이끌면서 팀원들이 길을 잃지 않고 프로젝트를 잘 진행할 수 있도록 관여하고 점검해야 한다. 예상하지 못하는 상황에도 유연하게 대처하면서 팀이 목표를 달성할 수 있도록 돕는다.

각 팀원이 최대한 공헌할 수 있도록 팀을 안내하기

당신은 워크숍 전반에 걸쳐 대인 관계 기술(공감, 적극적인 경청, 유머 감각, 호기심 등)을 발휘하면서 팀을 이끌어야 한다. 퍼실리테이터는 소통의 질을 높이고 집단 지성의 발현을 촉진하면서, 평등하게 소통하고 경청하는 분위기 속에서 각 참가자가 신뢰하며 공헌할 수 있는 호의적인 환경을 보장해야 한다.

워크숍 후속 조치를 미리 준비하고, 작업 내용을 축적하는 방법 제공하기

당신은 워크숍이 끝난 후 팀이나 디자인 씽킹 의뢰자가 작업 내용을 최대한 활용해 후속 조치를 하도록 도울 수 있다. 그래서 워크숍 후에 팀 내 에너지가 소멸하고 모든 노력이 무용지물이 되는 현상을 예방할 수 있다. 후속 조치가 이루어지고 기대하는 결과를 얻을 수 있도록 더 유의하여 점검해야 한다.

충분한 준비를 하고 알맞은 도구를 마련해 활용하면 장기 프로젝트를 통해 당신의 능력을 보여줄 수 있다. 당신이 잘 준비하면 준비할수록, 어려운 단계들을 더 자연스럽고 직관적으로 진행할 수 있다는 사실을 잊지 말라.

디자인 씽킹 프로세스 실행하기

디자인 씽킹을 시작하기 위한 첫 번째 단계는 주의를 기울이는 것이다. 하드 스킬hard skills(노하우 및 기술 역량)과 반대되는 개념인 소프트 스킬soft skills(개인의 역량으로 관계 맺기와 관련된 기술)에서 퍼실리테이터에게 가장 중요한 자질은 호기심과 공감인데, 이는 몇 번이고 반복하여 강조해도 지나치지 않다. 만약 회사 카페테리아나 복도, 어디서든지 "그건 불가능해", "이미 시도는 해 봤어", "어떻게 해야 하는지 몰라"라든지, 가장 위험한 말인 "어쨌든 이렇게 해야 해. 나는 이미 모든 것을 다 알고 있어"라는 말을 들었다면 심각하게 고민해야 한다. 당신이 디자인 씽킹을 시작할 기회를 이미 감지했다면, 다행이다.

다음 단계에서는 관련이 있는 사람들을 만나 무엇이 문제인지 대화하며, 그 문제가 단지 신경에 거슬리는 작은 문제인지 심각한 문제인지를 알아낸다. 두 경우 모두 프로세스를 시작하는 좋은 계기가 될 수 있다. 그리고 명확하게 진단해야 할 심각한 문제와 문제를 드러내면서 끼칠 잠재적인 영향(사기 저하, 고통, 비용 등)이 존재하는지 알아보아라. 요컨대 고민하고 또 고민하고 더 깊이 고민하라! 주어진 환경을 이해하고 그 환경 안에서 직접적인 영향을 받는 이들과 간접적인 영향을 받는 이들을 이해하는 것이 목적이다.

그리고 시간을 들여서 이미 누군가가 이와 비슷한 종류의 문제를 다루었는지 살펴보라. 그가 어떻게 다루고, 경험하고 해결했는지 연구하라. 당신 스스로 문제를 해결하려고 시도하기 전에 타인의 경험에서 직접적인 교훈을 얻어내는 것이 좋다.

퍼실리테이터의 전형적인 세 가지 타입

타입 1-"내가 좋으면 나를 따르라!" 작전

당신의 회사나 주변에는 적극적으로 당신을 돕고 디자인 씽킹에 참여하고자 하는 사람들이 있다. 그리고 더 나은 상황에서는 기꺼이 당신을 지지하는 후원자도 나타날 수 있다. 그들과 함께 모험을 시작하라.

타입 2-"갈릴레오, 그래도 지구는 돈다" 작전

"이미 봤다", "이미 해결했다", "어려움이 많다"라는 말을 수없이 반복하면서 디자인 씽킹을 시작하려는 것을 막는 사람들이 주변에 있다. 그럼에도 스스로 당신의 직관을 진심으로 믿는다면 작은 것부터 시작하라. 관심 있는 사람들을 모아서 (언더그라운드에서라도) 모험을 시도하라. 여기에서 중요한 것은 반대자들을 설득하는 것이 아니라, 추진력 있는 사람 또는 단순히 관련 주제에 관심이 있는 사람들을 모으는 것이다. 가장 아름다운 이야기는 단번에 쓸 수 없다! 그러나 빠르게 행동해야 한다는 사실을 잊지 말라. 신속하게 프로토타입을 만들수록 빠르게 피드백을 받을 수 있고, 이 과정 덕분에 사람들을 더 쉽게 모을 수 있을 것이다.

팀 브라운Tim Brown의 말을 떠올려보라. 그는 "프로토타입을 가진 사람이 회의에서 승리한다"라고 했다. 모든 사람은 조금이라도 구체적인 물체를 보면서 의견 내기를 좋아한다. 이들의 피드백을 받음으로써 당신은 더 진보할 수 있으며, 무엇보다도 다른 이들의 참여를 끌어낼 수 있다.

타입 3-"라이언 일병을 구해야 한다. 아무도 믿지 않지만, 아직 방법이 있다!" 작전

아무도 성공할 수 있으리라 믿지 않고, 당신조차 믿지 않지만, 그래도 시도하고 싶은 마음이 들 때가 있다. 이렇게 때때로 설명할 수 없는 일들이 일어난다. 다시 대상을 탐구해 보거나, 당신이 일반적으로 생각해 온 문제를 주변 사람들과 함께 고민해 보라.

늘 염두에 두어야 할 것

모든 경우에든 탐구 대상을 다룰 때는 갈망, 호기심, 공감을 가지고 다루라. 무엇보다도 감당할 수 없는 야망은 갖지 말라. 당신의 회사에 도입하기에는 너무 낯설게 느껴지거나, 당신이 "디자인 씽킹"을 언급할 때 동료들이 놀란 눈으로 바라본다면 작은 것부터 시작하라. 달성할 수 있는 목표(지나치게 미약하거나 흥미를 끌지 못할 정도는 아닌 목표)를 세운다면 구체적이고 현실적인 결과를 얻을 수 있을 것이다. 현실적인 결과를 토대로 사람들과 소통한다면 그들은 당신을 더는 외계인 보듯 바라보지 않을 것이다.

당신이 진행하는 각 단계를 팀과 공유하고 의미를 부여하라. 디자인 씽킹은 결코 혼자 준비할 수 없다. 이러한 종류의 프로세스는 팀 작업으로 이루어지는데, 프로세스를 이끄는 팀을 "핵심팀"이라고 부르겠다. 당신의 핵심팀은 다루는 주제를 잘 알아야 하며 프로세스의 필요성과 그를 통한 혜택에 공감해야 한다.

　각 단계에서 얻은 배움과 교훈을 회사와 공유하라. 이러한 과정을 거치면 다음 단계로 가는 데 도움이 되고, 당신에게 또 다른 기회를 줄 사람들의 마음을 열 수 있을 것이다. 더불어 프로젝트에 참여하도록 적극적으로 설득해 보라!

> **"인생에는 성공하지 못한 것보다 더 형편없는 것이 있다. 그것은 시도조차 하지 않은 것이다."**
>
> 프랭클린 루스벨트
> (Franklin Delano Roosevelt)

6장

7P로 디자인 씽킹 워크숍을 준비하고 조직하기

브라보! 당신은 드디어 디자인 씽킹을 통해서 개발하려는 주제를 찾았다.

워크숍을 성공적으로 진행하기 위해서는 준비를 철저히 해야 한다. 마이크 혼 Mike Horn(유명한 탐험가이며 모험가)은 탐험을 성공으로 이끄는 요인의 90퍼센트가 준비에 있다고 보았다. 그러므로 준비를 과소평가해서는 안 된다.

이제 당신은 방법론을 잘 습득해 각 단계에서 어떤 도구를 사용해야 할지도 알고 있다. 모든 정보를 갖추었음에도 아직 어디서, 무엇부터 시작해야 할지 망설이고 있지는 않은가? 이론을 배웠다면 이제 실천할 차례이다!

우리는 당신에게 기초를 튼튼히 세우고 융통성 있게 진행할 수 있는 워크숍 형식을 찾는 데 큰 도움을 주는 도구를 소개하려고 한다. 바로 우리에게는 이미 일상이 된 7P라는 도구이다. 그런데 마케팅 믹스marketing mix의 7P와 혼동해서는 안 된다. 7P에는 적합성pertinence, 결과물products, 참가자participants, 프로세스process, 함정pitfall, 준비participation, 실무practice가 있다.

7P 도구는 당신이 첫 워크숍을 준비할 때 꼭 참고해야 하는 매우 효과적인 교과서이다. 이 교과서대로 따른다면 다른 길로 빠지지 않을 것이다.

이제 7P를 자세히 살펴보자.

적합성-목표

적합성은 워크숍 준비에 있어서 가장 중요하면서 명시하기가 가장 어려운 부분이다. 목표를 명확하고 적합하게 정의함으로써 당신뿐만 아니라 핵심팀 및 참가자들에게 중심 주제와 진행 방향을 분명하게 제시할 수 있다.

최종 사용자, 즉 고객과 첫 만남을 진행하거나 회사, 팀, 매니저 또는 동료에게 내부 문제를 이야기하기 전에 당신이 다루고자 하는 주제를 충분히 탐구하고 정의하라. 그러면 "우리는 아직 충분히 혁신적이지 않다"라고 말하는 대신, "과도한 일상 업무로 지친 동료들에게 새로운 업무처리 방식을 시도할 시간이 없다"라고 말할 수 있다. 따라서 문제점을 더 쉽게 진단할 수 있다. 이 단계에서는 충분히 시간을 들여 표현을 다듬고 또 다듬어라. 우리가 앞으로 "도전 과제"라고 부를 한 문장을 구성하는 각 단어를 바르게 선택해야 한다.

도전 과제를 실제로 해결하려면 "빌딩 밖으로 나가라Get out of the building" 모드에 돌입해야 한다. 다시 구체적으로 말하자면, 밖에 나가 사람들을 만나라. 당신이 해결하고자 하는 문제점과 연관 있는 대상 사용자를 만나라. 이 작업은 컴퓨터 앞이 아니라 현장에서 이루어진다. 당신은 어떤 형태로든 자료를 수집해야 한다! 그리고 무엇보다도 자료 수집과 분석 단계에 핵심팀과 참가자들이 참여해야 한다.

도전 과제는 워크숍의 출발점으로, "아침을 변화시킵시다", "의약품에 더 쉽게 접근할 수 있도록 새로운 서비스를 함께 만들어 봅시다", "조직 방식을 함께 고민해 봅시다"와 같은 문장으로 소개할 수 있다. 도전 과제의 제목을 정하고 문장을 명료하게 작성하라.

도전 과제를 구체적으로 정하면 디자인 씽킹 프로세스의 목적과 도전 과제에 대한 명확한 비전을 정의하고 표현할 수 있다. 그러므로 "고객에게 도출할 수 있는 것(협업에서 도출하는 제품) 외에 워크숍을 성공 또는 실패로 만들 수 있는 요소"를 당신 스스로 질문해 보라.

프로세스 (Process)

결과물 (Product)
* 포토프로토타입
* 포스터
* 리허설 무대이지
* 홍보
* 홍보도 범위

실무 (Practice)
준비물:
* 포스트잇
* 사인펜
* 테이프
* 마카보드
* 건식
* 배터리
* 사인펜
* 젠고
* 식사
* 컴퓨터
* 가위
* 지렁도

함정 (Pitfall)
* 참가자가 사이의 위계질서
* 너무 많은 숫자의 팀
* 서로 다른 바거를 바거의 혼재
* 너무 야심찬 목표
* 여전한 상명
* 먼 거리
* 늦은 시작

들어가는 말
아이스 브레이킹
독후 → 여러 단계에 걸쳐 시
         일정 진행하기
지켜야할 규칙
세션 1
공유 & 휴식
세션 2
공유 & 휴식
세션 n
마무리
공유
피드백

시간:
장소:

적합성 (Pertinence)
* 문제지점
* 도전 과제
* 목표
* 성공 조건
   신규지점
   발상전환

참가자 (Participants)
* 퍼실리테이터
* 후원자
* 팀
* 멘토
* 참가위원

준비 (Preparation)
* 패키지
* 받침대
* 벤치마킹
* 공간 아이스브레이커
* 전체 일정
* 들어가는 말
* 문제지점
* 공유

다시 충분히 심사숙고하라. 핵심팀과 함께 고민하고, 고객을 다시 직접 만나면서 실제 도전 과제를 (눈에 보이는 부분뿐만 아니라 빙산 아래 숨겨진 부분까지) 찾아낼 수도 있다. 이러한 도전 과제들은 "우리가 왜 참여하는지", "자신에게 정말 필요한 워크숍인지", "이후에 무엇을 할 것인지", "전에 이미 시도했던 일은 아닌지, 그리고 어떤 결과물을 얻을 수 있을지" 등 앞으로 참가자들이 할 수 있는 질문에 적절하게 답변할 수 있다. 그리고 "합동 프로젝트팀이 도대체 무엇을 개발하려 하는지", "나는 자전거를 원했는데 도대체 왜 시소를 만들어 냈는지" 등과 같은 대상 사용자들이 할 수 있는 질문에도 답변할 수 있을 것이다.

> "전투 준비를 할 때 계획(plans)은 중요하지 않지만, 계획을 세우는 것(planning)이 필수적이라는 것을 알았다."
>
> 드와이트 D. 아이젠하워 (Dwight D. Eisenhower), 미국 정치가, 대통령

당신이 세운 가정을 항상 비판적인 시선으로 바라보라. 필요하다면 망설이지 말고 모두 다시 질문하라. 너무 야심 찬 도전이나 편협한 시각에서 발생하는 오류를 범하지 말아야 하기 때문이다.

우리가 아무리 반복해 강조하더라도 함정에 빠지는 것을 피하기란 어렵다. 우리 조차도 워크숍의 목표를 잘못 설정하고 사용자를 충분히 중심에 두지 않거나, 프로토타입과 전혀 닮지 않은 최종 제품을 만들어 내는 등 잘못된 방법으로 시작했었다. 자꾸 단련해야 숙달된다는 말이 있지 않은가? 그러니 직접 부딪쳐 경험하면서 배워라.

우리가 기업 또는 협회들과 진행했던 프로젝트에서 찾은 도전 과제의 예시를 소개한다.

- "교통약자를 위한 출퇴근 교통을 함께 만듭시다."
- "새내기 신입 팀원을 맞이하는 문화를 함께 만듭시다."
- "법안 제안에 시민의 자발적인 참여를 촉진하고 돕는 해결책을 함께 만듭시다."

적합한 목적을 찾아내는 단계는 고객, 의뢰자 또는 후원자가 프로젝트에 더욱더 적극적으로 참여하도록 도울 것이다. 주제가 의미 있다고 느낄 수 있다면, 참가자와 관계자들에게도 워크숍은 값진 경험이 될 수 있다.

소통을 통해 탐구해야 할 문제, 도전 과제, 도달해야 할 목표, 워크숍을 위한 명확한 목표를 설정할 수 있다. 이 단계에서 당신에게 가장 필요한 역량은 관계자들과 명확하고 분명한 방식으로 대화하면서 신뢰 관계를 형성하고, 프로젝트를 구성하는 데 필요한 실질적인 요소들을 얻어내는 것이다.

그리고 주제와 직접적, 또는 간접적으로 관련된 사람들과 최상의 조건에서 사전 인터뷰를 진행하면서 워크숍의 기초를 준비해야 한다. 팀원들에게 사용자와 관계를 맺고, 사용자의 생활양식, 사회적 규범, 일상에서 해결해야 할 문제를 긴밀하게 이해하는 시간을 충분히 가져야 한다고 설명하라. 다시 말해, 당신이 직접 사용자의 입장이 되어야 한다.

수집한 정보를 바탕으로 이전에 설정했던 내용을 되돌아봄으로써 문제점과 비전, 도전 과제, 고객과 팀이 함께 달성해야 할 목표를 재설정할 수 있다.

그러나 이 단계에서는 미리 해결책을 제시하고 공유해서는 안 된다. 목표는 오로지 탐구하고 이해하기 위한 것일 뿐이기 때문이다.

결과물-제품과 활동 범위

이제 당신은 프로젝트가 어느 방향으로 향할지 알려주는 명확하고 구체적인 방향성을 설정했다(그러나 이는 언제든지 변화할 수 있다!). 고객, 의뢰자나 후원자뿐만 아니라 핵심팀과 진행하는 다음 단계는 워크숍에서 도출할 제품을 정의하는 것이다.

각 도전 과제에는 그에 맞는 프로토타입이 있다.

• 팀의 공조를 끌어내기 위한 프로토타입: 콘셉트를 구체화한다.
• 가치 제안이 유용한지 사용자가 확인하기 위한 프로토타입
• 콘셉트를 형식화하고 조직을 설득하기 위한 프로토타입
• 사용자 경험을 모의실험하기 위한 프로토타입
• 시험 버전을 만들기 위한 프로토타입

목표가 조직을 설득하기 위한 것이라면 인포그래픽, 포스터, 스토리보드를 선택하라. 그러나 사용자가 콘셉트의 유효성을 확인하기 위함이라면 디지털 모형이나 실물 크기 모형, 또는 한 단계 낮은 시범 모형을 사용하라(3장 참조).

프로토타입을 제작할 아이디어를 선택할 때는 시간을 충분히 들여 고려해야할 범위 등 탐구할 범위를 정의하라. 범위를 구성하는 요소는 다음과 같다.

- 도출해야 하는 해결책
- 피해야 하는 해결책
- 실행 가능한 해결책

그룹 워크숍 외에도 설정한 도전 과제를 해결하는 과정에서 당신은 동기 부여를 받고 스스로의 역량에 도전을 받을 것이다. 그러나 워크숍을 진행하는 동안 중립적인 태도를 유지해야 한다는 사실을 잊지 말라. 그리고 무엇보다도 팀이 목표를 달성할 기회를 최대화하도록, 최상의 환경과 가장 적합한 도구를 준비하면서 당신 스스로 최선을 다해야 한다. 여기에 숨은 뜻을 이해했는가? 워크숍에서 작업이 잘 이루어지도록 이끌 수 있는 사람은 당신밖에 없다는 뜻이다!

목표 달성 이외에도 워크숍을 성공으로 이끄는 요소가 있는지 그리고 당신의 활동 범위는 어디까지인지 등, 워크숍을 성공으로 이끄는 조건을 찾는 데 충분한 시간을 들여라. 다시 말해, 다루어야 할 내용의 범위를 분명히 알고 있으면 너무 야심 찬 목표로 향하고 있거나 목표를 벗어났을 때, 중요하지 않은 문제를 다룰 때 핵심으로 돌아올 수 있다. 또한, 지나친 목표는 축소하여 조정할 수 있다.

또 다른 중요한 요소는 당신이 고려해야 할 제약(예산, 마감일, 구역, 장소, 물자, 자원 등)을 아는 것이다. 이러한 제약들은 당연히 목표에 영향을 준다.

그리고 미리 정해진 것은 아무것도 없다는 사실을 기억하라. 위에서 언급한 모든 요소는 워크숍을 시작하기 전, 진행하는 중, 심지어는 프로젝트를 마치기 전에도 변화할 수 있다.

저자의 경험담

프랑스 국민의회에서 시민의 의견 수렴을 주제로 진행한 워크숍에서 "법안 제안에 시민의 자발적인 참여를 촉진하고 돕는 해결책을 함께 만듭시다"라는 도전 과제를 다루었다.

제시해야 할 해결책은:

- 대의 민주주의 범위 안에 있어야 하고,
- 시민의 자발적인 참여를 촉진해야 하고,
- 생각의 중심에 시민을 두어야 한다.

제시할 수 있는 해결책은:

- 디지털 형태, 물리적 형태의 프로젝트 또는 새로운 소통 방식을 활용하는 것이다.

제시한 해결책은:

- 아이디어로만 머물 수 없다. 그러므로 모두 구체화하고 프로토타입으로 만들라!
- 법률 제정의 필요성을 부인할 수 없다.

이러한 조건들을 바탕으로 팀은 자신의 행동 범위를 알 수 있었고, 해결책을 찾아내고 실행해야 할 범위를 인지할 수 있었다.

참가자

이제 당신은 상황과 일치하는 방법론, 명확한 목표, 확실하게 정해진 활동 범위를 알고 있다. 그리고 잘 짜인 틀과 함께 잠재적인 고객/의뢰자가 있다. 이것으로 당신은 모든 사전 준비를 끝냈다! 이제 당신의 워크숍을 조직하고 준비하는 것만 남았다(만약 여러 단계에 걸쳐 실행해야 하는 도전 과제일 경우에는 여러 워크숍을 준비할 것이다).

참가자 목록을 작성하기 전에 워크숍의 목적(또는 적합성), 활동 범위, 워크숍에서 도출하려는 제품을 정하는 것을 잊지 말라.

워크숍에 참여할 사람들을 어떻게 정하고, 팀은 어떻게 구성할까? 전제 조건은 다양한 역량을 존중하는 팀을 짜는 것이다. 디자인 씽킹 워크숍을 위한 팀 구성은 역동성을 끌어내고 우리는 "한 팀"이라고 외치기 전에 일곱 명의 팀 구성원을 이미 만드는 것과 같다. 팀 구성원이 워크숍에 필요한 모든 인물상을 대표하는지 꼭 확인해야 한다.

디자인 씽킹의 팀은 워크숍에서 구체적인 역할을 할 일곱 개의 인물이 모였을 때, 완전해진다. (그러나 이는 조언일 뿐이지 절대적인 진리는 아니다.)

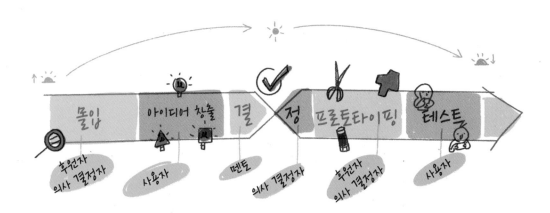

팀(또는 여러 개의 팀)

팀은 워크숍의 핵심이다. 팀을 구성하는 사람들이 워크숍을 진행하는 동안 모든 내용을 창조하기 때문이다. 역량, 문화, 직업, 욕구 그리고 성격까지 다양한 특성이 있는 사람들로 팀을 구성한다.

기업 워크숍에서는 주제에 따라 혼합 팀을 구성하는데, 필요하다면 마케팅부서, 디자이너, 기술부서 등이 함께할 수 있다. 디자인 씽킹 프로세스에서는 인간이 그 중심에 있다는 사실을 잊지 말라. 따라서 여러 역량 외에도 의욕이 있는 사람, 다양한 성격과 경험을 지닌 사람이 있는 것도 좋다. 각 참가자에게는 장단점이 모두 있고, 나쁜 인물상이란 존재하지 않는다. 예를 들어, 비관적인 경향을 지닌 사람들도 자신만의 역할을 할 수 있다. 아이디어가 지닌 단점이나 결점을 모두 찾아낼 수 있기 때문이다. 그러므로 참가자들의 인물상을 끌어내어 팀을 구성하는 것은 당신의 재량에 따라 달렸다.

디자이너

팀의 주요 자산이다. 디자이너는 프로세스와 성찰에 적극적으로 참여한다. 열린 사고를 하는 디자이너는 대부분 디자인 씽킹 방법론에 이미 단련되었으며, 탁월하고 창의적인 비전을 제시하고 사용자를 중심에 두는 태도를 보여준다.

사용자

사용자는 보통 워크숍 전에 현장 인터뷰에서 만나고, 워크숍의 여러 다른 단계에도 참여할 수 있다. 몰입과 아이디어 창출 단계에 참여하면서 인터뷰를 통해 관련 주제와 연관된 경험, 느낌과 체감한 내용을 나눈다. 사용자와 소통함으로써 사용자가 제품을 사용하면서 느끼는 주요 페인 포인트를 찾아낼 수 있다. 또한, 해결책 아이디어를 찾아내는 데 도움이 된다. 그러나 절대로 사용자 한 명만 초대하지 말라. 한 명의 경험은 특수한 경우로 그 내용이 편협해질 수 있다. 그러므로, 망설이지 말고 극단적인 성향의 사용자를 포함해 여러 명을 초대하라(참조-도구 20).

의사 결정자

팀이 제품 개발에 관련한 최종 결정을 직접 하지 않을 때, 의사 결정자가 워크숍에서 중요한 순간이나 교착 상태에서 결정하는 역할을 한다. 전반적인 시각을 갖춘 의사 결정자는 결정 단계에서 해결책을 실행할 수 있을지를 가늠할 수 있다. 팀과 함께 프로세스 전반에 늘 참여하지는 않지만 중요한 순간에 자신의 역할을 한다.

저자의 경험담

"한 워크숍에서 실행 가능성을 결정하는 자, 프로젝트를 승인하는 자, 프로젝트의 경제적 효용성을 결정하는 자, 이렇게 세 종류의 의사 결정자를 한자리에 모이게 했다. 다시 말해 혁신 제품 프로젝트를 지탱하는 세 기둥이 모인 것이다.

초반에는 이들 사이에 기 싸움이 있었지만 금세 균형을 찾았고, 각자가 자신의 역할을 하며 신뢰가 형성되었다. 그리고 이들의 역할이 훌륭한 기반이 되어 공동의 해결책을 성공적으로 찾을 수 있었다."

후원자

프로젝트를 시작하는 단계에서 찾아야 할 기업의 핵심 인물(이사, 최고 경영자, 혁신부장 또는 마케팅부장 등)이다. 후원자는 기업에서 프로젝트와 관련된 역량을 가진 핵심 인물을 만나야 할 때 도움을 줄 것이다. 협업 워크숍을 진행하기 전에 당신의 후원자를 미리 설득해서 워크숍 후에도 후속 조치를 할 수 있는 기반을 마련해야 한다. 어떤 이들은 실행 위원회^{Executive Committee*} 위원이 디자인 씽킹 프로젝트의 후원자로 참여하지 않으면 큰 규모의 주제를 선정하지 않기도 한다.

무경험자들

이들의 "순수함"은 아이디어 창출 단계에서 중요한 역할을 한다.

전문가들

디자인 씽킹에 초대받은 전문가들은 그들이 지닌 노하우와 다루는 주제에 관한 그들의 관점을 팀과 공유할 재원이다. 보통 전반적인 내용을 소개하는 서론 단계나 아이디어 창출 단계의 영감 불어넣기에 참여한다.

전문가들은 직업 전문가(채용, 마케팅, 건강 등), 기술 전문가(디자이너, 코치 등) 또는 다른 분야의 전문가일 수 있다.

---

* 조직이나 기업의 실행 위원회를 말한다. 일반적으로 적은 수의 위원으로 구성된 그룹으로 감독 및 의사결정 권한을 위임받는다.

퍼실리테이터

퍼실리테이터는 워크숍을 지휘하는 리더이다. 여러 팀이 존재할 때에는 각 팀에 배정된 보조 퍼실리테이터들의 도움을 받는다. 그러므로 당신은 선임 퍼실리테이터의 역할을 하고, 워크숍의 각 중요한 순간을 담당하면서 필요할 경우에는 진행하는 동안 시간 또는 도구 등을 재조정한다.

워크숍에서 각 참가자들의 역할을 찾아내는 것이 매우 중요한데 이는 각자가 지닌 재능을 완전히 활용하도록 돕기 때문이다. 그리고 후원자나 의사 결정자와 같은 일부 핵심 역할을 맡은 사람들이 워크숍에서 도출된 아이디어를 실제로 구체화하게 돕는다.

워크숍 사전 준비를 할 때, 모든 참가자에게 명확하고 간결한 역할을 주어야 한다. 만약 한 사람의 역할을 찾아내지 못한다면 어쩌면 이는 그가 워크숍에 참여하는 것이 적절한지를 고민해야 하는 시점일 수도 있다.

프로세스

진행 방식을 결정하고 당신이 활용할 도구를 선별하라

모든 구성 요소를 마련했다. 이제 참가자들이 공동의 목표에 도달할 수 있도록 "어떻게 효과적인 워크숍 진행 방식을 정할 것인가"를 정해야 한다.

일반적으로 모든 워크숍은 통합inclusion, 생산production, 마무리closing 세 단계로 구성한다.

워크숍에 의미 부여하기

그룹과 함께 주제의 핵심 내용을 다루기 전, 시작 단계에서 꼭 해야 하는 작업이 있다. 바로 의미 부여하기이다! 구체적으로 말하자면, 그룹 구성원에게 왜 그들이 워크숍에 참여하는지를 설명하고, 도전 과제, 목표, 도출해야 할 제품, 그들이 탐구할 활동 범위를 공유한다. 더불어 일정을 포함해 참가자들이 해야 할 일을 설명한다.

TIP 워크숍을 진행하는 내내 목표와 일정이 잘 보이도록 프린트하여 벽에 게시하라.

대규모 워크숍 참가자들과 그들의 역할

2018년 한 회계 전문기업의 세미나 일환으로 200명과 함께 진행한 대규모 워크숍 경험을 나누고자 한다. 앞에서 언급한 내용을 구체적으로 보여줄 수 있도록 워크숍에 참여했던 사람들의 역할을 자세히 소개하겠다.

- 후원자: 최고 경영자, 워크숍을 의뢰한 사람이다. 통일된 기조로 워크숍 일정을 시작하고 막을 내리는 역할을 했다. 물론 워크숍 내내 참석했다.
- 심사위원: 공동경영자 세 명을 포함하여 총 여섯 명으로 구성했다. 심사위원은 사전에 준비한 심사표에 따라 가장 적합한 아이디어 세 개를 선발하는 역할을 했다.
- 회의실 세 곳으로 흩어진 스물한 개 그룹, 참가자 총 180명: 모든 지역과 모든 직급에서 참여했고, 다양한 구성원을 혼합해 팀을 구성했다. 이 워크숍에서는 기업 내부에 있는 도전 과제를 다루었는데, 이는 우리에게 좋은 기회였다. 참가자들이 직접 관련된 대상이었기 때문이다.
- 회의실 안을 다니면서 팀원들에게 조언하는 멘토들
- 선임 퍼실리테이터 1명: 전체 운영자. 퍼실리테이터들을 조정하면서 전체 비전과 방향을 유지하는 역할을 했다.
- 클랩에서 파견한 외부 퍼실리테이터 6명: 워크숍 진행에 숙련된 전문가들로 디자인 씽킹 프로세스의 모든 과정에서 팀들을 안내했다.

- 내부 퍼실리테이터 6명: 관련 기업의 직원들로 클랩 퍼실리테이터들의 도움을 받아 진행 능력을 개발했다.

각 사람이 워크숍에 참여하는 이유를 분명히 이해함으로써 혁신적인 콘셉트를 만들 수 있는 좋은 환경을 조성하고 대규모 워크숍을 안정적으로 진행할 수 있었다. 참가자 200명을 관리하느라 워크숍을 마무리한 후에 기진맥진했던 기억이 난다.

아이스 브레이커로 그룹에 활력 주기

첫 번째 단계와 마찬가지로 중요한 단계로, 그룹이 서로 소통하고 호의적인 분위기에서 협업할 수 있는 환경을 만들어 준다. 보통 짧게 진행하는데, (처음 만나거나 서로 알고 있는) 참가자들이 서로 대화하면서 자기소개를 하는 순간이다(참조-도구 6~13).

운영 규칙 공유하기

중심 주제를 다루기 전 거쳐야 할 마지막 단계는 그룹 내에서 지켜야 할 운영 규칙, 즉 시간 엄수, 타인의 말 자르지 않기, 모든 아이디어 존중하기, 휴대전화 사용 금지, 호의와 친절, 회의실 편안하게 이용하기 등을 공유하는 것이다. 참가자들에게 지켜야 할 기본 예의범절을 상기할 기회이다.

지시와 작업

팀 구성원들이 주어진 도구를 활용하여 협업하고 목표를 달성하는 단계이다. 그런데 작업을 시작하기 전에 명확하게 지시를 전달하고, 지시 사항을 게시하라. 모두 지시 사항을 잘 이해했는지 확인하고 질문이 있다면 몇 가지 질문에 답변하라. 당신이 진행하는 각 도구는 제한된 시간 안에 이루어져야 한다. 세션을 시작하면서 제한 시간을 알리고, 참가자가 각 문제에 부여된 시간을 지키도록 한다. 효과적인 진행을 위해서는 도구 소개, 소규모 팀의 협업, 과제 제출과 발표를 자연스럽게 연결할 수 있어야 한다.

TIP 참가자들이 침묵하는 순간을 두려워하지 말라. 지시 사항을 전달한 직후, 간혹 침묵의 분위기가 형성될 수 있다. 그러나 덧붙여 설명하려고 하지 말라. 때로는 창작을 하기 전에 새로운 정보를 소화해야 할 필요가 있다. 만약 당신이 전달한 지시가 명확하지 않았다면, 참가자들이 당신에게 바로 질문할 것이다.

공유하라

각 연습 문제를 해결한 후 모든 팀원이 의견을 주고받을 수 있도록 특별히 살펴라. 그리고 각 세션이 끝난 후에도 그룹 간에 의견을 교환할 수 있도록 하라. 이 소통 단계는 새 세션을 시작하기 전이나 워크숍을 마치기 전에 모든 참가자가 공감하는지 확인하는 데 필수적이다. 사고를 더욱 풍부하게 해 줄 내용^{inputs}을 공유하고 평가할 수 있도록 발표를 시킬 수 있다. 그리고 한 사람에게 발표 내용과 작업 내용을 요약하도록 요청할 수 있다.

진행 속도를 조절하라

심사숙고하는 단계에서는 조금 더 천천히, 상호 작용을 하는 단계에서는 더 빠르게 진행 속도를 조절하면 참가자들이 졸지 않고 활기 있게 참여할 수 있다.

만약 워크숍 당일에 사용하는 공간에 제약이 있거나 예측 못한 상황이 발생한다면 유연하게 대처해야 한다.

휴식 시간을 잊지 말라

참가자들은 연속되는 많은 작업 내용을 모두 머릿속에 저장할 수 없다. 참가자들이 숨 돌릴 시간을 주는 것이 휴식의 목적이다. 휴식 시간도 없이 두 시간이 넘는 세션을 진행하면 당신은 빨리 진행할 수 있다고 생각할 수 있겠지만, 팀원들에게는 그다지 효과적이지는 않다. (비록 마음이 급할지라도) 팀에게 숨 돌릴 시간을 주어라. 더 큰 효과가 돌아올 것이다!

재치 있게 마무리하라

일일 워크숍이나 하루를 마무리할 때 (또는 여러 날에 걸쳐 진행하는 워크숍을 마무리하면서), 워크숍을 정리 요약하여 2분 내외로 발표할 사람이 있는지 참가자들에게 물어본다. 이것은 오랜 시간 집중하던 참가자들이 워크숍 동안 일어난 일들을 상기하고 그 내용을 효과적으로 기억하도록 돕는 기회이다. 〈랩업^{wrap-up}〉이라고 부르는 이 짧은 훈련(참조-도구 15)을 마친 후 워크숍의 핵심과 형식을 돌아보는 시간을 5분 동안 갖는다. 참가자들과 헤어지기 전에 소감을 발표할 때 〈이미지 브리핑(참조-도구 14)〉을 사용하면 좋다. 마지막으로 참가자들이 이루어 낸 결과와 워크숍에 쏟은 에너지를 칭찬하라.

진행 계획표 초안을 작성한 후 이를 동료들이나 지인들, 의뢰자에게 공유하고 조언을 받아라. 초안을 혼자만 보지 말라는 뜻이다. 피드백을 받으면 워크숍을 진행할 때 겪을 수 있는 함정들을 사전에 찾아낼 수 있을 것이다.

함정

이제 참가자들이 목표를 달성할 수 있도록 최상의 도구들을 고안해 내고 선별했다. 그러나 완벽히 준비했어도 예상과 다르게 진행될 가능성은 여전히 존재한다.

그렇지만 워크숍에 고위 관계자가 참석하거나(워크숍을 시작할 때 소개를 하거나, 폐회식 때 브리핑을 제안하라), 그룹에 여러 다른 문화를 가진 참가자들이 있거나(아이스 브레이커를 공략하라), 고정된 가구가 있는 회의실(최대한 벽을 활용하라)이나 자연광이 없는 공간(휴식 시간을 먼저 예상하라)에서 진행하거나, 참가자들에 감정을 자극할 수 있거나, 단순히 콘셉트 면에서 민감한 주제를 다루는 등 잠재적인 함정을 예상하고 찾아낼 수 있다.

잠시 고민해 함정을 찾아내면 해결책을 마련할 수 있어 도움이 된다. 그러나 워크숍 또한 삶의 일부라는 사실을 잊지 말라. 당신은 일어날 모든 일을 예상할 수 없을 것이다. 그러므로 상황에 유연하게 대처하는 방법을 알아두고 특히 어떤 상황에도 대응할 수 있도록 스스로 훈련하라! 오직 경험함으로써 노하우를 얻을 수 있다.

주의할 점: 여기에서 경험하라는 말을 잘못 이해하면 안 된다. 50명이 참가하는 전략 프로젝트 워크숍을 진행할 때도 시범적으로 새로운 도구를 사용하라는 말이 아니다. 새로운 도구는 시도와 실패가 허용되는 상황에서만 활용하자.

그러므로 새로운 도구는 소규모 그룹과 함께 호의적인 분위기에서 테스트하면서 시도해 볼 수 있다. 그리고 워크숍을 마무리할 때 참가자들에게 포스트잇에 좋았던 점과 개선해야 할 점을 적도록 요청하라. 참가자들의 피드백을 반영해서 앞으로 직면할 수 있는 함정을 줄여나가는 것이다. 당신이 개선할 수 있도록 돕는 피드백은 매우 소중한 자산이다. 모든 위험성, 함정 또는 당신이 경험하고 해결한 불확실한 요소들을 공책이나 스마트 기기에 적어라.

규칙적으로 이 목록을 동료들과 공유하고 동료의 피드백을 덧붙이면 내용이 더욱 풍부해질 것이다.

준비

준비 부분은 워크숍을 잘 진행하고 참가자들이 핵심에 집중할 수 있도록 당신이 실행해야 하는 모든 업무를 포괄한다.

모든 준비를 일찍 마칠 수 있도록 워크숍의 각 단계에서 필요한 모든 요소(홍보, 매체, 초대, 이미지 등)를 적어 목록을 만들자.

- 워크숍에서 어떤 매체를 사용하여 메시지를 전달하나?
- 참가자들은 어떤 서식을 사용해 작업할 것인가?
- 워크숍을 진행하는 동안 참가자들을 안내하기 위해 벽에 게시할 메시지는 무엇인가?
- 관계자들(퍼실리테이터, 멘토, 후원자, 심사위원 등)에게 브리핑할 내용은 어떤 것인가?

- 참가자들을 어떻게 초대할 것인가?
- 대상 사용자 미팅은 어떻게 진행할 것인가?
- 참가자들을 위해 영감을 주는 내용을 어떤 매체로 제작하고 어떤 방식으로 보여줄 것인가?
- 워크숍을 여는 말을 어떻게 할 것인가? (후원자의 담화)

이 준비 단계의 목적은 워크숍 진행을 준비하는 것뿐만 아니라 참가자들이 워크숍의 내용을 의미 있게 받아들일 수 있도록 미리 기반을 마련해 두는 것이다. 예를 들어 쉽게 사용할 수 있는 템플릿(빈칸을 채우는 서식)을 인쇄하라. 서식을 이용하면 참가자들이 빈 종이를 앞에 두고 막막해 하는 것을 막을 수 있다.

마지막으로 기술적인 내용을 소개할 필요가 있다면 주저하지 말고 문서, 기사, 영상, 추천하는 도서 또는 영감을 주는 내용을 미리 전송하라. 참가자들이 협업 작업에 더욱 효과적으로 임할 수 있다.

최근 우리가 진행한 워크숍에서 사용한 준비 목록을 아래에 소개한다.

- 참가자들에게 보내는 초대 이메일
- 참가자들의 기대와 주제에 대한 이해도를 조사하기 위한 사전 설문 조사
- 메시지와 진행 내용을 포함한 영상 매체
- 워크숍 개회식 담화
- 모든 활동에 필요한 서식(〈어떻게 하면 좋을까?〉, 〈보관하기-버리기-시작하기〉, 〈화성인 설득하기〉 도구 등)
- 페르소나
- 벤치마크 형식의 영감을 주는 자료
- 피드백 게시판
- 닫는 말
- 기타 등등

실무

워크숍 당일이 다가오기 전에 실행해야 하는 마지막 단계는 실무적인 요소를 담은 준비 목록을 작성하는 것이다.

협업에 적합한 공간: 대형 강의실, U자형 배열 회의실 또는 일반 회의실은 반드시 제외해야 한다. 구역을 나누고 탁자를 배치할 수 있도록 공간을 쉽게 변형할 수 있는 장소가 좋다. 그리고 한 팀당 한 구역을 배당한다. 참가자들에게는 앉아서 사색하는 장소에서 걸으면서 사색하는 장소로 자유롭게 이동할 수 있도록 충분히 넓은 공간이 필요하다. 마지막으로 벽에 공간을 만들어 팀들이 포스트잇과 기타 작품을 게시할 수 있도록 한다. 그리고 불필요한 모든 것들은 치운다.

물품과 설비를 고려하라.

- 준비물: 포스트잇, 연필, 화이트보드 또는 종이판, 교구 카드 등. 다시 말해, 워크숍에서 생각을 자극하는 데 필요한 모든 요소
- 아침 식사, 점심 식사, 간식(물, 사탕, 과일 등) 등 먹을 것. 워크숍 동안 참가자에게 활기를 불러일으킬 모든 것. 음식 선택에 주의하라. 예를 들어 초콜릿 빵과 같은 페이스트리는 맛은 좋지만, 기름지고 소화하기가 힘들어서 참가자들을 둔하게 만든다.
- 모든 자료를 미리 인쇄해 둔다(멀리서도 보이도록 가능하면 큰 치수-A3에서 전지 크기-로 인쇄한다).
- 필요한 기자재를 잊지 말라: 전기선, 어댑터, 충전기 등

다음은 우리가 제안하는 퍼실리테이터 준비물 세트이다.

망설이지 말고 참고하라.

디자인 씽킹 퍼실리테이션 대백과

이제 당신은 협업 워크숍을 진행할 준비를 마쳤다! 워크숍은 유동적임을 잊지 말라. 필요한 경우 주저하지 말고 진행의 형식을 재정비하라.

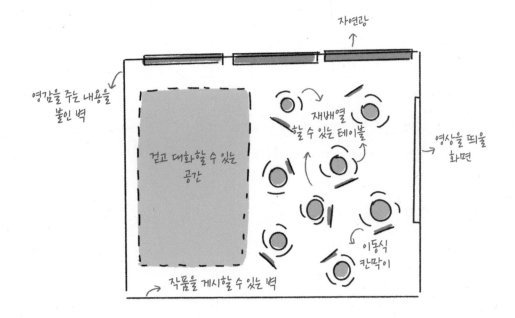

7장
대담하게 시도하기

만약 "인생에서 한 번도 워크숍을 진행해 본 적이 없는데 어떻게 하지?"하고 걱정한다면, 이는 당연하니 것이니 안심하라. 워크숍이 다가올수록 무대 공포증이 심해지고 의심과 실패에 대한 두려움이 엄습하고, 망신을 당할 걱정에 머릿속이 하얗게 되고 워크숍을 모두 망칠 상상을 한다면……. 이처럼 워크숍을 진행할 생각에 스트레스를 받고 있다면, 이를 극복할 수 있는 효과적인 방법 몇 가지를 소개한다.

위험 요소를 심각하게 생각하지 말고
숨을 깊게 들이쉬어라

워크숍의 진행을 망칠 거라고 상상하는 것은 지극히 인간적이지만, 부정적인 생각이 또 다른 부정적인 생각을 만들면서 결국 악순환이 시작된다. 이러한 악순환을 멈추기 위해서는 장애가 되는 처음의 문제를 찾아내고, 이를 의연하게 받아들이고, 가능하다면 어려움을 줄이기 위한 기술적인 방법을 찾아야 한다.

저자의 경험담

"나는 원래 말이 조금 빠른 편이다. 아니, 너무 빠른가? 내가 처음 워크숍을 진행했을 때였다. 장소에 도착하자마자 엄청나게 빡빡한 일정을 단숨에 소개했다. 매우 긴장한 상태여서 매우 빠르게 말을 쏟아내었는데, 그 결과는 참담했다. 그리고 다음 워크숍을 시작하기 전부터 불안에 사로잡혔다. 그런데 어떻게 해결했냐고? 한 사람이 워크숍을 시작하기 전에 나에게 진심으로 미소 지으면서 참가자들에게 미리 당부하라는 아주 간단한 조언을 해 주었다(그렇지만 말 속도를 줄이라고 하지는 않았다. 비록 속도도 줄여야겠지만 말이다). 지금은 워크숍을 시작하기 전에 미리 참가자들에게 나의 습관을 알려준다. '나는 말을 빨리합니다. 그걸 잘 알고요. 흥분해서 말을 빨리하게 되지요. 만약 제 말을 따라오기 어려우면 손을 들고 알려주세요. 그러면 말을 천천히 하겠습니다'라고 말하는 것으로 문제를 해결했다."

TIP 규칙적으로 호흡하라. 먼저 가슴으로 깊게 숨을 들이쉰 후 배를 볼록하게 부풀린다. 그리고 천천히 숨을 뱉으라. 적절한 산소 공급은 몸을 편안하게 해 주고 안정감과 평안함을 느끼게 해 주어 사고 능력을 향상한다. 바람을 쐬기 위해 일상적인 공간에서 벗어나 산책하는 것도 좋다.

워크숍을 **도전**으로 받아들이기

만약 시작하는 순간에 의심이 든다면, 워크숍 진행을 당신 스스로 배우는 기회나 팀 운영에 대한 새로운 내용을 배우는 기회로 받아들여라! 당신을 성장시킬 도전으로 생각하라.

그리고 당신을 퍼실리테이터로 선택한 데에는 그만한 이유가 있다! 가면 증후군Imposter Syndrome(자신이 이뤄 낸 업적을 스스로 받아들이지 못하는 심리적 현상)을 누구나 겪어보았을 것이다. 개인이 이룬 성공과 능력을 의심하게 되는 이 병적인 의심증이 당신의 마음을 혼란스럽게 할 수 있다. 이럴 때는 어떻게 대응해야 할까? 자신이 느끼는 것을 그대로 인정하고, 사람들의 평가에서 한 발짝 뒤로 물러서 보라. 그리고 사실에 근거하여 당신이 이룬 성공을 찾아보라.

> **"누군가 당신에게 엄청난 기회를 선사하는데, 그 일을 할 수 있을지 확실하지 않다면 일단 승낙하라. 그리고 일은 나중에 배워라!"**
>
> 리처드 브랜슨(Richard Branson),
> 버진(Virgin) 그룹 회장

유연성을 갖춘 **명확한 계획** 세우기

아무도 예상치 못한 일을 피할 수 없다. 관계자들과 워크숍의 목적, 조직, 진행 방식을 공유하고 공감을 얻어내면서 최선을 다해 준비하라. 무엇보다도 혼자 백지 앞에 앉아 시간을 보내지 마라! 디자인 씽킹은 여럿이서 고민해야 하는 프로세스이다. 동료나 멘토와 그 내용을 공유하고 피드백을 받아 반복하여 개선해야 한다는 것을 잊지 말아라. 조금이라도 의심이 든다면 질문 공세를 하라. 비록 예상치 못한 일을 완벽하게 피할 수는 없어도, 워크숍의 70퍼센트는 이 순간에 이루어진다. 완벽한 준비가 상대적인 편안함을 선사할 것이다.

공동으로 진행하기

"혼자서는 빨리 가지만 함께하면 더 멀리 간다"라는 유명한 아프리카 속담이 있다. 이 속담은 워크숍 진행에도 완벽하게 적용할 수 있다. 그러므로 기꺼이 신뢰할 수 있는 사람을 찾아 당신과 공동 진행을 할 것을 제안하라. 두 사람이 함께하면 더 안정적으로 진행할 수 있다.

그러나 주의해야 할 점이 있다. 바로 한 사람이 워크숍 진행을 이끌고, 다른 사람은 지원하는 역할을 해야 한다는 점이다. 워크숍을 시작하기 전에 각자의 역할을 명확하게 나누어라.

더불어 모두가 사람이라는 사실을 명심하라. 워크숍에 참여하는 참가자들도 당신과 같은 사람이다. 산발 머리와 멍한 얼굴로 잠자리에서 일어나고, 화장실에 가고, 샤워 후 아침을 먹고(또는 아침을 거르고), 집을 나서기 전 소파 구석에 빠진 열쇠를 찾는, 똑같은 인간이라는 사실을 기억하라.

그리고 모두 의심과 욕구를 느끼는 사람들로, 기본적으로 친절하다. 그런데 왜 워크숍이 잘 진행되지 않겠는가? 아마 참석자들도 새로운 시도를 하는 이 순간을 즐기고 있지 않을까? 무엇보다도, 그들도 호기심이 많은 존재가 아닐까?

저자의 조언

일반적으로 나는 경험이 없는 퍼실리테이터들에게 처음부터 선임 진행을 맡지 말라고 조언한다. 초기에는 더 많은 경험을 가진 퍼실리테이터를 도우면서 워크숍을 객관적으로 바라보는 것이 필요하다. 구체적으로 워크숍을 진행하는 방법을 이해하고, 퍼실리테이터가 어떤 역할을 하며 어떻게 반응하는가를 관찰하면, 훗날 자신이 직접 진행할 때 더욱더 편하게 진행할 수 있다.

또 다른 기술이 있느냐고? 당신과 친한 팀, 친구들, 가족과 같이 가장 가까운 사람들과 먼저 시도하라. 이들은 당신에게 호의적일 뿐만 아니라 당신이 가끔 하는 실수도 너그럽게 받아들여 줄 것이다.

8장
안내자와 리더

대망의 날이 왔다. 주사위는 던져졌다. 이제 당신은 경기장에 들어선다! 잘 계획한, 유연한 일정과 함께, 포스트잇, 교재, 유머 감각, 호기심으로 무장한 당신이 참가자들을 도우면서 워크숍을 진행할 것이다. 그런데 워크숍에서 퍼실리테이터는 실제로 어떤 역할을 할까?

퍼실리테이터의 임무

당신에게 주어진 주요 임무는 다음과 같다.

- 참가자들이 협력하여 도달해야 할 공통의 목적에 공조하게 하라. 워크숍의 각 단계에서 팀이 목표를 항상 기억하고, 공유하며 길을 잃지 않도록 살펴야 한다.
- 워크숍 틀을 유지하라. 일정, 규칙 및 시간을 지켜라.
- 참가자들의 적극적인 참여를 이끌어 내라. 퍼실리테이터는 집단 지성과 참가자들의 의지와 에너지를 촉진하는 사람이다. 참가자들이 정해진 목표를 향해 함께 전진하도록 도와라.
- 호의적인 분위기를 유지하라. 호의적인 분위기에서 작업해야 워크숍에 성공할 수 있다. 호의적인 분위기란 신뢰와 투명성이 보장된 분위기에서 모든 사람이 발표할 수 있고 모든 참가자가 경청하면서 협업하는 환경을 말한다.

- 참가자들의 에너지에 따라 긴장된 상태와 차분한 상태 사이를 오가면서 참가자들이 활기를 잃지 않도록 해야 한다. 만약 참가자들이 너무 긴장한 상태라면 이는 일정이 너무 빡빡하거나, 워크숍에 대한 기대가 너무 크거나, 진행 속도가 너무 빠르다는 것을 의미한다. 그리고 그 반대는 참가자들이 지루해하고 있다는 뜻이다. 참가자들의 가능성을 최대한 끌어낼 수 있도록 숨 가쁜 순간과 사고하기 좋은 고요한 순간을 적절하게 오고 가라.

- 예상하지 못한 길로 인도하라. 당신은 참가자들의 거울이다. 모두가 잘 이해할 수 있도록 적절한 질문을 던지면서 아이디어에 (생산적인 방법으로) 도전하라. 이런 방식은 참가자들의 생각을 더 발전하고 다른 방식으로 표현하면서 더욱더 새로운 것을 발견하도록 도울 수 있다.

- 경계(문화적 차이, 계급 및 기업 사이의 경계)를 허물어라. 당신은 (여러 다른 기업, 국가, 대륙에서 모인 참가자들 사이에 존재하는) 문화적 경계, 계급에 따른 경계 또는 그 외 여러 경계를 허물도록 돕는다. 소외되는 사람 없이 모든 참가자가 서로를 이해하고 함께 협업할 수 있도록 한다.

당신은 분명 퍼실리테이터로서 가지는 장점과 함께 도전 과제를 안고 있을 것이다. 그러나 앞에서 언급한 임무만 잘 수행한다면 참가자들을 아주 잘 이끌 수 있다! 당신의 임무를 잘 수행하려면 두 가지의 태도를 자유롭게 오고 갈 수 있어야 한다. 워크숍의 각 단계에서 팀원들을 이끌고 (리더의 태도를 갖추기), 팀원들이 활동 범위를 벗어나지 않고 길을 잃지 않는지 살펴야 한다. 그리고 팀 내에서 안정감을 조성하고 팀원들이 규칙을 지키도록 해야 한다. 동시에 워크숍 내내 참가자들이 통일감을 느끼면서 서로를 경청하고, 함께 고민하면서 협업할 수 있도록 이끌어야 한다. 정말이지 쉽지 않은 일이다!

리더, 디자인 씽킹의 책임자

우리는 리더를 "권위 있는 퍼실리테이터"라고 부른다. 워크숍을 진행하는 동안 당신이 수행해야 하는 두 역할 중 하나는 그룹을 이끄는 것이다. 다시 말해서 각 세션을 진행하면서 참가자들을 도우며 목표를 달성하도록 돕는 것이다. 그러므로 프로세스의 책임자로서 울타리를 만들어 그 안에서 그룹이 발전할 수 있게 해야 한다. 당신이 집중해야 할 열 가지 사항을 소개하겠다.

목표를 상기시키기

워크숍을 시작하면서 당신은 참가자들에게 도전 과제, 목표와 활동 범위를 알린다. 이 내용을 보이는 곳에 게시하고 필요하다고 느낄 때마다 상기시킨다. 워크숍 내내 참가자들이 왜 참여하는지를 알아야 한다.

달성해야 할 목표, 지시 사항, 시간, 만들어야 할 결과물을 알리기

각 세션을 시작할 때마다, 참가자들이 더 잘 참여할 수 있도록 핵심 정보를 공유한다. 참가자들이 프로세스의 의미를 이해하는 것이 중요하다. 세션을 진행하는 중에 도구를 설명할 때에도 같은 방법으로 진행하라. 지시 사항은 명료하고 간결해야 한다. 또한, 모든 참가자가 도구가 지닌 의미와 지시 사항을 이해했는지 확인하라.

TIP 뱅상, 멜리사, 요안이 워크숍에서 지시, 시간, 또는 제품에 관한 사항을 전달할 때에는 누구 할 것 없이 제안하는 방식으로 이야기한다.

"5분 동안 각자 브레인스토밍을 하면서 포스트잇에 생각을 적으면 좋을 것 같은데, 괜찮으세요? 제안이나 질문하고 싶으신 분 계세요?"

이렇게 '제안'하는 방식은 당신이 생각하지 못했던 새로운 아이디어 프로세스를 떠오르게 할 수 있다. 새로운 프로세스가 당신의 목적과 맞는다면, 망설이지 말라! 자신의 아이디어를 적용하는 팀은 더 원활하게 작업할 수 있을 것이다.

시간 관리하기

각 세션에 부여한 시간을 정확하게 지켜야 한다. 이는 경직된 방식이 아니라 진행 상황을 점검하기 위해서이다. 만약 어떤 순간에 시간이 지연되었다면, 그 자체로는 큰 문제가 아니다. 그러나 지체했다는 사실을 알고 따라잡거나 지연된 대로 진행할지를 미리 생각해야 한다.

TIP 팀원 수가 많고 산만한 그룹과 워크숍을 진행한다고 상상해 보라. 당신이 소리를 지르지 않고 쉽게 참가자들의 주의를 끌고 싶을 때 사용할 수 있는 기술이 있다. 팀의 주의를 끌고 싶거나 지시 사항을 추가할 때 손을 들어야 한다고 팀에게 알려주는 것이다. 이제부터 당신이 손을 들면 사람들은 말을 멈추고 그들도 손을 들어야 한다.

참가자 통합

이는 워크숍을 시작하면서 함께 진행한다. 참가자들에게 워크숍에 대한 태도를 언어로 표현하는 방법을 제공한다(참조-도구 1~5). 예를 들어 은유로 자신의 감정과 참여도를 표현할 수 있는 〈날씨〉(참조-도구 2)와 같은 도구를 이용할 수 있다. 만약 참가자가 선택한 날씨가 비바람이라면 기분이 좋아지는 방법을 묻거나 참가자가 기꺼이 원하면 더 흥미로운 활동을 제안하라. 참가자들의 상태를 이해하면 이에 빠르게 대처할 수 있다.

참가자들이 팀 운영 규칙을 확실히 공유하게 하기

워크숍을 시작하면서 워크숍 내내 지켜야 할 공통의 운영 규칙(다른 사람의 말 끊지 않기, 경청하기, 휴대전화 사용하지 않기 등)을 제안하라. 당신은 팀이 도출할 내용을 보장하지는 않아도 되지만, 최상의 환경을 만들어야 할 책임이 있음을 잊지 말라.

TIP 만약 시간이 충분하다면, 팀원에게 원하는 규칙을 포스트잇에 적고 함께 지키고 싶은 규칙을 정하기를 요청할 수 있다. 팀원들이 직접 규칙을 정하면 이를 더 잘 지킬 수 있다.

늘어지는 대화는 피하기

팀원들이 대화를 마치지 못하는 문제 때문에 진도가 잘 나가지 않는 팀들을 간혹 만나게 된다. 이런 경우에는 대화의 키워드를 포스트잇에 적고 휴식 시간이나 워크숍이 끝난 후에 이어가기를 제안하면서 대화를 마무리하도록 한다.

TIP "주차장"이라고 적은 하드보드를 벽에 걸어 참가자들이 포스트잇을 붙일 수 있게 한다. 포스트잇을 이용해 아이디어를 축적하고, 후에 다시 논의하거나 더 발전시킬 수 있다!

속도 조절하기

참가자들이 지쳐있고 더는 생산적이지 않다고 느끼는가? 일정에는 휴식 시간이 30분 후이지만, 참가자들이 계속 진행하기를 힘들어하는 것 같은가? 그렇다면 휴식 시간을 앞당기고, 5분 동안 에너자이저 게임^{energizer game}(참가자에게 생기와 에너지를 주는 게임)을 진행하거나 모든 참가자를 일어서게 하는 등 활기찬 분위기로 세션을 진행하라. 속도 조절은 워크숍을 성공적으로 운영하는 핵심 요소 중 하나이다.

상황에 적응하고 적절히 반응하기

모두가 알듯이 워크숍은 늘 우리가 기대하는 대로 일어나지 않는다. 그런데 솔직히 말하자면 이것이 바로 워크숍의 묘미이다. 만약 예상치 못한 일이 일어난다면 다시 중심을 잡도록 휴식하는 등 기본으로 돌아오라. 팀이 길을 잃으면 목표를 상기시키고, 지시 사항이 너무 복잡했거나 참가자들이 이를 잘 이해하지 못한 경우에는 단순한 활동으로 바꾸어 진행하라.

비유로 설명하기

복잡한 콘셉트를 명확하고 간결하게 설명하기가 때때로 매우 어렵다. 참가자들이 쉽게 이해하고 설명을 오래 기억할 수 있도록 단순한 비유로 설명하라.

참가자들이 브리핑하도록 하기

세션이 끝나면 참석자들에게 세션을 어떻게 진행했는지 2분 동안 물어보라. 학습 원리는 참가자가 스스로 생각해 워크숍 내용을 자기 것으로 만드는 것이다.

브리핑은 네 단계로 이루어진다.

- 느낌: 워크숍을 어떻게 경험했는가?
- 회상: 워크숍 동안 어떤 일이 일어났는가?
- 교훈: 왜 그렇게 진행되었나? (원인이 무엇인가?)
- 비평: 다른 방식으로 한다면 어떻게 했을까?

TIP 참가자들이 함께 보낸 시간을 되새길 수 있도록 세션을 끝낼 때 〈랩업〉(참고-도구 15) 도구를 활용하라.

안내자, 팀이 스스로 변화하게 만든다

안내자는 퍼실리테이터의 "보조 자리"라고 부르는 역할이다. 퍼실리테이터인 당신은 가르치는 사람이 아니다. 팀은 스스로 배워나간다. 그러므로 당신은 팀 스스로 발전하면서 잠재력을 발휘할 최상의 환경을 만들어 주기만 하면 된다. 그렇다면 어떤 일을 해야 할까? 비유하자면 "듣다"를 뜻하는 한자는 다음 그림이 보여주듯 다섯 개의 글자로 만들어졌다.

중립 지키기

중립을 지킨다는 말은 쉽지만, 당신은 팀이 다루는 주제의 내용에 개입하지 않고 해결책도 제시하지 말아야 한다. 오직 워크숍 진행과 사람들에게만 집중한다. 아이디어에 도전하고 질문을 할 수 있지만, 토론 중 의견을 내거나 아이디어 채택에 관여해서도 안 된다.

TIP 팀이 아이디어를 더 발전시켜야 한다고 생각하면 멘토나 후원자, 의뢰자를 참여시킨다.

공감하라

참가자와 소통할 때 호기심을 갖고 공감하는 태도를 보여라. 참가자가 표출하는 감정을 이해하고 이에 상응하는 감정을 느끼려고 노력하라. 그러나 공감은 세상의 모든 어려움을 짊어지는 것을 말하는 것이 아니다. 당신과 참가자를 동일시하지 않도록 유의하라. 또한, 지나친 호의는 지양하고, 진실해라.

적극적으로 듣는 법을 배워라!

　전화로 하는 소통이 얼굴을 마주 보는 현장 소통보다 덜 효율적인 이유가 무엇이라고 생각하는가? 바로 상대를 볼 수 없어 많은 정보를 놓치기 때문이다. 워크숍에서도 마찬가지이다. 주고받은 말 이외에도 상대방이 선택한 단어, 억양, 자세, 시선, 손짓뿐만 아니라 모든 암묵적인 발화 내용에 관심을 두어라. 적극적으로 경청하면 분명하게 드러난(보통 언어로 표현한) 감정과 느낌뿐만 아니라 은연중에 암시된 뜻을 찾아낼 수 있으며, 따라서 표현된 내용에서 정서적인 차원까지도 이해할 수 있다. 경청하는 습관을 갖기 위해서는 모든 편견을 버려야 하며, 온전히 참가자에게 집중해야 한다. 이러한 모든 정보를 기초로 더 정교한 방법으로 적합한 질문을 찾고 물을 수 있다. 따라서 우리의 조언은 다음과 같다. 눈을 크게 뜨고 호기심을 가져라!

열린 질문하기

대부분의 좋은 답변은 좋은 질문에서 나온다. 그러므로 당신의 역할은 바로 '좋은' 질문을 하는 것이다!

> "왜 어린이들은 열린 질문을 할까? 아이들은 모든 것을 알고 싶어 하기 때문이다. 왜 어른들은 닫힌 질문을 하는 걸까? 어른들은 모든 것을 안다고 생각하기 때문이다."
>
> 이브 블랑(Yves Blanc), 작가

가능하면 동의를 얻거나 한 가지 사항을 확인하는 기능을 지닌 닫힌 질문('네' 또는 '아니요'로 답변하는 질문)은 지양하라. 대신 상대방을 이해하고 대화하고 소통하는 기능을 지닌 열린 질문(육하원칙 유형의 질문: 누가, 언제, 어디에서, 무엇을, 어떻게, 왜)을 하라.

참가자들의 "배터리" 아끼기

워크숍을 진행하면서 우리는 종종 쉽게 지치고, 때론 산만한 참가자들을 만났다. 너무 야심에 찬 워크숍, 하루 중 집중하기 어려운 순간들 또는 일상 업무와는 다른 행사 등에서 참가자들의 "배터리"에 영향을 주는 이유를 찾아냈다. 이는 당신이 워크숍 진행 방식을 구성하는 데 도움을 줄 것이다.

- **정신적 배터리**: 끝나지 않는 워크숍, 점심 식사 후, 늦은 시각에 진행하는 워크숍 또는 휴식 시간이 없는 워크숍이 정신적인 배터리를 소진하여 집중력을 떨어뜨린다. 휴식하거나 흥미로운 활동으로 집중력을 깨워라.
- **정서적 배터리**: 정서적 배터리는 스트레스에 대한 반응이나 감정 조절 때문에 줄어든다. 예를 들어 유쾌하지 않은 매니저와의 면담, 급한 업무 또는 예상치

못한 일 등이 순간 집중력을 떨어뜨린다. 아이스 브레이커인 〈메모리 덤프Memory Dump〉는 불안을 유발하는 생각들을 확실히 잊게 해 준다(참조-도구 11).

- **신체적 배터리:** 이 배터리는 전날 무리한 경우나, 그 반대로 운동 부족일 때 소진될 수 있다. 무기력함을 극복하기 위해 어느 정도 역동적인 도구를 사용하라. 예를 들어 에너자이저 타입energizer type인 〈마징가〉(참조-도구 12)만큼 생기를 되찾는 데 좋은 활동은 없다.

다른 말로 표현하기

참가자 또는 당신이 직접 어떤 정보를 공유할 때는 모든 이가 잘 이해했는지 확인하라. 그래야 엉뚱한 길로 빠지지 않고, 이해하지 못한 사람들이 당황하지 않는다. 이를 위해서는 패러프레이징paraphrasing(이해하기 쉽게 다른 말로 바꾸어 표현하는 것)을 통해 한 말을 다시 반복하기, 요약하여 말하기부터 참가자에게 질문하여 정확히 정보를 전달하기까지 다른 말로 표현하는 여러 기술을 사용할 수 있다.

참가자의 컨디션 알아차리기

참가자들이 너무 무리하지 않도록 피곤한 기색이나 집중이 떨어진 상태를 알아차리는 방법을 배워라!

워크숍에서 당신은 한 개인 안에서 개별적으로 기능하는 세 개의 배터리, 즉 정신적 배터리, 정서적 배터리, 신체적 배터리를 살펴볼 수 있다. 보통 사람의 상태는 가장 낮은 배터리의 영향을 받는다. 그리고 팀의 활기는 보통 그 순간에 가장 적은 에너지를 가진 사람의 영향을 받는다. 이러한 요소를 유심히 살피면 소중한 정보를 얻을 수 있다.

참가자를 격려하기

당신의 긍정적인 에너지를 전달하라! 당근과 채찍을 번갈아 사용하는 당신은 팀에서 가장 중요한 지지자이다. 격려는 팀이 더 발전하게 돕고 프로세스의 끝까지 도달하는 힘을 찾도록 돕는다. 반대로 엄격함은 보통 수준의 아이디어에 머무르지 않고 끝까지 고민하도록 돕는다. 그러나 너무 지나치지 않도록 한다. 일부 사람들은 어린아이처럼 대하는 느낌을 싫어한다.

워크숍을 방해할 수 있는 성격을 지닌 참가자 관리하기

너무 말을 많이 하거나 팀의 에너지를 지나치게 소진하는 사람이 있다. 그렇다면 그에게 스크라이브scribe, 우리말로 서기의 역할을 제안해 보라. 그러면 회의록을 작성하는 동시에 독점하면서 말하기가 어려울 것이다. 반대로 어떤 이들은 눈에 띄지 않고 발표를 하지 않는다. 그에 맞추어 진행 방식을 바꿀 수 있는데, 예를 들면 닫힌 브레인스토밍 방식(토론보다는 혼자 포스트잇에 작성하는 방식)으로 진행하면 좋다. 소극적인 사람들도 발표하도록 먼저 개인적으로 아이디어를 생각한 후 팀에서 공유하게 하는 방식이다. 마지막으로 타인 또는 워크숍에 대해 부정적인 태도를 지닌 사람들도 있는데, 다시 워크숍 규칙을 보도록 요청하고 그들의 태도가 워크숍 규칙에 벗어난다는 점을 알려라. 그리고 책임감을 느끼도록 하라!

TIP 세션에서 기대할 수 있는 피드백 타입(생산적인 비판, 위험성, 부정적인 면, 새로운 아이디어)에 참가자들이 공감할 수 있도록 〈보노^{Bono}의 모자〉(참조-도구 30)를 활용하라.

최대한 빠르게 갈등 관리하기

흔한 일은 아니지만, 갈등이 발생할 수도 있다. 참가자들 사이에 갈등이 일어나면 가능한 한 빨리 해결해야 한다. 당신은 갈등을 일으키는 참가자들을 팀과 떨어뜨려 놓거나 휴식 시간을 가져 갈등이 워크숍에 영향을 주지 않도록 할 수 있다. 주의 깊게 그들을 경청하고 들은 내용을 요약해 보라. 사실에 집중하고 중립을 지켜야 한다. 무엇보다도 참가자들이 감정적이지 않도록 만들어야 한다. 오직 실제로 일어난 일만을 고려하라! 누가 잘못했고 누가 옳은지를 가려내는 것이 목적이 아니다. 참가자들의 관심을 해결해야 할 도전 과제로 돌리고 확실하게 서로 합의하도록 한다.

TIP 노력해도 갈등을 해결할 수 없다면, 워크숍이 끝날 때까지 갈등을 중단할 수 있을지 물어본다. 그것도 불가능하다면 나머지 참가자들에게 부정적인 영향을 주지 않도록 팀에서 나가 달라고 요청하라. 그러나 사실에만 입각해서 문제를 다루고, 항상 중립을 지켜야 한다. 스스로 갈등을 해결하려고 하지 마라.

감사를 표현하기

참가자들은 당신의 워크숍에 와주었고 분명 많은 에너지를 쏟으며 참여했다. 참가자들에 감사의 인사를 하는 시간을 가져라. 참가자들을 칭찬함으로써 참가자들은 워크숍에서 실행한 작업을 스스로 인정할 수 있다. 감사 인사는 워크숍을 마무리하는 참가자들에게 성취감을 더할 것이다.

9장
두 역할 사이를 오고 가기: 전문가와 퍼실리테이터

어떻게 전문가 역할에서
퍼실리테이터 역할로 전환할 수 있을까?

이 질문은 우리가 연수나 워크숍을 진행할 때 자주 들었던 질문이다. 당신은 마케팅 분야나 채용 분야에서 일한 경험이 있는가? 컴퓨터공학 분야의 인공지능이나 "크랙^{crack}(복사 방지나 등록기술 등이 적용된 상용 소프트웨어의 비밀을 풀어서 불법으로 복제하거나 파괴하는 것)"에 열광하는가? 아니면 컨설턴트, 법무사, 회계사, 혹은 의사인가? 우리는 각자 여러 다른 경험, 역량과 전문성을 갖추었다. 디자인 씽킹 프로세스를 진행할 때는 당신이 만날 대상에 대해 열린 자세와 호기심을 유지하면서 당신이 지닌 모든 특징을 활용해야 한다. 그렇다면 도대체 언제 퍼실리테이터 역할로 전환해야 할까?

언제 퍼실리테이터 역할과
전문가 역할을 소화해야 할까?

디자인 씽킹 방식으로 진행하는 프로젝트에서 중요한 세 가지 순간이 있다.
• 몰입, 사용자 이해, 맥락과 관련된 "수집"의 순간

- 문제점 해결을 목표로 최상의 해결책을 결정하기 위해 팀원들이 협업하는 "공동" 작업의 순간
- 아이디어와 콘셉트를 발전시키기 위한 심층 연구의 순간

　　수집과 깊이 연구하는 순간에는 당신의 전문성과 직업성을 이용해 팀원들에게 힌트를 줄 수 있다. 그러나 다시 말하지만, 팀원들의 생각을 유도하거나 당신 스스로 선입견에 빠지지 않도록 주의하라. 자신의 관점을 강요하고 싶은 욕구가 강하게 들 수도 있다! 바로 공동 작업의 순간 이외에도 가능한 한 자주 퍼실리테이터 역할을 유지하라고 조언하는 이유이다. 각 팀원이 주제를 자신의 것으로 받아들이고 객관적인 견해를 유지하는 것이 중요하다.

　　그리고 협업의 순간에 온전히 퍼실리테이터 임무를 수행한다. 퍼실리테이터 역할에는 중립성이 필수이지만, 그렇다고 팀원들의 아이디어에 의문을 제기하는 것까지는 막지 못한다.

　　전문가와 퍼실리테이터의 역할을 오가는 일은 쉽지 않다. 그러나 경험을 통해 충분히 습득할 수 있다.

	수집의 순간	공동 작업의 순간	심층 연구의 순간
역량 및 전문성	★★	★	★★★
퍼실리테이터 역할	★	★★★	★

수집의 순간, 공동 작업의 순간, 심층 연구의 순간 구별하기

앞에서 소개한 제너럴 일렉트릭의 예를 다시 들어보자. 다시 상기해 보자면, 산업 디자이너인 더그 디츠가 MRI 검사의 경험을 개선하기 위해 디자인 씽킹 프로세스를 진행했다. 더그 디츠가 어떻게 그의 주요 역할인 디자이너와 퍼실리테이터 역할을 오고 갔을지 자유롭게 상상해 보자.

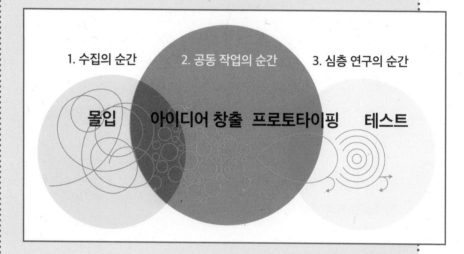

1. 수집의 순간

더그는 전체 프로젝트를 담당했다. 핵심팀과 함께, 그들은 사용자들이 경험에 동행하며 주제에 몰입할 수 있었다. 그리고 정보를 수집하고 분석하고 나열할 수 있었다.
프로젝트의 도전 과제가 확실히 드러나고 공유된 후에 그들은 공동 작업의 순간으로 넘어갈 수 있었다.

2. 공동 작업의 순간

바로 더그가 온전히 퍼실리테이터의 임무를 수행한 순간이다. 그는 제너럴 일렉트릭 직원들, 환자들과 그들의 부모, 간호사 팀으로 혼합 구성된 팀들을 돕는다.

협업 워크숍을 한 번 또는 한 번 이상 진행하면서 그룹은 도전 과제를 다룬다.

- 의견을 수렴하여 주요 문제점이 발생하는 중요한 순간들을 찾아낸다.
- 아이디어 창출 단계를 거쳐 아이디어들을 찾아낸다.
- 공동의 최초 콘셉트를 찾아낸다.
- 콘셉트를 바탕으로 반복 과정을 거쳐 낮은 단계의 프로토타입을 다수 제작하고 테스트를 실행한 후 실물 크기의 프로토타입을 만든다.

3. 심층 연구의 순간

공동 작업을 끝내고 더그는 프로젝트 팀장의 역할로 서서히 돌아온다. 핵심팀과 함께 프로토타입을 반복하여 개선하고 가치 제안을 다듬어 최상의 사용자 경험을 만들어 냈다. 이는 그의 기술적이고 창의적인 전문성 덕분이었다.

팀원들은 반복하여 개선하고 아이디어를 발전하면서 서서히 프로젝트를 실현해 나갔다.

이 세 가지의 순간을 나누는 경계는 모호하고, 이에 관한 이론도 존재하지 않는다. 그러므로 당신이 직접 경험함으로써 팀과 동행할 때 적절히 조절하여 평소 역할과 퍼실리테이터로서 해야 할 역할을 오고 가야 한다.

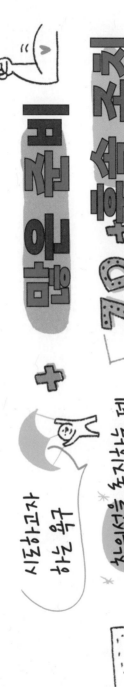

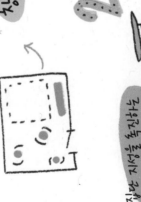

시몬 베이유 병원 – 환자 응대 서비스 혁신하기
7P 활용 예시

2018년 초, 시몬 베이유Simone Veil 병원장이 병원 내 응대 서비스를 혁신하기 위해 디자인 씽킹 프로세스를 시범적으로 시도했다. 프로세스는 특히 이 주제와 관련 있는 병원 관계자들과 사용자를 연계하고자 하는 강한 의지와 필요에 답을 해야 했다. 여기에서 공유하는 각 세션의 내용은 80명이 참여한 워크숍에서 온 것이다.

적합성

주요 목표는 시몬 베이유 병원의 환자 응대 서비스를 개선하는 아이디어와 구체적인 프로젝트를 찾는 것이다. 참가자들은 팀을 구성하여 디자인 씽킹 방법론을 사용한 협업을 통해 2019년에 실행하는 목표로 "퀵 윈Quick Win" 해결책을 만들었다 (첫 번째 버전을 만들고 2018년 실행 계획을 세우고자 했다).

도전 과제는 병원의 모든 관계자와 응대 서비스에 관한 공동의 비전을 찾아내는 것으로, 다음과 같다.

- 공동의 도전 과제에 전문 관계자들이 참여하고,
- 창의성과 인간 중심의 접근을 요구하는 혁신적인 방법론(디자인 씽킹)을 도입한다.

워크숍을 성공적으로 이끄는 조건은 다음과 같다.

- 실질적으로 강력하고 실용적인, 비용이 적게 드는 아이디어를 찾아내는 진정한 팀워크 만들기!
- 다양한 구성원(의료진과 사용자)이 모인 그룹

결과물

도출할 결과물-12팀은 각자 아래의 결과물을 제공해야 한다.

- 구체적인 프로토타입 1개
- 채택한 해결책을 설명하는 표 1개
- 홍보 영상 1개

활동 범위-채택한 아이디어들은 아래의 조건을 충족해야 한다.

- 단순하면서 매력적이어야 한다는 KISS^{Keep It Simple & Stupid Sexy} 원칙을 지켜야 한다.
- 단기간에 실행할 수 있어야 한다. 초기 해결책 버전은 2018년 말에 준비되어야 한다.
- 해결책은 정원이나 추가 비용을 요구하면 안 된다.

참가자

워크숍에 총 80명이 참가했으며, 6명씩 팀을 구성하였다. 원활하게 진행하기 위해 반나절 일정으로 3번에 걸쳐 진행했고 각 세션에 3~4팀이 참여했다. 각 팀은 다분야에 걸친 인물들과 실제 사용자를 혼합하여 구성했다. 각 워크숍은 반나절 동안 같은 유형의 진행 방식으로 운영했다.

워크숍마다 선임 퍼실리테이터와 보조 퍼실리테이터가 참석했다.

실무

준비물, 장소와 관련된 요소는 대략 다음과 같다.

- 팀원이 6~8명인 3~4개 팀이 들어갈 수 있는 공간
- 포스트잇(한 테이블마다 다양한 색 5개들이 한 세트)
- 원형 스티커
- 블루택^{Blu-tack}(종이를 벽에 붙일 때 쓰는 점토)
- 펜(포스트잇에 사용할 것으로 멀리서도 잘 보이도록 사인펜으로 준비)
- 어디든지 붙일 수 있는 3M 플립 차트^{flip chart}
- 먹을 것(견과류, 사탕, 물, 과일, 주스)
- 컴퓨터, 충전기, 어댑터, HDMI 케이블, 스마트폰
- 타이머(또는 팀 내에서 사용하려면 소형 타이머)
- 화이트보드 펜
- 마커
- A3 종이

준비

디자인 씽킹을 잘 준비하기 위해 계획해야 할 내용은 다음과 같다.

- 디자인 씽킹 방법론과 목적에 관해 대화하기 위한 시몬 베이유 병원 경영진과 클랩 퍼실리테이터들이 참여하는 사전 워크숍
- 클랩의 전문성과 경영진의 의뢰 내용을 바탕으로 경영진과 클랩 퍼실리테이터들이 함께 일정 정하기
- 세션을 진행할 때 필요한 디지털 자료 만들기(이론, 일정, 전달할 지시 사항 등)
- 서식 인쇄(페르소나, 〈어떻게 하면 좋을까?〉, 행렬 홍보, 설명표)
- 식사 지원 관련 준비
- 공간 지원 관련 준비
- 참가자 이름표에 필요한 스티커 재료

함정

워크숍 시작 전에 찾아낸 피해야 할 함정들은 다음과 같다.

- 아이디어와 프로토타입이 KISS 원칙에서 이탈. 너무 야심 찬 해결책을 제안함으로써 초기의 목적을 벗어날 수 있다. 참가자들에게 자주 활동 범위를 상기시키는 것이 필요하다.
- 발표의 부재와 소극적인 참여. 활기찬 토론을 위해 발표하는 분위기를 조성해야 한다. 디자인 씽킹 프로세스에 공감하게 만들고, 팀과 협업하면 구체적인 해결책을 찾아낼 수 있음을 알린다.
- 다양한 페르소나의 부재. 모든 페르소나를 잘 찾아낼 수 있도록 3일 동안 워크숍을 진행하고, 워크숍이 진행되는 상황에 따라 유연하게 대처한다.

프로세스

워크숍(3회)을 시작하기 전: 시몬 베이유 병원의 워크숍 의뢰자들과 함께 공동의 도전 과제 세우기(목표, 행동 범위, 성공 기준 정하기)

워크숍 당일, 진행 방식은 다음과 같다.

통합 단계

❶ 병원장 나탈리 산체스^{Nathalie Sanchez}의 개회사

❷ 디자인 씽킹 소개, 간략한 방법론 설명

❸ 워크숍의 목표(참조-도구 8)과 활동 범위 공유하기

❹ 워크숍 동안 지켜야 할 기본 규칙 공유하기(참조-도구 7)

❺ 참가자들을 혼합 팀으로 나누기

❻ 각 테이블에 아이스 브레이커 놓기: 슈퍼 히어로 가면을 활용한다. 참가자들은
    슈퍼 히어로 가면 위에 붙어 있는 포스트잇을 가져가 자신이 되고 싶은 영웅을
    그린다. 팀이 관련된 초능력을 갖게 되는 것이다.

몰입 단계-환경, 사용자와 관계자의 페인 포인트를 찾고 이해하기

❼ 응대 서비스에서 느낀 긍정적이거나 부정적인 경험 나누기

❽ 페르소나 인물상 나열하기(참조-도구 18)

❾ 페르소나를 공유하고 주요 페인 포인트 목록 작성하기

❿ 해결할 페인 포인트 결정하기

⓫ "어떻게 하면 좋을까?" 질문 유형으로 페인 포인트 표현하기

아이디어 창출 단계-해결책 아이디어 최대한 많이 찾아내기

⓬ 문제를 해결할 모든 가능한 해결책을 찾기 위한 닫힌 유형의 자유로운 아이디
    어 창출(페인 포인트를 해결할 아이디어를 각자 생각하기) 후 공유하기

⓭ 열린 유형의 자유로운 아이디어 창출(페인 포인트를 해결할 아이디어를 함께 생각
    하기)(참조-도구 28).

⓮ 아이디어 분류 모형(보관하기-버리기-시작하기)(참조-도구 35)

⓯ 공동의 해결책을 향한 의견수렴

프로토타이핑 단계-프로토타입을 만들어 아이디어 구체화하기
이 단계의 모든 활동을 동시에 진행할 수 있다.

⓰ 세 가지 프로토타입

• 재활용품으로 제작한 유형(有形)의 프로토타입

• 아이디어를 설명하는 종합적인 해결책 표

- 아이디어를 더욱 돋보여줄 활기찬 주장(해결책을 구두로 발표함)

이 단계에서 참가자들은 다른 팀에서 제시한 생산적인 의견을 모을 수 있었다.

3회에 걸친 워크숍 후:
❼ 병원의 미래에 실제로 끼칠 영향을 극대화하도록 2018년 9월에 해결책을 발표하고 300명이 투표하는 방식으로 의견 청취
❽ 2018년 10월에 열린 행사에서 투표로 채택된 해결책 발표
❾ 채택된 해결책을 클랩의 도움을 받아 단기 프로젝트로 첫 번째 버전의 실행

이 워크숍을 통해 11개의 아이디어가 탄생했고, 가장 많은 지지를 받은 프로젝트는 "어린이 정원"이었다. 이 프로젝트는 어린이와 함께 내원하는 환자들이 병원에서 편안한 마음으로 진찰을 받을 수 있게 해 주었다. 놀이와 활동을 진행하는 부서가 어린이를 맞이하는 것이 콘셉트로, 활동 퍼실리테이터가 책임지고 어린이들을 돌본다. 목표는 어린이를 대신 돌봄으로써 환자의 스트레스를 덜어주는 것이다. 시몬 베이유 병원은 이 프로젝트 덕분에 2018년 채용 분야의 혁신상을 받았다.

제니 오지아스(Jenny Augias, 선임 퍼실리테이터)의 경험담

"가장 많은 표를 받은 아이디어는 어린이 정원이었다. 병상을 옮기는 업무를 담당하는 참가자 장 브누아Jean-Benoît는 우리와 대화하던 중에 병원에서 투표 방식으로 응대 서비스 개선을 하는 아이디어를 높게 평가한다고 밝혔다. 투표가 80명이 상상한 아이디어에 빛을 밝혀주었다. 투표에 참여함으로써 300명의 동료는 워크숍에 참여하지 않고도 프로젝트와 연관이 있음을 느꼈다. 특히 그는 일부러 휴가 중에도 시상식에 참여했다! 그는 어린 아들을 키우는 아버지로서 병원에 어린이 정원과 같은 프로젝트를 실행할 수 있어 자랑스럽다고 내게 고백했다. 이제 그는 부모님이 진찰받는 동안 병원이 아이들을 더 잘 보살필 것이며, 이로 인해 부모들의 스트레스를 줄여 병원 접근성을 개선한다는 사실을 안다. 그리고 그가 프로젝트에 참여했음을 아들에게 이야기하면, 아들은 자랑스러워할 것이다."

3부

디자인 씽킹 프로세스의 4가지 유형

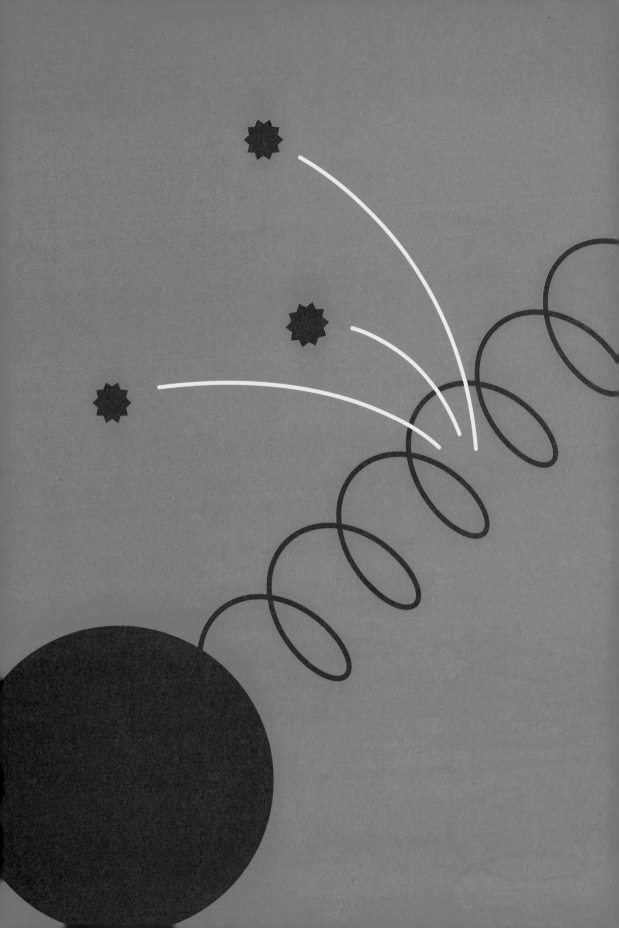

지금까지 디자인 씽킹의 기초, 주요 단계, 도구를 살펴보았을 뿐만 아니라 당장 바로 실천할 수 있는 구체적인 방법을 배웠다.

시간이 지날수록 다양한 문제에서 더 나아가 당신이 경험할 여러 환경에 이 방법론을 적용할 수 있음을 이해할 수 있을 것이다.

이제부터 당신이 디자인 씽킹을 스스로 적용할 수 있도록 워크숍의 "프로세스 유형"을 공유하고자 한다. 이 유형들은 바로 사용할 수 있으며, 당신의 문제점에 적용해 디자인 씽킹 철학을 최대한 활용할 수 있다.

우리는 여러 단체와 함께 워크숍을 진행하면서 각각 다른 기간과 형태의 워크숍 유형을 확인하고 퍼실리테이터들 사이에서도 증명했다. 그리고 이 책에서 소개할 도구들은 세계 곳곳에서 수많은 퍼실리테이터가 증명한 것들만 심사숙고해 선별했다.

마지막으로 강조하고 싶은 말이 있다. 당신이 프로젝트를 진행할 때 여기서 소개하는 여러 진행 방식을 제한적으로만 사용하지 말아야 한다는 것이다. 이상적으로는 반복하여 개선하는 것이 원리인 사고방식, 즉 디자인 씽킹 논리가 당신의 주된 작업 방식이 되어야 한다.

디자인 씽킹 프로세스의 4가지 유형

프로세스의 4가지 유형은 다음과 같다.

- **그린 코스**green course: 방법론을 맛보는 반나절 시간의 속성 코스이지만 구체적인 주제에 적용할 수 있다.

- **블루 코스**blue course: 구체적인 주제로 발전시키고 모든 팀이 참여해 구체적인 결과에 도달할 수 있는 일일 코스다.

- **레드 코스**red course: 2일 동안 진행하는 워크숍으로, 충분히 시간을 가지고 몰입 단계에 집중할 수 있다. 사용자 중심user centric으로 진행된다.

- **블랙 코스**black course: 우리가 가장 "사랑하는" 방식이다. 왜냐고? 바로 각 단계를 실제로 발전시킬 수 있는 완전한 디자인 씽킹 프로세스이기 때문이다.

위와 같이 제안한 유형들은 당신이 디자인 씽킹의 사고방식과 퍼실리테이터의 역할을 점차 적용하고 실행할 수 있도록 돕는 수단이다. 그리고 당신이 발전해 나갈 디자인 씽킹 프로세스에서 도달하게 될 중간 단계이기도 하다. 이 단계들을 당신 스스로 방향성을 잡을 수 있을 때, 뛰어넘어야 할 가이드로 삼아라.

워크숍 진행

3시간 30분 1일 2일 3일

실행할 수 있는 **프로세스 유형 표**

	그린 코스	블루 코스	레드 코스	블랙 코스
명칭	디자인 씽킹 입문 워크숍	디자인 씽킹을 이용한 킥오프kick-off* 워크숍	디자인 씽킹 프로젝트 론칭 워크숍	디자인 씽킹 미션
형식	디자인 씽킹에 입문하는 3시간 30분 동안의 협업 워크숍	명확한 조건을 지닌 프로젝트를 발전시킬 1일 워크숍	디자인 씽킹 방식으로 문제점을 해결하기 위한 2일 워크숍	2개월 동안 진행하는 5일 워크숍, 전략적 주제를 다루고 디자인 씽커Design Thinker의 태도를 갖춘다.
목표	• 다분야 팀원들이 모여 협업할 수 있고 아이디어를 구체화할 수 있음을 실전을 통해 보여준다.	• 조금 더 큰 규모의 프로젝트 안에서 특정한 문제 다루기: 킥오프 실행하기	• 여러 방법을 시도하면서 조금 더 포괄적인 프로젝트의 한 부분을 다룬다. (예: 특정 틈새 시장을 공략한 새로운 서비스 고안하기)	• 모든 디자인 씽킹 단계 발전하기 • 사용자들과 몰입 단계 수행하기

* 영어권에서 온 용어로 (제품, 광고, 전략 등의) 론칭 작업을 뜻한다.

	• 프로젝트에 대한 경쟁의식을 심어 주고, 기업에서 실제 필요한 주제를 중심으로 팀 빌딩 team building**을 촉진한다.		• 관계자들(사용자, 프로젝트팀 등)의 의견을 적절히 고려할 수 있다.	• 시간을 충분히 들여 프로토타입과 발전시킨 아이디어를 반복하여 개선하기
적합한 경우	• 세미나 또는 방법론 입문 교육 등 대규모 그룹이 대상인 경우 • 다분야 주제를 해결할 경우	• 프로젝트팀을 조직하는 경우 • 프로젝트의 첫 번째 버전을 공동으로 만들 경우 • 아이디어 실행을 계획할 경우	• 사용자와 함께 몰입할 수 있는 충분한 시간이 있는 경우 • 팀 내에서 더 강력한 비전을 공유함으로써 더 정교한 결과와 확실한 해결책을 얻을 수 있는 경우	• 디자인 씽킹을 충분히 진행할 수 있는 시간이 있고 각 단계에서 팀들이 도출한 내용을 승인/비승인하기에 편안하고 유연한 경우
피해야 하는 경우	• 짧은 기간 내에 수준 높은 워크숍 결과를 기대하는 경우 • 디자인 씽킹의 각 단계를 심화하여 다루고 싶은 경우. 좌절할 가능성이 있다.	• 완성된 제품을 기대하는 경우. 워크숍을 숨 가쁘게 진행하면 팀이 흔들리고, 원하는 결과를 얻지 못할 수 있다. • 참가자들에게 대상에 관련한 정확한 데이터, 배경 자료가 부족한 경우. 잘못된 방향으로 갈 위험이 있다.	• 시간이 부족하고 후원자 또는 의뢰자가 지원하지 않는 경우. 이 모델은 시간을 더 많이 필요로 한다. 그러나 중요한 주제라면 일정을 추가할 수 있을 것이다.	• 조직의 후원자 또는 의뢰자의 개입이 있거나 지지가 부족한 경우 • 디자인 씽킹의 각 단계에 들이는 투자의 이익을 증명하고 싶어 하는 경우 • 거리를 두고 판단하지 않고 현장에서 테스트하지 않은 채 바로 실행하고 대규모로 투입할 경우. 내부 프로세스 전반에 걸쳐 프로젝트가 침체될 위험이 크다.

** 경영 기법에서 인재들이 모여 형성된 집단이 기대와 달리 능력을 펼치지 못할 때, 원인을 진단하여 해결방안을 모색하는 일이다.

10장

3시간 30분 프로세스: 디자인 씽킹 입문 워크숍

우리가 제안하는 진행 방식은 3시간 30분 동안 그대로 실행할 수 있는 워크숍이다. 디자인 씽킹을 소개하여 팀들을 참여시키고 사고의 문을 열 수 있도록 돕는 것이 목적이다.

3시간 30분 워크숍 형식은 다음의 목적을 이루기에 적절하다.

- 실제 주제에 적용하면서 디자인 씽킹 프로세스를 경험하기
- 일상 업무의 수행 방식과 다른 방법론을 시도하면서 팀들을 조직하기
- 협업하는 새로운 방식 발견하기

대체로 실행하기 쉬운 도구를 통해 첫 번째 디자인 씽킹 워크숍을 순조롭게 진행하는 방식은 퍼실리테이터로서 훈련하기에도 좋은 모델이다.

반면에 이 워크숍 형식을 "행사" 카테고리로 치부하지 말라. 실제로 우리와 함께 이 입문 워크숍을 거친 조직들은 여러 프로젝트를 시작할 수 있었다.

이 형식이 적합한 경우	이 형식을 피해야 하는 경우
• 세미나 또는 방법론 입문 교육 등 대규모 그룹이 대상인 경우 • 다분야 주제를 해결할 경우	• 짧은 기간 내에 수준 높은 워크숍 결과를 기대하는 경우 • 디자인 씽킹의 각 단계를 심화하여 다루고 싶은 경우. 좌절할 가능성이 있다.

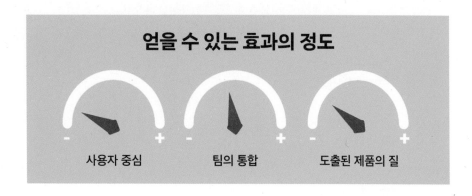

7P 도구를 활용한 적용

이 도구에 관한 더 많은 설명은 6장을 참고하라.

적합성	결과물	참가자

• 다양한 분야에 연관된 도전 과제
• 7P 도구 활용의 성공 여부는 문화적인 요소에 달려있다.
• 낮은 단계의 쟁점
• 적극적인 직원을 찾아내고 퍼실리테이터 역할에 적응하는 데 좋은 워크숍 형식
	• 열린 행동 범위
	• 워크숍의 결과물:
	  - 광고 포스터
	  - 화성인 설득하기(참조-도구 44)
	  - 자유로운 프로토타입
		• 한 그룹 당 5~8명
		• 그룹 수 무제한
		• 2 그룹에 퍼실리테이터 1명

실무	준비	함정
• 준비물, 기자재, 식사를 준비하라. • 여러 팀이 참여한다면 넓고 울리지 않는 공간이 좋다. • 포스트잇과 판을 붙일 수 있는 벽 • 아이디어 창출 단계에서 의견수렴 과정을 거치는 참가자 그룹에 사탕 (또는 아몬드) 제공. 3시간 30분 동안 집중하는 참가자들이 에너지를 보충할 수 있다.	• 사전에 참가자들 초대하기 워크숍에 참여하기 전 주제를 잘 인지하도록 확인하기 • 참가자들에게 도움이 될 도구 자료 인쇄하기 • 주요 전달 사항과 진행 방식이 포함되어 있는 영상 자료 준비하기	• 결과물의 질을 너무 기대하지 말라. 시간이 짧았기 때문에 결과물은 실망스러울 수 있다. • 감정 소모가 많은 주제를 다루려고 하지 말라. 이러한 주제는 단기간 코스에 맞지 않는다.

프로세스
디자인 씽킹 워크숍 진행

몰입

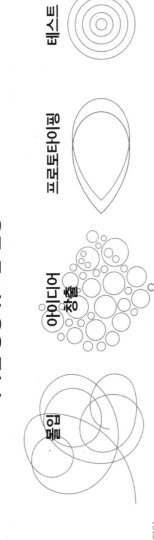

아이디어 창출

프로토타이핑

테스트

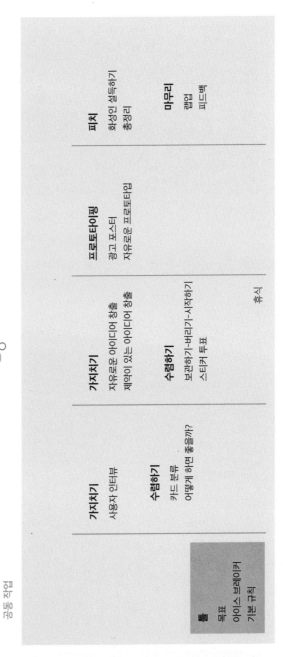

공동 작업

수집

틀 짜기
7P로 틀 짜기

틀
목표
아이스 브레이킹
기본 규칙

가지치기
사용자 인터뷰

수렴하기
카드 분류
어떻게 하면 좋을까?

가지치기
자유로운 아이디어 창출
제약이 있는 아이디어 창출

수렴하기
보관하기-버리기-시작하기
스티커 투표

프로토타이핑
광고 포스터
자유로운 프로토타입

피치
화성인 설득하기
총정리

마무리
램프
피드백

휴식

11장

1일 프로세스: 킥오프 워크숍

프로젝트가 진행되기를 바라면서 수 시간에 걸친 회의를 여러 번 하는 대신, 이 워크숍은 프로젝트팀과 함께 단독으로 진행할 수 있다. 팀 내에서 실행하려면 가능한 한 화요일이나 목요일(한 주를 시작하는 날이나 주말, 아이들이 일찍 하교하는 날도 아니다. 프랑스 초등학교는 수요일 오후 수업이 없다)을 선택하라. 대상 사용자의 입장이 되어보고 당신에게 열릴 여러 가능성을 살피며 공감하라.

이 워크숍은 팀을 조직하고자 할 때와 주어진 문제점이 복잡한 배경을 지니고 있을 때 적합하다.

만약 각 6~8명으로 구성한 두 팀과 동시에 진행하기가 부담되고, 퍼실리테이터 역할을 연습하고 싶다면 이 워크숍 형식을 두 번 연속하여 진행해 보라. 참가자들이 더욱더 편하게 참여할 수 있고 당신도 더 재미있을 것이다. 첫 워크숍을 진행한 후 자신을 돌아보고 두 번째 워크숍에서 개선할 수 있을 것이다.

이 형식이 적합한 경우	이 형식을 피해야 하는 경우
• 프로젝트팀을 조직하는 경우 • 프로젝트의 첫 번째 버전을 공동으로 만드는 경우 • 아이디어 실행을 계획할 경우	• 완성된 제품을 기대하는 경우. 워크숍을 숨 가쁘게 진행하면 팀이 흔들리고, 원하는 결과를 얻지 못할 수 있다.

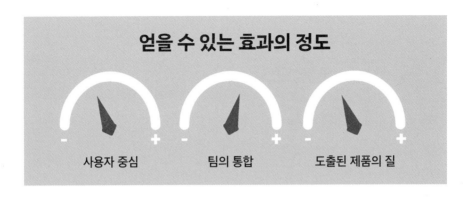

얻을 수 있는 효과의 정도

- +   - +   - +

사용자 중심   팀의 통합   도출된 제품의 질

7P 도구를 활용한 적용

적합성	결과물	참가자
• 다양한 분야에 걸친 도전 과제 • 성공의 조건이 많은 부분 작업 능력에 있다. • 보통 단계의 쟁점 • 다양한 인물상으로 구성원 팀을 짜고 워크숍 후 조직과 팀이 후속 조치를 할 수 있는 목표를 정하라.	• 열린 행동 범위 • 워크숍의 결과물: 　- 화성인 설득하기 　- 랜딩 페이지 또는 스토리보드 　- 로드맵^{roadmap}(앞으로의 계획이나 전략 등이 담긴 구상도·청사진)	• 한 그룹 당 5~8명(사용자의 필요를 잘 이해하기 위해 사용자 패널을 오전에 참여하게 한다) • 그룹 1~3개 • 퍼실리테이터 2~3명
실무	준비	함정
• 3시간 30분 워크숍에서 필요했던 모든 요소 • 창이 있는 편안한 공간이면 정말 좋다! 어떤 일이 있더라도 U자형으로 고정된 회의실은 피하라. 테이블을 자유롭게 배열할 수 있어야 한다. • 포스트잇과 판을 붙일 수 있는 벽 • 점심 식사 후 오후에는 소화 때문에 활력이 가장 없다. 그룹에 활력을 되찾아 줄 수 있는 게임을 활용하라.	• 3시간 30분 워크숍에서 필요했던 모든 요소 • 사전에 후원자 그리고/또는 의뢰자와 주제를 명확하게 정해 실제로 필요한 것이 무엇인지 확실히 인지한다. • 가능하다면 프로젝트를 진행하려는 실제 의도가 무엇인지 알아내라. 의도는 꼭 언어로 표현되지 않을 수도 있고 찾아내지 못했을 수도 있다. 이 작업으로 팀들이 적합한 도전 과제를 다루는지 확인할 수 있다.	• 프로토타입이 아직 완전하지 않을 수 있다. 이후 아이디어를 형식화하여 표현하고 참가자들이 아이디어를 다시 질문할 수 있는 시간을 반드시 마련하라.

프로세스

디자인 씽킹 워크숍 진행

몰입   아이디어 창출   프로토타이핑   테스트

수집

틀 짜기
7P로 틀 짜기

준비
사용자 인터뷰
혁신 지도 그리기

공동 작업

틀
목표
아이스 브레이커
기본 규칙

가지치기
사용자 인터뷰

수렴하기
카드 분류
어떻게 하면 좋을까?

휴식

가지치기
자유로운 아이디어 창출
혁신 지도 그리기
스캠퍼SCAMPER

수렴하기
스티커 투표

점심 식사

프로토타이핑
랜딩 페이지
스토리보드

마무리
랩업
피드백

심화하기

테스트
사용자 인터뷰
로드맵

디자인 씽킹 프로세스의 4가지 유형   (169)

12장

2일 프로세스: 프로젝트 론칭 워크숍

다양한 역량을 지닌 참가자들로 구성된 그룹과 함께 복잡한 문제를 해결하기 위한 맞춤 워크숍으로, 목적은 프로젝트를 궤도에 올리는 것이다. 이 형식은 사용자들과 프로젝트팀이 모두 참여하는 워크숍으로 급하지는 않지만 중요한 주제들을 빠르게 진행할 수 있게 해 주기 때문에 몇 달에 해당하는 시간을 벌 수 있다는 장점이 있다.

그리고 프로젝트 팀장의 역할과 함께 퍼실리테이터의 역할을 연습할 수 있는 좋은 훈련이기도 하다.

이 형식이 적합한 경우	이 형식을 피해야 하는 경우
• 사용자와 함께 몰입할 수 있는 충분한 시간이 있는 경우 • 팀 내에서 더 강력한 비전을 공유함으로써 더 정교한 결과와 확실한 해결책을 얻을 수 있는 경우	• 시간이 부족하고 후원자 그리고/또는 의뢰자가 지원하지 않는 경우. 이 모델은 시간을 더 많이 필요로 한다. 그러나 중요한 주제라면 일정을 추가할 수 있을 것이다.

얻을 수 있는 효과의 정도

사용자 중심   팀의 통합   도출된 제품의 질

7P 도구를 활용한 적용

적합성 ☝	결과물 ▭	☺ 참가자 ☺
• 야심 찬 도전 과제 • 성공의 조건이 작업과 문화에 있다. • 높은 단계의 쟁점 • 사용자가 실제로 느끼는 문제를 팀들이 겪을 수 있고 워크숍의 내용을 풍성하게 준비하기 위해 사전에 몰입 단계를 잘 진행하도록 신경 쓴다.	• 유연한 행동 범위 • 워크숍의 결과물: 　- 화성인 설득하기 　- 디지털 또는 유형의 프로토타입 　- 로드맵	• 한 그룹 당 5~8명 • 그룹 1~5개 • 퍼실리테이터 2~5명
✿ 실무 ▭	준비 🥤	함정 ⌒
• 3시간 30분 워크숍에서 필요했던 모든 요소 • 가능하다면 이틀의 일정을 한 주에 띄엄띄엄 배치해 내용을 충분히 소화하고 되돌아볼 수 있도록 한다.	• 3시간 30분 워크숍에서 필요했던 모든 요소 • 참가자들의 기대와 주제에 대한 이해도를 조사하기 위해 사전 설문 조사 양식 준비하기 • 워크숍에 들어가는 말과 나가는 말 준비하기 • 영감을 주는 재료 준비하기 (혁신 지도 만들기) • 피드백 게시판 만들기	• 후원자나 고위 관계자가 너무 많이 관여하여 자유롭게 협동 작업을 하는 데 방해가 될 수 있다. • 워크숍 전에 이미 확고하게 정해진 아이디어가 있고, 그룹을 그 아이디어로 끌고갈 수 있다.

프로세스

디자인 씽킹 워크숍 진행

몰입   아이디어 창출   프로토타이핑 & 테스트   프로토타이핑 & 테스트

수집

틀 짜기
7P로 틀 짜기

준비
관계자 인터뷰
사용자 인터뷰
사용자 여정
user journey
혁신 지도 그리기

공동 작업

1일

틀
목표
아이스 브레이커
기본 규칙

가지치기
사용자 인터뷰
페르소나

휴식

수렴하기
카드 분류
어떻게 하면 좋을까?

점심 식사

가지치기
자유로운 아이디어 창출
혁신 지도 그리기
보노의 모자

휴식

수렴하기
스티커 투표
크레이지 8

취침

2일

프로토타이핑
포장 박스 디자인
스토리보드

휴식

테스트
화성인 설득하기

프로토타이핑
랜딩 페이지
이메일링

테스트
사용자 인터뷰

마무리
랩업
피드백

심화하기

실행 여부 결정
실행 계획

13장

2달 프로세스: 디자인 씽킹 미션

응급처치는 이제 끝났다. 디자인 씽킹의 구성 요소들을 숙달했으니 이제 더 큰 프로젝트를 시작할 때다. 먼저 당신에게 멋진 프로젝트를 맡길 후원자를 찾아 나서라. 만약 이미 후원자를 찾았다면 다행이다. 동료들의 일정표에 디자인 씽킹을 활용한 협업 워크숍 시리즈를 과감하게 넣어라. 그리고 무엇보다도 함께 고안한 아이디어를 한 발짝 뒤로 물러나 확인하고 반복하여 개선할 수 있는 시간을 확보하라. 그러면 당신은 충분한 시간을 갖고 사용자와 함께 서비스의 전체 또는 일부를 함께 디자인함으로써 주요 도전 과제로 다시 돌아가 가장 적합한 해결책을 찾아낼 수 있을 것이다.

만약 초보자라면 이 워크숍 형식에 바로 뛰어들지 말아라. 블랙 코스를 시작하기 전에 그린 코스, 블루 코스, 레드 코스를 먼저 경험하라.

이 형식이 적합한 경우	이 형식을 피해야 하는 경우
• 디자인 씽킹을 충분히 진행할 수 있는 시간이 있고, 각 단계에서 팀들이 도출한 내용을 승인/비승인하기에 편안하고 유연한 경우	• 조직의 후원자 그리고/또는 의뢰자의 개입이 있거나 지지가 부족한 경우 • 디자인 씽킹의 각 단계에 들이는 투자의 이익을 증명하고 싶어 하는 경우 • 거리를 두고 판단하지 않고 현장에서 테스트하지 않은 채 바로 실행하고 대규모로 투입할 경우. 내부 프로세스 전반에 걸쳐 프로젝트가 침체될 위험이 크다.

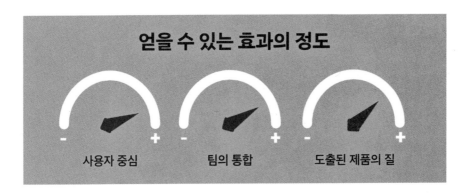

얻을 수 있는 효과의 정도

- 사용자 중심
- 팀의 통합
- 도출된 제품의 질

7P 도구를 활용한 적용

적합성	결과물	참가자
• 야심 찬 도전 과제 • 성공의 조건이 작업과 문화에 있음 • 전략적인 쟁점 • 길게 진행하는 워크숍 형식을 통해 당신은 각 단계에서 비즈니스, 조직, 기술, 법적인 도전 과제들을 찾아낼 수 있을 것이다. 이러한 요소들을 프로세스에 포함하도록 유의하라.	• 유연한 행동 범위 • 워크숍의 결과물: 　- 화성인 설득하기 　- 디지털 또는 유형의 프로토타입 　- 로드맵	• 한 그룹 당 5~8명 • 그룹 1~5개 • 퍼실리테이터 2~5명
실무	**준비**	**함정**
• 2일 워크숍에서 필요했던 모든 요소 • 현장 분석과 사전 사용자 조사를 위해 한 달의 기간을 염두에 두라. 그리고 격주로 5번의 워크숍을 진행하라. 이 형식은 사용자의 문제를 정교하게 정의하고, 최초 콘셉트를 더 잘 반복하여 개선할 수 있다.	• 2일 워크숍에서 필요했던 모든 요소 • 이렇게 많은 시간을 확보하기 위해 가장 좋은 방법은 워크숍을 정기 일정으로 만드는 것이다. 일정표에 매주 화요일을 도전 과제를 다루는 날로 정하라. 그리고 시작하라! • 동료들의 시간을 어려움 없이 확보하기 위해 12시~오후 6시 일정을 잡아보라. 그러면 당신은 7~8시간보다 적은 6시간 동안 동료들과 모일 수 있고, 동료들은 오전 시간을 자유롭게 활용할 수 있다.	• 당신이 만든 프로토타입에 너무 애정을 쏟지 말라. 그렇지 않으면 테스트 단계에서 사용자의 피드백을 잘 수용하지 못하게 될 것이다.

프로세스

디자인 씽킹 워크숍 진행

몰입

아이디어 창출

프로토타이핑 & 테스트

수집

틀 짜기
7P로 틀 짜기

준비
관계자 인터뷰

공동 작업
워크숍 1

가지치기
새도잉
극단적인 사용자 인터뷰

휴식

수렴하기
카드 분류
사용자 여정
POV
어떻게 하면 좋을까?

수집

틀 짜기
7P로 틀 짜기

준비
도전 과제와 관련된
혁신 지도 그리기

공동 작업
워크숍 2

가지치기
자유로운 아이디어 창출
혁신 지도 그리기
스캠퍼

수렴하기
XY 행렬
크레이지 8
스티커 투표

심화하기

강화하기
관계자 인터뷰
아이디어와 관련된
혁신 지도 그리기

공동 작업
워크숍 3

프로토타이핑
광고 포스터
종이 프로토타입 제작

테스트
사용자 테스트

심화하기

다음 페이지를 보라

다음 페이지를 보라

구성하기

테스트

심화하기

강화하기

미션 컴포저
스타트업 피치덱
로드맵

공통 작업

워크숍 5

구성하기

미션 컴포저
스타트업 피치덱
로드맵

심화하기

강화하기

인터페이스 디자인
관계자 인터뷰

공통 작업

워크숍 4

테스트

사용자 테스트 5회

심화하기

강화하기

인터페이스 디자인
관계자 인터뷰

4부

바로 써먹는 60가지 디자인 씽킹 도구

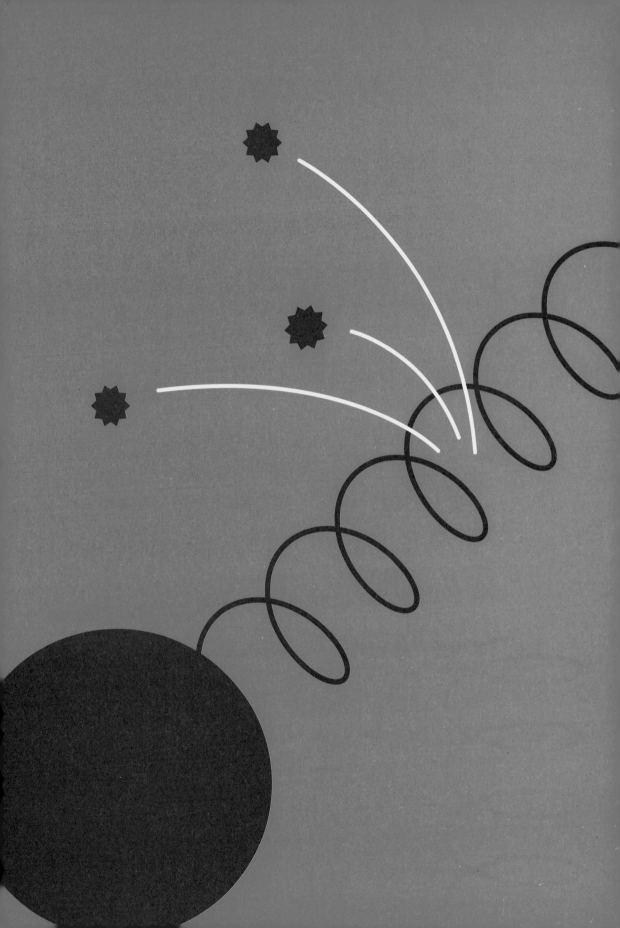

워크숍 진행

팀 내에서 즉흥적으로 워크숍을 진행하기란 쉽지 않다. 어떤 이들은 타고난 듯해도 대부분은 그렇지 않다. 그리고 특히 학교 강의실에 앉아서 수년을 지내 온 우리는 잔인하게도 훈련받지 못했다. 그러나 걱정하지 말라! 언제든지 상황을 바꾸고 퍼실리테이터 역할에 적응할 수 있다.

워크숍을 조직하고 준비하기, 팀에 자극과 활력을 주기, 참가자 사이의 침묵을 깨기, 그리고 토론을 마무리하기까지 퍼실리테이터가 지휘해야 할 순간들이 많다.

우리가 당신을 위해 정성껏 선별한 도구들은 안정감 있게 퍼실리테이터의 역할을 해내고 협업을 촉진하는 데 적합한 환경을 만들 수 있도록 도울 것이다.

이제부터 당신이 워크숍을 진행하는 내내 사용할 수 있는 도구들을 소개하겠다.

시작 도구

다음 도구들은 그룹이 지닌 정서를 알 수 있게 돕고, 참가자들이 워크숍의 목적에 공감할 수 있게 해 준다. 도구를 통하여 참가자들은 그들의 감정과 함께 적극적인 자세를 갖추었는지, 그리고 이 워크숍에서 무엇을 기대하고 어떤 방식의 작업을 원하는지 표현할 수 있다.

- 도구 1 ESVP
- 도구 2 날씨
- 도구 3 피드백 게시판

- 도구 4 역할 부여
- 도구 5 사전부검 메일

아이스 브레이커, 에너자이저

아이스 브레이커, 웝업warm-up, 준비 운동, 파이어 스타터fire starter 등, 당신이 어떻게 부르는지는 상관없다. 참가자 사이에 말을 트고, 생동감을 주고, 회의 중 적어도 한 번씩 모든 참가자가 발표하게 하면서 더욱더 편안함을 느끼게 해 주는 짧은 활동이다.

워크숍을 시작할 때나 활력이 떨어졌을 때 그룹에 활기를 주는 활동도 있다. 이 활동들은 토론 중에 참가자 사이에 긴장이 형성되었을 때 호의적인 분위기를 유지하는 방편으로도 사용할 수 있다.

- 도구 6 팀의 토템
- 도구 7 기본 규칙
- 도구 8 목표
- 도구 9 애니멀 토템
- 도구 10 가위바위보 기차놀이
- 도구 11 메모리 덤프
- 도구 12 마징가
- 도구 13 무버 & 셰이퍼

마무리 도구

워크숍을 마칠 때면 당신의 그룹은 노력을 많이 하고, 에너지를 소진해서 더이상 생각할 여력이 없을 수 있다. 적절한 도구를 활용하여 워크숍에서 이룬 모든 작업과 성공을 상기하는 마무리 시간을 가져야 한다. 이 시간에 참가자들이 어떻게 느끼고 이후 무엇을 하고 싶은지 물어보라.

- **도구 14 이미지 브리핑**
- **도구 15 랩업**
- **도구 16 스토리 큐브**

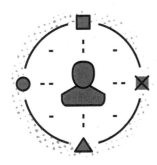

워크숍 진행
시작 도구
도구1 ESVP

★ **목표**: 퍼실리테이터가 워크숍을 대하는 참가자들의 전반적인 마음 상태를 알 수 있다.

★ **설명**: 워크숍을 시작하기 전에 각 참가자가 워크숍에 대한 자신의 마음 상태에 따라 탐험가, 구매자, 방문자 또는 수감자(ESVP: Explorer, Shopper, Visitor, Prisoner) 중 하나를 선택한다. 이때 무기명으로 하거나 공개적으로 정할 수 있다.

★ **초대자**: 모든 사람, 4명 이상

★ **필요한 물품**: 판지, 마커, (필요하다면)포스트잇

★ **워크숍 전 필요한 준비사항**: 사전 준비는 필요 없다.

****

★ **도구가 프로젝트팀에 미치는 영향**: 팀을 정비하고, 워크숍을 시작하는 데 잠재적인 방해 요소를 찾아내고 해결할 수 있다.

성공을 위한 조언: 처음부터 이 활동을 하는 목표와 효과를 투명하게 공개하라.

사례로 보는 도구의 효과

여섯 명이 참여하는 그룹과 워크숍을 진행했을 때, 다섯 명이 워크숍의 수감자로 느끼고 있었다. 각자의 시간을 보낸 후 무엇이 마음을 닫게 했는지 표현했고, 참가자들이 최대한 워크숍의 목표를 공감할 수 있도록 조정했다. 그 결과로 팀의 활기를 찾을 수 있었다.

그들이 워크숍에 마음을 닫은 이유는 그들의 관리자가 참여를 강요했기 때문이었다. 워크숍의 목표와 그들의 요구가 일치하자 참여도가 높아졌다.

진행 단계

1 워크숍에 관한 팀의 마음 상태를 확인할 수 있는 ESVP 활동을 진행할 것이라 설명하라. '부정적인' 판단을 하지 않고 호의적인 분위기에서 활동하면서 모든 이의 공감을 끌어내는 것이 목표임을 상기하라. 그러므로 이 활동은 투명하게 진행되어야 한다.

2 판지 위에 바로 항목을 적으면서 설명하라

- 탐험가: "배우고 싶고 공헌하고 싶은 실질적인 욕구가 있어서 왔다."
- 구매자: "워크숍이 제공하는 정보를 한번 보고 가능하다면 좋은 아이디어를 얻기 위해 왔다."
- 방문자: "워크숍 내용에 큰 관심은 없지만, 일상 업무에서 벗어나는 일이라서 왔다."
- 수감자: "여기에 있고 싶지 않다. 참여하라고 요청해서 억지로 와 있다."

3 각 참가자에게 자신이 속한 카테고리라고 느끼는 곳에 표시(무기명)하거나, 포스트잇에 이름을 적어 판지 위에 적힌 카테고리에 붙이기를 요청한다.

4 결과를 함께 보고 왜 이들이 "수감자"와 "방문자"로 느끼는지와 더 적극적인 참여를 끌어내기 위해서 어떻게 워크숍의 목표와 내용을 개선할지에 관한 건설적인 대화를 시작하라.

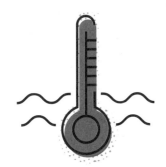

워크숍 진행
시작 도구

도구 2 날씨

★ **목표**: 팀의 장점을 최대한 활용하고 필요할 경우 계획을 조절하기 위함이며, 이를 통해 워크숍 중 어느 때나 각 참가자의 마음 상태를 알 수 있다.

★ **설명**: 워크숍을 시작할 때, 그리고 워크숍 내내 각 참가자가 자신의 마음 상태를 표현하는 날씨를 말한다.

★ **필요한 물품**: 포스트잇과 연필

****

★ **추천하는 다음 단계**: 만약 좋지 않은 날씨를 표시한 참가자가 있으면 당사자에게 이야기를 나누고 싶은지, 또는 아예 이야기하고 싶지 않은지 물어보라. 그가 답변하는지에 상관없이 호의적인 분위기를 유지하라.

★ **도구가 프로젝트팀에 미치는 영향**: 모든 참가자의 마음 상태를 투명하게 알 수 있으며, 모두가 서로를 배려하기 때문에 팀이 더 잘 통합한다.

성공을 위한 조언: 모든 이가 편안하게 느끼기 위해서는 각자가 편안하게 말하는 것이 목적임을 염두에 두면서 당신의 이야기를 하면 좋다.

사례로 보는 도구의 효과

한 참가자가 워크숍을 시작할 때에는 날씨를 '맑음'으로 표시했다가 두 시간이 지나자 '폭우'로 바꾸었다. 나는 참가자와 단둘이 대화를 하면서 그가 긴급하게 처리해야 할 업무 지시 메일을 받았다는 사실을 알게 되었다. 그런데 워크숍 내용을 놓치고 싶지 않았던 탓에 나가지도 못하고 마음을 졸이고 있었던 것이었다. 나는 그에게 잠시 나가서 긴급한 업무를 처리할 것을 조언했다. 그리고 그가 다시 돌아왔을 때 다시 참여할 수 있도록 진행된 사항을 알려주었다. 날씨 도구를 활용함으로써 전체 진행을 멈추지 않고 문제를 조용히 해결할 수 있었던 사례였다.

진행 단계

1 참가자들에게 포스트잇에 이름을 적고 자신의 마음 상태를 표현하는 날씨(화창함, 맑음, 해와 구름, 흐림, 비, 폭우 등)를 그리라고 요청한다.

2 자신의 날씨를 설명하고 싶은 사람이 있는지 묻는다.

3 워크숍을 진행하는 동안 마음속의 날씨가 변하면 포스트잇에 새로 그리기를 제안한다.

워크숍 진행

시작 도구

도구 3 피드백 게시판

★ **목표:** 세션이 끝날 때마다 참가자가 워크숍의 내용 및 형식에 관한 피드백을 받고 개선할 수 있다. 또한, 피드백에 맞추어 신속하게 워크숍을 조정한다. "피드백은 선물이다"라는 말을 잊지 말아라.

★ **설명:** 피드백 게시판은 워크숍을 개선하거나 퍼실리테이터들이 향후 더 잘 진행할 수 있도록 워크숍이 진행되는 내내, 그리고 특히 끝날 때 각 참가자가 자신의 피드백을 포스트잇에 적어 포스터나 판지 위에 붙이는 형식의 시각적 도구이다.

★ **워크숍 전 필요한 준비사항:** "피드백 게시판"이라는 제목을 붙인 판자 위에 세 구획을 나누어 웃는 표정, 뚱한 표정, 슬픈 표정을 그린다.

****

★ **준비할 시간이 없다면 진행하면서 그린다:** 진행하면서 판자 위에 직접 그릴 수 있다. 1분밖에 걸리지 않는다.

★ **도구가 프로젝트팀에 미치는 영향:** 팀이 워크숍의 내용과 형식에 관해 의견을 제시하고, 퍼실리테이터들이 타당한 피드백을 워크숍 내용에 적용할 수 있다.

★ **더 나아가기:** 피드백에 경청하는 자세를 갖춰라. 피드백은 참가자들이 당신에게 주는 선물이다. 어쩌면 당신이 피드백에 동의하지 않을 수 있다. 그러나 이를 선물처럼 받아들여라!

사례로 보는 도구의 효과

네 시간짜리 워크숍을 진행하던 중이었다. 그런데 워크숍을 시작한 지 세 시간이 지
난 후 사탕이 모두 소진되었다. 어떤 참가자가 "급함"이라는 제목을 쓴 분홍 포스트
잇을 붙여 이 사실을 알렸다. 하마터면 늦을 뻔했다… 누군가 붙인 포스트잇 덕분에
부수적인 문제로 진행 흐름이 끊기는 상황을 피할 수 있었다.

진행 단계

1 다음 규칙을 알려라: "워크숍을 진행하는 동안, 그리고 끝날 때까지 피드백을
모을 수 있는 피드백 게시판이 있습니다. 여러분의 느낌을 포스트잇에 피드백
형식으로 적어 이 벽에 붙여주세요. 피드백을 계속하기를 희망하는 좋은 내
용(웃는 표정), 나쁘진 않지만 더 개선해야 할 내용(뚱한 표정), 완전히 바꾸거
나 그만해야 하는 나쁜 내용(슬픈 표정) 중 한 곳에 붙여주세요. 여러분이 타
당하다고 생각하는 피드백들을 망설이지 말고 공유하세요."
당신에게 피드백은 매우 중요하며 최선을 다해 진행하는 데 도움이 된다는
것을 알려주라. 그리고 이 피드백은 퍼실리테이터로서 발전하는 데 도움이 될
것이다!

2 피드백에 답변하는 시간을 가져라.

3 워크숍이 끝난 후 각 참가자에게 세 카테고리에 적어도 한 가지 피드백을 남
기기를 요청하라. 그리고 잊지 말고 모두에게 감사 인사를 전하라.

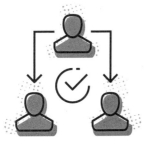

워크숍 진행
시작 도구
도구 4 역할 부여

★ **목표:** 퍼실리테이터에게 쌓인 업무를 덜어주어 워크숍 퍼실리테이터와 참가자 간 긍정적이고 호의적인 환경 조성에 집중하게 한다.

★ **설명:** 협업의 질을 개선하고 한 사람이 모든 일에 수다스럽게 참견하는 상황을 방지하기 위해 각 참가자에게 워크숍 동안 수행할 역할(시간 관리자, 서기 등)을 부여한다.

알랭 카르동Alain Cardon이 그의 책에서 제시한 주요 역할은 다음과 같다.

- 공동 코치(거울): 회의를 진행하는 방식을 개선할 수 있는 방향을 제시한다. 공동 코치에게 유용한 도구는 피드백이다.

- 시간 관리자("타임 복서timeboxer"): 규칙적으로 시간을 알리면서 타이밍을 지키는 사람이다. 편애하는 도구는 손목시계, 퍼실리테이터가 벽에 게시한 일정 등이다.

- 결정을 재촉하는 사람: 팀이 서둘러 결정하고 이에 모두 공감할 수 있도록 종용한다. 그리고 이루어 낸 것들을 요약한다. 참가자들을 다음과 같은 말로 각성시킨다. "이러다가 결정을 하겠습니까?", "이제 결정해야 할 때 아닌가요?"

다음 역할도 추가할 수 있다.

- 비서(또는 서기): 메모하고, 결정된 사항(언제, 무엇을, 누가 이끄는지 등)을 기록한다.
- 안내자: 외부와의 소통, 관리를 담당한다.

★ **필요한 물품**: 당신이 수행하는 퍼실리테이터 역할을 포함한, 부여할 역할을 설명하는 카드.

★ **워크숍 전 필요한 준비사항**: 역할 카드를 인쇄하고 자른다.

****

★ **추천하는 다음 단계**: 워크숍이나 회의에서 필요한 역할들의 기준을 세워라.

★ **더 나아가기**: 만약 여러 회에 걸쳐 회의가 있다면 역할을 바꾸어가며 수행하도록 하라. 협업을 개선할 수 있는 다양한 역할을 생각해 보기를 제안하라.

성공을 위한 조언: 역할을 부여하는 기술은 주로 알랭 카르동이 제안한 내용에서 빌려왔다. 이 툴킷에서는 원래의 내용을 변형하여 워크숍 진행에 맞추었고, 역할도 조금씩 수정하였다.

우리가 제안하는 버전에서는 발언 막대기^{Talking stick}(아메리카 원주민 이로코이 족이 회의에 사용하는 1.5m 길이의 막대기이다. 지팡이를 가진 사람이 발언하는 동안 그 누구도 끼어들 수 없다)와 같은 도구를 사용하면 토론의 질을 높일 수 있다.

사례로 보는 도구의 효과

위매니티^{Wemanity}에서 애자일 코치^{agile coach}(조직의 민첩성 개선을 담당)로 일하는 요
한 부팡도^{Yohan Bouffandeau}의 이야기이다. "2017년 6월 운동장에서 아이들이 피짓
스피너^{Fidget Spinner}(손가락으로 장난감의 중앙 부분을 잡고 돌리는 장난감)를 가지고 놀
고 있었다. 우리는 타당한 말을 하기는 하지만 매우 수다스러웠던 사람과 함께 워크
숍을 진행해야 했다. 우리가 고안한 방법은 시간 관리자의 일을 덜기 위해 피짓 스피
너를 발언 막대기처럼 사용한 것이다. 피짓 스피너가 돌기를 멈추면 발언을 멈추고
다른 사람에게 발언권을 넘겨야 했다."

진행 단계

1 일을 덜어주기 위해 선택한 여러 역할과 목적을 설명한다.

2 각 역할을 담당하고 싶은 사람이 있는지 물어본다. 참가자들이 자원하도록
한다.

3 각자가 개별적으로 자신의 역할에 익숙해지고, 질문이 있을 경우 질문할 수
있도록 약간의 시간을 가진다.

4 회의를 시작하라!

워크숍 진행

시작 도구

도구 5 사전부검* 메일

★ **목표:** 아무도 쉽게 언급하지 못했던 의심, 문제를 파악하고, 프로젝트 전반에 걸친 위험을 찾아낸다. 위험을 먼저 예상하여 피하거나 대안을 마련할 수 있다.

★ **설명:** 팀원들이 모든 부분에 걸쳐 일어날 수 있는 최악의 일을 상상하는 심사숙고의 시간을 갖는다. 기분이 좋지 않은 활동이지만, 성공한 사전부검 메일 활동은 프로젝트를 신중하면서도 확실하게 진행하는 데 도움이 된다.

성공을 위한 조언: 친절함과 투명성이 유지되는 분위기에서 진행하라. 그렇지 않으면 실패할 수 있다.

* * * * * * * *

★ **추천하는 다음 단계:** 프로젝트를 성공적으로 마치거나 최소한 처음 몇 단계를 시도해 보라!

★ **도구가 프로젝트팀에 미치는 영향:** 이 활동은 전체 팀에게 중요한 단계이다. 왜냐하면, 각 참가자가 자신의 의심과 두려움을 표현함으로써 팀 내에서 상호 신뢰를 굳건하게 하기 때문이다. 주요 장애물을 찾고 해결하면, 긍정적인 태도로 프로젝트를 실행하기가 더 쉽다.

사례로 보는 도구의 효과

이 도구를 진행하면서 생각의 문을 활짝 열기 위해 퍼실리테이터들도 참여했다. 우리는 팀에게 상한 음식 제공하기, 모든 팀원을 칭찬할 때 한 사람만 제외하기, RER B선 종착역(파리 지하철 외곽선 중 가장 문제가 많은 노선. 아는 사람들은 이해하리라…)을 팀의 베이스캠프로 하기 등의 과장된 아이디어를 일부러 적었다. 우리의 포스트잇이 참가자들의 상상력을 자극했고 매우 실용적이면서도 대단한 내용을 상상했다. 그리고 굉장한 아이디어들 속에서 매우 유용한 아이디어들이 탄생했다. 세상에 이런 일도 있다!

---

* premortem, 死前, 프로젝트를 시작하기 전 회의에서 실패할 수 있는 요인을 찾아내 분석하여 대비하는 것을 뜻하는 비즈니스 용어

진행 단계

1 모든 참가자에게 프로젝트가 실패하게 되는 모든 요소를 상상하기를 제안한다. 이 프로젝트는 끔찍한 실패를 겪을 것이다. 왜인가? 어떤 이유와 조건이 실패하게 했는가? 펜과 포스트잇을 지닌 각 참가자는 아이디어가 생각날 때마다 판에 붙인다. 비슷한 아이디어는 겹쳐 붙여서 아이디어들이 더 잘 보이도록 한다.

2 이제 참사 시나리오 전체를 조직할 차례이다. 먼저 주제별로 구분한 후 분류하라. 절대로 통제하지 못할 문제들(예를 들어 자연재해)을 찾아 옆에 둔다. 겁을 주려는 것이 목적이 아니라 피할 수 있는 장애물들을 관찰하려는 것이다. 프로젝트에 중대한 영향을 끼칠 문제, 가장 확실하게 보이는 문제, 가장 자주 언급된 문제와 큰 우려를 끼치는 문제들을 팀과 함께 골라내라.

3 잠재적인 주요 실패 요인을 파악한 후, 당신의 목표는 해결책을 찾는 것이다. 각 문제를 예방하기 위하여 지금 어떻게 행동할지를 결정하거나, 지금 그 문제에 직면했다면 해결 방법을 찾아내거나, 상황을 대비하여 플랜 B를 준비한다. 각 문제에 가장 적합한 해결책을 찾아내라.

4 해결책을 실행하기 위해 문제별로 할 일 목록^{to do list}을 작성한다. 그런데 각 팀원이 하나의 문제점을 맡아 책임을 질 수 있도록 업무를 분담해 해결책을 잘 실행하도록 하는 것이 더 중요하다. 이 마지막 단계를 해야만 이 활동이 효과가 있다.

워크숍 진행
아이스 브레이커, 에너자이저
도구 6 팀의 토템

★ **목표**: 팀은 창의성과 조직력을 발휘해야 하고(기대하는 결과를 내야 함), 이름에 걸맞은 토템totem을 완성하기 위해 소통해야 한다. 참가자들 사이의 관계를 맺어주는 유희적인 도구로 팀의 자각과 효율성을 자극하고 팀이 공유하는 가치를 찾게 해 준다.

★ **설명**: 프랑스어판 위키낱말사전의 정의에 따르면 "토템은 세계 여러 전통 사회가 지닌 의례적인 물건으로 가족, 부족 또는 종족과 같은 사람들이 모인 집단의 상징으로 쓸 수 있다"라는 뜻으로, 집단의 고유한 정체성을 의미한다. 토템을 만드는 활동 외에 팀의 가치를 가장 잘 표현할 방법이 있을까? 바로 이것이 이 도구가 제공하는 내용이다.

★ **필요한 물품**: 잎사귀, 종이, 골판지, 사인펜, 풀, 빨대, 포스트잇, 종이컵 등 토템을 만드는 데 필요한 모든 것. 독창적인 토템을 만들 수 있도록 시선을 넓혀라 (신발 상자, 지점토, 고무풍선 등).

★ **워크숍 전 필요한 준비사항**: 모든 물품을 준비해 각 팀의 탁자 위에 분배해 두어야 한다. 만약 워크숍을 시작하면서 물품을 나누어주면 당신의 워크숍 시간이 줄어들 것이다.

＊＊＊＊＊＊＊＊

★ **추천하는 다음 단계**: 언제든지 팀의 토템을 보면서 팀원들이 공유한 가치를 상기할 수 있도록 잘 보이는 곳에 놓고 다음 세션으로 넘어간다.

★ **도구가 프로젝트팀에 미치는 영향**: 각 참가자가 팀의 정체성을 공유하고 실제 팀의 일원이 된다. 통합뿐만 아니라 조직으로서의 특징이 보이기 시작한다.

★ **더 나아가기**: 이 도구는 매우 효과적이다. 새 로고 및 슬로건 창작, 신제품 또는

서비스 출시에 이를 사용할 수 있고, 부서나 조직, 기업 합병 등에 활용할 수 있다.

성공을 위한 조언: 만약 준비물을 많이 준비하지 못한다면, "깃발" 아이스 브레이커를 진행할 수 있다. 각 팀에 종이 한 장을 나누어 주고 팀의 가치, 좌우명 등 팀을 특징짓는 것을 깃발 위에 그리게 한다. 토템보다 덜 유희적이지만 참가자들을 통합하는 데에는 효과적이다.

사례로 보는 도구의 효과

이 도구와 관련된 예시를 딱 하나만 꼬집기가 어렵다. 이 활동을 진행할 때마다 참가자들이 지닌 창의성에 놀라기 때문이다. 우리는 정말로 다양한 결과물을 봐 왔다. 다른 그룹과 활동을 진행할 때마다 새로움을 발견하고 독창적인 토템을 만날 수 있었다!

진행 단계

1 퍼실리테이터가 활동을 소개한다. "여러분은 팀이 되어 탁자 위에 준비된 모든 재료를 사용하여 팀의 토템을 만들어야 합니다. 토템은 팀의 가치, 원칙, 팀을 구성하는 원리를 표현해야 합니다. 그리고 이 활동을 정해진 시간 내에 마쳐야 합니다."

2 각 팀이 토템을 만든다.

3 각 팀은 다른 팀에게 토템을 2분 내로 발표한다. 이 토템을 선택한 이유, 팀을 특징짓고 정체성에 대해 설명할 기회이다. 여러 사람이 모인 그룹이 아닌 팀으로서 하나의 목소리가 되어 말할 수 있는 중요한 순간이다.

4 각 팀의 발표가 끝나면 박수를 보내고, 세션을 마무리하면서 팀의 수고에 감사한 마음을 갖는다.

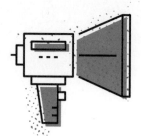

워크숍 진행

아이스 브레이커, 에너자이저

도구 7 기본 규칙

★ **목표:** 모든 이가 안심하고 건설적인 방식으로 소통할 수 있는 호의적인 분위기를 유지할 수 있다.

★ **설명:** 기본 규칙은 참가자가 워크숍 내내 지켜야 할 규범(다른 사람 말 끊지 않기, 친절하기, 휴대전화 금지 등)을 참가자들과 퍼실리테이터가 공유하도록 돕는 진행 도구이다.

★ **필요한 물품:** 판지

★ **워크숍 전 필요한 준비사항:** 사전에 기본 규칙을 준비하고 이 규칙에 동의하는지 각 참가자에게 질문해야 한다.

★ **추천하는 다음 단계:** 하나 또는 그 이상의 규칙을 자주 어기는 것을 발견하면 규칙을 어긴 참가자에게 워크숍 초반에 규칙을 지키기로 약속했음을 상기시켜라(그러나 너무 엄격할 필요는 없다).

★ **도구가 프로젝트팀에 미치는 영향:** 누가 팀 규칙을 어길지 걱정하지 않고 안정적으로 소통할 수 있다.

성공을 위한 조언: 이 활동을 더욱 효율적으로 활용하고 싶다면 짧은 시간을 들여 참가자들에게 운영 규칙을 스스로 포스트잇에 적어서 제안하라고 요청하라. 5분 동안 참가자들이 자신만의 기본 규칙을 만든다. 이 방법은 참가자들이 약속을 더 잘 지키기 때문에 효과가 더 크다.

사례로 보는 도구의 효과

우리는 종종 기본 규칙 도구에 "즐기세요", "즐겨야 합니다" 같은 규칙을 추가한다. 한번은 워크숍을 진행하던 중, 한 사람이 내게 다가와 자신은 즐기지 않고 있다고 말했다. 그래서 그의 기대에 미치려면 무엇이 더 필요한지를 묻자 그는 이론적인 부분을 줄였으면 좋겠다고 답변했다. 이후 실용적인 내용을 다루었고, 참가자는 우리와 함께 보내는 시간을 어느 정도 즐길 수 있었다. 이 활동은 참가자들이 지닌 욕구를 표현하는 데 도움을 되기도 한다.

진행 단계

1 워크숍을 진행하는 동안, 호의적인 분위기를 유지하기 위해 지켜야 할 필수적인 몇 가지 규칙을 소개할 것이라고 알린다.

2 운영 규칙을 하나하나 소개한다.

3 참가자들에게 이 규칙에 동의하는지, 덧붙이고 싶은 것이 있는지 묻는다.

4 규칙을 언제든지 볼 수 있도록 세미나실에 게시한다.

워크숍 진행

아이스 브레이커, 에너자이저
도구 8 목표

★ **목표:** 워크숍에 참여하는 내내 참여 목표를 확실히 알게 한다.

★ **설명:** 목표 도구는 단순하게 명확한 목표를 소개하고 이를 보이는 곳에 게시하면서 워크숍을 시작하는 것이다. 이 도구는 간단하지만, 소홀히 하는 경우가 많다.

★ **필요한 물품:** 판지, 마커

★ **워크숍 전 필요한 준비사항:** 워크숍 전에 목표를 판지에 적거나 크게 인쇄하여 팀 전체가 볼 수 있게 한다.

★ **준비할 시간이 없다면 진행하면서 한다:** 목표를 팀과 공유하면서 직접 판지에 적게 한다.

****

★ **도구가 프로젝트팀에 미치는 영향:** 항상 워크숍의 목표를 눈에 보이는 곳에 둘 수 있다. 그리고 목표가 보임으로써 결정의 시간에 도움이 될 수도 있다. 결정의 순간에 목표를 다시 보고, 잘 이해하면 더 좋은 결정을 할 수 있다.

성공을 위한 조언: 목표를 명확하고 간결하게 작성하라.
그러나 너무 많은 목표는 워크숍에서 방향을 잃게 할 수 있으니 그 수를 제한하라.

진행 단계

1 구두로 워크숍의 목표를 소개하라.

2 이 목표에 덧붙이고 싶은 것이 있는지 물어보라.

3 다음 지시 사항에 따라 이동하라고 요청하라(선택): "여러분 곁에 왼쪽 벽, 오
른쪽 벽, 이렇게 벽이 두 개 있습니다. 그리고 이 두 벽 사이에는 공간이 있지
요. 만약 목표에 동의하시고, 이 목표가 명료하다고 생각하고 이를 완전히 지
지하시면 오른쪽 벽으로 이동해주세요. 이와는 반대로 목표가 명료하지 않다
고 생각하거나 이를 전혀 지지하지 않으면 왼쪽으로 이동하세요. 이제 흩어지
세요!"
이 짧은 활동으로 팀이 목표를 어떻게 생각하는지 가늠할 수 있다.

4 왼쪽 벽에 가장 가까이 있는 참가자(그러므로 목표를 지지하지 않는 사람)들에
게 목표에 부족한 것이 무엇인지 묻고 대화하라.

5 필요하면 목표를 조정하고, 항상 잘 보이도록 공간 안에 크게 써 붙여라.

워크숍 진행

아이스 브레이커, 에너자이저

도구 9 애니멀 토템

★ **목표**: 모든 참가자에게 발표할 기회를 주고, 그들의 성격을 파악하여 워크숍에서 기대하는 것이 무엇인지 알게 한다.

★ **설명**: 참가자들에게 자신을 가장 잘 표현하는 애니멀 토템Animal totem을 상상하게 하는 짧은 활동이다. 이 활동은 모든 참가자가 특히 직장 밖에서의 자기 자신의 모습을 잘 알게 해 준다.

★ **필요한 물품**: 없음

****

★ **도구가 프로젝트팀에 미치는 영향**: 각 참가자가 자신이 가진 힘과 팀에 이바지할 수 있는 것을 팀 모두가 인식하게 한다.

사례로 보는 도구의 효과

요안은 자기 자신을 고래라고 생각한다. 왜냐고? 호기심이 많은 그는 고래처럼 입을 크게 벌리고 모든 지식을 삼키고, 이를 잊지 않으려고 노력하기 때문이다. 우리는 워크숍에서 팀을 이끄는 말, 일중독 개미, 충성스럽고 성실한 개, 부드러우면서도 적극적인 고양이를 만날 수 있었다.

진행 단계

1 모든 참가자가 돌아가면서 자신의 특징을 드러내는 애니멀 토템을 제안하고, 형용사 두세 개를 들어 그 이유를 설명한다. 마지막으로 워크숍에서 기대하는 점을 짧게 이야기한다.

2 팀에게 생각할 수 있는 시간을 3분 준다.

3 돌아가면서 발표한다.

워크숍 진행
아이스 브레이커, 에너자이저
도구 10
가위바위보 기차놀이

★ **목표**: 워크숍을 시작하기 전에 침묵을 깨고, 활력을 주며 긍정적인 분위기를 형성할 수 있다. 참가자들이 서로를 소개해야 할 필요가 있는 대규모 그룹을 대상으로 추천한다.

★ **설명**: 이 아이스 브레이커 활동은 가위바위보를 변형한 것이다. 각 참가자는 다른 참가자를 만나 가위바위보를 한다. 승자는 다른 참가자와 놀이를 계속하고, 진 사람은 이긴 사람을 응원한다.

★ **워크숍 전 필요한 준비사항**: 전혀 없다.

****

★ **도구가 프로젝트팀에 미치는 영향**: 프로젝트팀(또는 다수의 팀)은 서로 이야기하고 웃으면서 활력을 얻는다. 이는 모든 참가자를 좋은 분위기로 이끄는 데 탁월한 방법이다.

성공을 위한 조언: 세미나실에서 참가자들과 리듬에 따라 가위바위보를 외치면서 어떻게 진행하는지를 직접 보여주어라!

사례로 보는 도구의 효과

한 정부 부처에서 우리는 150명이 넘는 인원과 함께 이 활동을 진행했다. 솔직히 정부 부처는 워크숍을 하기에 재미있는 곳은 아니다. 그러나 어떤 상황에서도 과감히 시도하라. 일상에서 벗어나면 기분이 좋아진다. 이 놀이는 대규모 그룹 안에서 참가자들이 서로를 소개하고 관계를 형성하고 활력을 느끼기에 정말로 탁월한 방법이다.

진행 단계

1 "가위바위보를 아세요?" 참가자들에게 이렇게 물은 후 놀이 규칙을 설명한다. 주먹이 가위를 이기고, 가위가 보를 이기고, 보는 바위를 이긴다. 세미나실을 돌다가 놀이에 참여하는 사람 앞에 멈추어 서서 가위바위보에 참여한다. 진 사람은 이긴 사람의 뒤에 서서 이긴 사람의 어깨에 두 손을 올린다. 이긴 사람의 이름을 리듬에 맞추어 부르면서 응원하고 이긴 사람은 다른 사람을 찾아 나선다. 시간이 지날수록 길게 늘어진 줄이 만들어질 것이다.

2 활동을 시작하기 전 다른 퍼실리테이터와 예시를 보여주어라.

3 마지막까지 살아 있는 사람이 최종 우승자이다.

워크숍 진행

아이스 브레이커, 에너자이저
도구 11 메모리 덤프

★ **목표:** 각 팀원이 긍정적인 마음을 갖고 워크숍에 집중할 수 있게 돕는다.

★ **설명:** 레지 슈나이너^{Régis Schneider}(민첩성 전문가, 기술 찬양론자)가 제안한 도구이다. 보통 워크숍에 참가할 때, 우리는 머릿속의 수많은 생각 때문에 워크숍에서 일어나는 일들에 온전히 집중하지 못하는 경험을 한다. "메모리 덤프^{Memory dump}"는 지금 당장 필요하지 않은 모든 생각을 버리는 자아 성찰의 시간을 제안한다.

★ **필요한 물품:** 연습장 종이 또는 포스트잇, 연필

★ **워크숍 전 필요한 준비사항:** 사전 준비는 필요 없다. 퍼실리테이터는 긴장을 풀고 차분한 상태를 유지하라. 참가자들에게 충분한 시간을 줄 수 있어야 한다.

★ **도구가 프로젝트팀에 미치는 영향:** 우리는 보통 워크숍을 시작할 때 발생하는 움직임, 소음, 상호 작용을 피할 수 없다. 메모리 덤프 활동과 함께 침묵의 시간을 들여 자아를 성찰하는 시간을 제안하면 대다수의 참가자들은 당황한다. 그리고 참가자들은 당장 해결하지 못할 문제들로 늘 방해받고 있다는 사실을 깨닫게 된다. 단지 현재를 즐기라고 제안하는 훌륭한 활동이다.

★ **더 나아가기:** 슬로 무브먼트^{Slow movement}(위키피디아 영어 페이지는 다음과 같다: https://en.wikipedia.org/wiki/Slow_movement_(culture))

사례로 보는 도구의 효과

지시 사항을 말하고 난 후, 침묵 속에서 오직 포스트잇에 작성하는 소리만 들리는 경험은 늘 우리를 놀라게 한다. 2분이 지난 후에도 참가자들은 여전히 포스트잇에 자신의 생각을 적고 있다. 일상에서 그들의 마음을 채우고 있는 게 많다는 것을 깨닫는다. 참가자들은 자신이 깨달은 것을 이야기하고, 때론 신경질적인 웃음이 터지기도 한다. 그러나 이 활동으로 참가자들은 좋은 영향을 받고, 한발 뒤로 물러나 자신을 돌아보면서 숨 쉴 수 있는 시간을 가질 수 있다. 이렇게 함으로써 워크숍 진행이 훨씬 수월해질 것이다.

진행 단계

1
당신은 참가자들이 온전히 집중하고 참여하는 워크숍을 진행하고 싶을 것이기 때문에 시간을 갖고 그룹에 흩어져 있는 긍정적 에너지를 모으기를 제안하라. 모든 참가자가 편안한 장소를 찾아 편한 자세로 자리를 잡는다. 이후 연습장이나 포스트잇에 우리 마음을 빼앗고 있는, 지금 당장 해결할 수 없는 매우 중요한 일들을 각자 적는다.

2
종이를 접어 주머니에 넣어두고 워크숍에 집중할 수 있게 한다. 물론 워크숍이 끝난 후 이 일들을 해결하러 갈 것이다. 이것은 기억에 저장해 두었기 때문에 걱정할 필요가 없다.

워크숍 진행

아이스 브레이커, 에너자이저

도구 12 마징가

★ **목표:** 워크숍 전에 그룹에 활력을 주고, 협업을 할 수 있도록 그룹의 에너지를 이용하여 참가자들의 단합을 돕는다.

★ **설명:** 이 활동은 참가자들이 이미 서로를 알고 있는 그룹에서 활용할 수 있는 에너자이저이다.

★ **필요한 물품:** 모두가 원을 만들 수 있을 만큼 충분히 넓은 공간

★ **워크숍 전 필요한 준비사항:** 없다.

****

★ **추천하는 다음 단계:** 활기를 찾는 일은 끝났다. 이제 일할 시간이다!

★ **도구가 프로젝트팀에 미치는 영향:** 워크숍을 시작하기 전 긍정적인 에너지를 형성할 수 있다.

성공을 위한 조언: 설득력 있게 진행하라!

사례로 보는 도구의 효과

워크숍을 진행하던 중, 위층에서 일하던 동료들이 내려와 무슨 일이 있는지 보러 왔다. 그만큼 활력을 주는 활동이다!

진행 단계

1 참가자들은 일어나서 원을 만든다. 활동의 규칙을 설명하면서 시작하라. 그리고 그룹을 활동에 초대한다(설득력 있게 마음을 끌라). 이 활동에는 주의력, 집중력과 협동이 필요하다.

규칙: 당신이 먼저 파도타기를 하듯 팔을 앞으로 내밀고 손을 흔들면서 활기차게 "마~" 소리를 길게 내면서 시작한다. 활동 내내 이 자세를 유지해야 하는데 생각보다 그렇게 길지 않으니 걱정하지 말라. 시곗바늘 방향으로 점차 한 사람씩 퍼실리테이터와 같이 힘차게 "마~"를 외치면서 두 팔을 앞에 내밀고 마지막 참가자 차례가 될 때까지 멈추지 않는다. 모든 참가자가 "마"를 외치면 참가자 중 누군가 한 명이 팔을 뒤로 보내면서 "징가"라고 외치고, 모든 참가자가 동시에 따라 한다.

2 "마"를 외치면서 팔을 앞으로 뻗어 움직여라.

3 모든 참가자가 "마"를 외칠 때 두 팔을 뒤로 보내면서 "징가"를 외쳐라. 나머지 참가자들이 따라 해야 한다.

4 참가자들을 칭찬하고, 동시에 동작을 맞출 수 있도록 다시 시도해 볼 것을 제안하라. 당신의 역할을 대신하여 활동을 시작하고 싶은 지원자가 있는지 물어보라.

워크숍 진행

아이스 브레이커, 에너자이저

도구 13 무버 & 셰이퍼

★ **목표**: 이 도구에는 두 가지 목표가 있다. 첫 번째 목표는 활력을 주고 워크숍을 시작할 때 그룹 내 침묵을 깨는 것이다. 두 번째는 그룹 시스템의 작동 원리에 첫발을 내디디고 우리의 행위가 조직 또는 팀에 주는 영향을 자각하는 것이다.

★ **설명**: 약 열다섯 명이 참여하는 그룹과 워크숍을 시작할 때, 보통 활기찬 아이스 브레이커를 찾는다. 특히 애자일 프로세스에서 사용하는 "무버 & 셰이퍼 Movers & Shapers" 활동은 대규모 그룹에 적합하다. 각각 다른 지시 사항에 따라 수행하는 짧은 활동을 세 번 반복하면서 참가자들이 공간에서 재미있게 움직일 수 있다. 참가자들은 순서대로(순서를 잊지 않도록 주의하라!) 한 사람으로부터 숨고, 한 사람을 숨기고, 그리고 마지막으로 다른 두 사람과 같은 거리를 유지해야 한다. 대규모의 그룹과 즐겁게 할 수 있는 활동임을 보장한다!

★ **필요한 물품**: 참가자들이 편하게 이동할 수 있는 공간

★ **워크숍 전 필요한 준비사항**: 준비할 것이 없다!

＊＊＊＊＊＊＊＊

★ **도구가 프로젝트팀에 미치는 영향**: 자신의 행위가 팀에 큰 영향을 끼치고, 팀도 실수로부터 배워야 할 필요가 있음을 인식한다.

★ **더 나아가기**: : 다음 사이트를 참조하라(http://bit.ly/agileplayground)

성공을 위한 조언: 누군가에게 활동 장면을 촬영해 달라고 요청하라. 참가자들은 활동을 다시 경험하고, 한발 뒤로 물러나 팀에서 중요한 과정을 볼 수 있다. 퍼실리테이터로서 팀이 스스로 배우도록 해야 한다. 브리핑 시간에 참가자들이 스스로 교훈을 얻을 수 있도록 "무엇을 느꼈나요?", "어떤 상황을 떠올릴 수 있었나요?"와 같은 질문을 하라.

사례로 보는 도구의 효과

백 명 가량의 참가자들이 이 활동을 하는 모습을 촬영했다. 참가자들이 워크숍에 잘 참여했지만, 한발 물러서 객관적으로 상황을 볼 수 있는 사람은 적었다. 큰 화면에 영상을 상영하자 참가자들은 각자의 행위가 팀에 주는 영향을 자각할 수 있었다. 팀 전체가 상황을 인지하고 긍정적인 분위기가 형성되는 이 순간은 놀이 그 자체보다 도 더 강렬한 순간이었다.

진행 단계

준비된 공간에 팀을 모으고 빈 공간으로 만든다(탁자, 의자, 가방, 코트, 레고, 못 등 을 치운다). 참가자가 다치기라도 하면 큰일이다!

참가자들에게 간단한 에너자이저 활동을 안내하고, 특히 활동하는 동안 말하지 않을 것을 알려라.

1

1단계-희생자. 첫 번째 단계를 시작하면서 각 참가자에게 지시하라. "조용히 (머릿속으로 생각해서 아무에게도 알리지 않고) 당신의 적이 될 사람 한 명과 방 패(보호자)가 될 사람 한 명을 선택하세요. 그리고 모두 선택을 마친 후, 당신 이 선택한 '적'이 당신을 보지 못하도록 방패 뒤에 서세요."

첫 번째 브리핑을 할 때 참가자들이 무엇을 보고 느꼈는지를 질문하라. 팀의 원동력을 인식하고 팀이 공간에 흩어져 통제하지 못하는 상황까지 왔음을 깨 달을 수 있도록 도와라. 팀의 원동력은 공격하고 방어하는 분위기에 있다.

2단계-방패. 두 번째 단계에서는 각 참가자에게 조용히 다른 이들에게 알리지 않고 희생자가 될 사람과 공격자가 될 사람, 이렇게 두 사람을 선택하게 한다. 당신이 "시작"을 외치면 각 참가자는 희생자와 공격자 사이에 서야 한다. 브리핑할 때 다시 참가자들에게 무엇을 보고 느꼈는지를 질문하라. 이 활동에서 팀은 한 공간에 모이는 경향을 보이는데, 움직일 수 없을 정도로 좁은 공간에 모이게 된다. 이러한 팀의 원동력은 실수를 인정하지 않고 숨기고, 실수를 통해 배우지 못하는 분위기에서 나온다.

3단계-평등주의자. 이 마지막 단계에서는 참가자들에게 두 명을 마음속으로 결정하게 한다. 당신이 "시작"을 알리면 각 참가자는 자신이 선택한 두 사람과 정삼각형을 만들기 위해 자신의 자리를 찾아야 한다. 이때, 각 사람이 꼭짓점 역할을 한다.

참가자들과 마지막으로 브리핑하라. 이 단계에서 팀은 계속 움직였다(팀에게 움직임은 중요하다. 움직이지 않는 팀은 죽는다). 움직이는 속도는 덜 빨랐지만, 통제는 더 잘 되었다. 이게 바로 서로가 책임지고 지지하는 균형 잡힌 팀에서 일어나는 일이다.

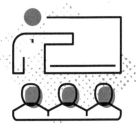

워크숍 진행

마무리 도구

도구 14 이미지 브리핑

★ **목표**: 워크숍에서 경험한 것과 개인적, 공동으로 원하는 것을 돌아보는 시간을 갖게 한다.

★ **설명**: 꽤 간단하지만, 매우 효과적인 도구이다. 퍼실리테이터와 각 참가자가 워크숍을 마치면서 느낀 점, 마음에 들었던 점과 마음에 들지 않았던 점, 무엇보다도 앞으로 기대하는 점 등을 나눌 수 있다.

★ **필요한 물품**: 딕싯Dixit(보드게임의 일종) 카드 세트 또는 영감을 주기 위한 인쇄된 사진 꾸러미

★ **워크숍 전 필요한 준비사항**: 사전 준비는 필요 없다.

＊＊＊＊＊＊＊＊

★ **추천하는 다음 단계**: 모든 참가자에게 감사 인사를 전하라. 워크숍을 마무리하는 순간이다.

★ **도구가 프로젝트팀에 미치는 영향**: 각 참가자가 워크숍을 끝낼 때 신뢰의 분위기 속에서 자신의 마음 상태에 대해 표현하고 이를 공유할 수 있다.

성공을 위한 조언: 카드 한 장을 뽑은 후 워크숍 진행에 대한 당신의 의견을 팀과 공유하라.

사례로 보는 도구의 효과

워크숍을 마치고 피드백을 이야기하는 시간에 어떤 사람들은 카드 한 장을 뽑은 후 완벽하게 말하기 위해 잠시 생각을 정리했다. 수줍은 사람들은 짧게, 그러나 진심으로 이야기했다. 성격이 급한 사람들은 즉흥적으로 시작하고는 겨우 그럭저럭 말을 끝냈다. 이 시간은 매우 놀라운 결과를 보여주었다! 어떤 워크숍에서는 한 참가자가 압박감을 주는 숲 그림이 그려진 매우 어두운 느낌의 카드를 골랐다. 퍼실리테이터인 나로서는 그가 주는 피드백이 꽤 거칠고 불안하다고 느꼈다(그렇지만 매우 중요한 피드백이었다).

이 도구는 다음과 같은 명확한 메시지를 전달했다. "밖에 세상이 펼쳐져 있다. 이제 우리는 세상과 싸울 도구들을 가지고 있다!" 우리는 같은 그림을 보고 각자가 매우 다른 이야기들을 할 수 있다는 사실에 늘 놀란다.

진행 단계

1 사진 또는 카드를 탁자 위에 펼쳐 놓는다.

2 각 참가자에게 자신의 마음 상태, 워크숍(내용, 형태 등)에 대한 느낌, 향후 하고 싶은 일과 맞는 카드 하나를 고르게 한다.

3 참가자 한 명에게 자신의 카드를 소개하고 카드를 선택한 이유, 피드백과 욕구를 팀에게 설명해 달라고 한다.

4 첫 번째 참가자가 발표를 마치면, 그에게 다음 발표자를 선택해 달라고 한다.

5 그리고 같은 방법으로 당신을 포함한 모든 사람이 발표할 때까지 반복한다.

워크숍 진행

마무리 도구

도구 15 랩업

★ **목표:** 워크숍을 마치면서 모든 이가 워크숍을 진행하며 얻은 내용에 공감하게 한다.

★ **설명:** 진행 및 내용과 관련하여 회의 또는 워크숍을 돌아본다.

★ **워크숍 전 필요한 준비사항:** 사전 준비는 필요 없다.

****

★ **추천하는 다음 단계:** 모든 참가자에게 감사를 전하라. 워크숍을 마무리하는 순간이다.

★ **도구가 프로젝트팀에 미치는 영향:** 이 활동은 한발 뒤로 물러나 워크숍을 돌아보고 진행한 내용을 복습하게 해 준다. 또한, 참가자들은 워크숍의 교훈을 더 잘 기억할 수 있다. 참가자들이 진정으로 워크숍을 되새기는 것이다!

성공을 위한 조언: 랩업Warp up(요약)을 시작할 때 돌아가면서 발표를 시킬 수도 있다. 각자가 워크숍의 한 단계를 어떻게 진행했는지 설명하는 방식으로 모든 이가 참여한다.

사례로 보는 도구의 효과

한 워크숍이 마무리될 때였다. 워크숍에서 얻은 내용이 명확했고, 랩업의 규칙도 단순했지만, 워크숍을 요약하려는 사람이 없었다. 그래서 무작위로 발표할 사람을 선택하기로 했다. "가장 늦게 바닥을 짚는 사람이 랩업을 합니다." 이런 방식으로 선택된 사람이 머뭇거리면서 요약을 시작했고, 어색했던 첫 순간을 지난 후에는 한 사람이 어떤 정보를 언급하면 다른 참가자가 여기에 보충 설명을 하면서 모두 참여할 수 있었다. 도구를 통해 팀의 원동력을 되찾은 사례였다.

진행 단계

1 다음의 지시 사항을 전달하라. "남은 5분 동안 '랩업'이라고 부르는 간단한 종합·요약 활동을 하겠습니다. 한 사람이 워크숍을 되돌아보면서 진행 상황과 내용을 정리해 2분 내로 발표합니다. 질문 있나요?"

2 자원하는 사람이 있는지 묻는다. 자원하는 사람이 있으면 시작하라. 그런데 아무도 자원하지 않는다면 무작위로 한 사람을 선택한다(가능하면 너무 내향적인 사람은 피한다).

3 워크숍을 요약하는 발표를 듣는다.

4 발표한 참가자를 칭찬하고, 내용을 덧붙이고 싶은 참가자가 있는지 묻는다.

5 필요하다고 생각하면 시간을 들여 내용을 덧붙인다.

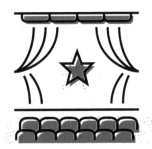

워크숍 진행

마무리 도구

도구 16 스토리 큐브

★ **목표:** 워크숍에서 경험한 것과 개인적, 공동으로 원하는 것을 돌아보는 시간을 갖게 한다.

★ **설명:** 꽤 간단하지만, 매우 효과적인 도구이다. 퍼실리테이터와 각 참가자가 워크숍을 마치면서 느낀 점, 마음에 들었던 점과 마음에 들지 않았던 점, 무엇보다도 앞으로 기대하는 점 등을 나눌 수 있다.

★ **필요한 물품:** "스토리 큐브Story Cube(주사위 9개로 구성된 보드게임)" 주사위 세트 또는 그림 꾸러미

★ **워크숍 전 필요한 준비사항:** 사전 준비는 필요 없다.

★ **도구가 프로젝트팀에 미치는 영향:** 각 참가자가 워크숍을 끝낼 때 신뢰 속에서 자신의 마음 상태에 대해 표현하고 이를 공유할 수 있다.

성공을 위한 조언: 주사위를 던진 후 워크숍 진행에 대한 당신의 의견을 팀과 나누라.

사례로 보는 도구의 효과

지시 사항을 들은 후, 첫 번째 참가자가 주사위를 던졌다. 그는 주사위 윗면 그림을 바라보면서 생각하다가 나를 한번 쳐다보고는 아무 말을 하지 않았다. 나는 다시 주사위를 던지라고 제안했다. 새로운 그림을 보면 다른 생각이 날 수도 있기 때문이다. 참가자가 다시 주사위를 던졌지만, 여전히 아무 말도 하지 않았다. 그래서 나는 그에게 한 그림을 선택한 후 워크숍이 어땠는지 이야기하라고 제안했다. 그는 공룡 그림을 선택한 후, 여러 세대를 이어주고 함께 더 멀리 갈 수 있도록 돕기 때문에 디자인 씽킹이 중요하다고 이야기해 주었다. 약간은 소소한 일화이지만, 전통적인 방법을 사용했다면 아마도 듣지 못했을 메시지를 주사위를 매개체로 사용하여 들을 수 있었던 사례이다. 이렇게 이미지는 다른 방법으로는 인식하기 어려운 콘셉트를 시각화하고 이해하는 데 도움을 준다.

진행 단계

1 활동을 위한 지시 사항을 설명하라. "탁자 위에 주사위 9개가 있습니다. 주사위를 던지면 주사위의 가장 높은 면의 그림이 보입니다. 여러분에게 가장 많은 영감을 주는 주사위 3개를 선택하세요. 그리고 그림을 보면서 이야기하세요. 당신의 이야기는 '기분이 어떤지', '이후에 무슨 일을 하고 싶은지'를 포함해야 합니다."

2 첫 번째 참가자에게 주사위들을 준다.

3 참가자가 이야기를 마치면 그에게 다음 참가자를 선택하라고 한다.

몰입

몰입을 언급할 때에 공감이라는 개념과 자주 연결한다. 그런데 공감하기는 명확하게 이해하기에 어려운 개념이다. 사용자들의 환경을 탐구할 때 우리는 수학처럼 완전하게 과학적인 조건에 있지 않다.

이제부터 소개할 도구들은 당신에게 프레임워크를 제공하며, 몰입 단계에서 가지치기와 수렴하기 과정을 잘 수행할 수 있도록 안내해 준다. 그리고 적절한 교훈을 얻을 수 있도록 수집할 양질의 정보를 더 잘 조직하고 구성하도록 도울 것이다.

우리는 인류학 입문자인 여러분이 사용자 연구를 잘 진행할 수 있도록 바로 사용하기에 가장 좋은 도구들을 선별하여 전달하고 싶었다.

가지치기 단계

자 이제 시작하라! 디자인 씽킹의 첫 단계가 바로 몰입이다. 세상을 향해 당신의 마음을 열고, 당신의 대상이 기대하는 것과 경험하는 문제들을 직접 느낄 수 있도록 공감하라. 눈을 크게 뜨고 절대로 어림짐작하지 말라. 그리고 차분히 모든 내용을 분석할 수 있도록 최대한 많은 내용을 형식화하여 저장하라.

- **도구 17 인터뷰/공감 지도**
- **도구 18 페르소나(또는 사용자 프로필)**
- **도구 19 섀도잉**

- 도구 20 극단적인 사용자 경청하기
- 도구 21 Why 질문

수렴하기 단계

다음 도구들은 당신이 가지치기에서 수집한 모든 정보를 강화해 준다. 정보를 선택하고, 근본 원인을 찾고, 팀을 신뢰하면서 최상의 결과를 끌어내어 아이디어 창출 단계를 올바른 방향으로 이끌어야 할 것이다.

- 도구 22 카드 분류
- 도구 23 사용자 경험
- 도구 24 POV
- 도구 25 어떻게 하면 좋을까?

몰입
가지치기 단계
도구 17
인터뷰/공감 지도

★ **목표:** 팀에게 공감 능력을 키우게 해 준다. 공감 능력은 사용자의 입장이 되어 그의 욕구를 이해하는 데 필수적이다. 이 인터뷰의 목적은 사용자가 말하고, 행동하고, 생각하고, 느끼는 것 전체를 살펴보는 것이다.

★ **설명:** 사용자 인터뷰는 기존 사용자 또는 잠재적인 사용자가 지닌 생각, 감정, 동기를 찾아내기 위해 사용하는 몰입 방법론이다. 사용자 중심의 사고에 기여하기 때문에 디자인 씽킹에서 핵심적인 도구이다.

★ **팀원 외 초대자:** 사용자들

****

★ **추천하는 다음 단계:** 공감 카드를 작성한 후 분류하라. 수렴하기 단계를 시작하기 위해 각기 다른 욕구, 동기, 페인 포인트, 기대를 찾아내라.

성공을 위한 조언: 공감 카드를 작성한 후 작업실 벽에 카드들을 게시하라.
당신의 대상 사용자들에 관해 새로운 정보를 얻을 때마다 망설이지 말고 카드에 적어라.

사례로 보는 도구의 효과

워크숍 퍼실리테이터이자 디자이너인 티보 갱글로프^{Thibaud Gangloff}의 이야기이다.

워크숍 퍼실리테이터이자 디자이너인 티보 갱글로프[Thibaud Gangloff]의 이야기이다. "이 도구는 상대방을 경청하고 우리 주변의 일을 관찰해야 할 때 꼭 필요한 도구이다. 이 활동은 상황의 해결을 도울 수 있다. 한 금융/보험 분야 대기업의 마케팅부서가 일 년에 여러 차례 고객 조사에 관한 전체 전략을 세웠던 적이 있다. 이 기업 내에는 뿌리박힌 관례가 있었고 기업이 가야 할 길을 분명히 알고 있는 듯했다. 그런데 이 기업의 일부 제품은 판매가 아주 저조했다. 이 문제를 해결하기 위해 우리는 관련 업체와 고객과 인터뷰를 진행했고, 인터뷰를 통해 마케팅부서는 한 가지 사실을 알게 되었다. 고객들이 특정 상품을 구매할 의사를 갖기 위해서는 무엇보다도 고객의 일차적인 필요를 해결해야 한다는 것이다. 기업은 비로소 기존의 해결책에서 벗어나야 할 필요를 느꼈고, 협력체와 고객과 함께 더 많은 시간을 보내는 것이 중요하다는 사실을 깨달았다. 장기 상품을 팔기 위해서는 때때로 자신의 분야와는 거리가 멀어 보이는 사전 단계에 집중하는 것도 필요하다는 점을 보여준 사례이다."

진행 단계

인터뷰에서 할 질문들 준비. 질문들을 주제별로 분류하고 인터뷰를 할 때 잘 연결될 수 있도록 순서를 정하라. 너무 많은 질문을 준비하지 말라. 목표는 사용자가 말하게 하는 것이고 그의 답변을 연구하는 것이다. 여러 번 "이유"를 물어라(참조-도구 21). 다음 사항을 주의하라. 인터뷰를 왜곡하지 않도록 사용자에게 답변을 유도하지 않는 열린 질문을 준비해야 한다.

2 **인터뷰 준비.** 당신이 타당하다고 생각하는 선에서 여러 프로필을 지닌 대상 사용자들을 모집하라(잠재적인 사용자, 기존 사용자, 극단적인 사용자 등). 장소는 가능하다면 사용자에게 익숙한 장소를 우선시하라. 인터뷰 상대에게 위압감을 주지 않기 위해 팀원은 세 명 이하만 자리에 함께한다. 역할을 분담(인터뷰 담당자, 필기 담당자/사진사)하고, 필요하다면 녹음기를 준비하라.

3 **인터뷰 진행.** 당신을 소개한 후 프로젝트에 대해 대략적으로 알려라. 인터뷰 상대를 파악하기 위해 일반적인 질문(이름, 나이, 직업 등)을 먼저 물어본 다음에 흥미로운 주제에 관해 질문하라. 이야기와 일화, 개인적인 예시 등을 말하도록 격려하라. 인터뷰가 끝나면 시간을 내준 인터뷰 상대에게 감사의 인사를 잊지 말아라.

4 **인터뷰 도중.** 팀원 한 명은 반드시 인터뷰 내용을 기록해야 한다. 인터뷰 상대에게 한 말을 해석하지 않고 그대로 적는 것이 중요하다. 비언어적인 표현에도 주의를 기울여라. 비언어적인 표현은 그의 말을 강조하거나 반대로 한 말과 모순이 될 수도 있다. 이러한 세부 사항을 찾아내는 것이 중요하다.

5 **인터뷰 후.** 공감 카드를 만들어라. 공감 카드를 이용해 모든 필요한 정보를 시각화할 수 있다. 표에 "말", "행동", "생각", "느낌" 네 칸을 만들어라. 먼저 사용자가 말하고 행동한 것을 적는다. 이때 노트를 보거나 사진을 찾아본다. 비언어적인 표현을 적은 노트와 인터뷰 동안 알아챈 모순적인 행동을 기억하면서 대상자의 입장이 되어보라. 그리고 공감 지도 Empathy map를 완성하라. 이는 사용자의 동기와 필요를 명확하게 정리할 수 있게 해 줄 것이다.

몰입

가지치기 단계

도구 18 페르소나

★ **목표**: 프로젝트를 진행하는 동안, 기준으로 사용할 페르소나(또는 사용자 프로필) 하나 또는 여러 개를 만들 수 있다.

★ **설명**: 페르소나는 사용자의 주요 정체성의 이해를 돕는다. 페르소나의 목적, 필요, 제품을 사용하는 방식을 정의함으로써 팀 전체를 위한 기준을 만든다. 그들의 입장이 되어 페르소나를 탐구하는 것은 사용자의 입장이 되어보고 사용자 중심의 의사 결정을 할 때, 특히 실제 사용자를 만나기가 어려운 프로젝트 단계에서 유용하다.

★ **워크숍 전 필요한 준비사항**: 만약 사전에 준비가 되었다면, 기존 사용자 또는 대상 사용자 프로필에 관한 연구 자료를 모아 참가자들에게 제공하라. 사진 칸을 포함하여 성과 이름, 취미, 가족 상황 등 칸을 미리 작성한 자료를 인쇄해 각 참가자에게 나눠주어라. 더 많은 정보를 담은 신분증을 상상해 만들어라!

★ **준비할 시간이 없다면 진행하면서 직접 한다**: 만약 사용자에 관한 사전 자료를 준비하지 못했다면 워크숍에서 직접 참가자들에게 전형적인 사용자와 그의 특징을 상상해 사용자와 가까워질 것을 제안해야 한다. 비록 내용은 덜 풍부하지만, 첫 시도로는 좋다!

★ **필요한 물품**: 흰 연습 종이 또는 준비된 인쇄물(예: 칸을 채워야 하는 템플릿), 펜, 스마트폰(동영상 및 사진 촬영, 녹음 등)

****

★ **추천하는 다음 단계**: 페르소나 활동을 구체적으로 활용하는 방법은 페르소나 "자크^{Jacques}(42세)" 또는 "마리^{Marie}(39세)"가 주어진 환경에서 할 법한 행동을 상상하는 것이다. 이를 통해 팀이 만든 페르소나들이 어떻게 반응할지 상상하고 시나리오를 만들어 낸다. 제품을 고안할 때 페르소나를 특정한 배경에 두고 그들이 해결해야만 하거나 해결하고 싶은 문제를 대면하게 하면 도움이 된다.

★ **도구가 프로젝트팀에 미치는 영향**: 이 도구는 팀 전체가 대상에 대한 공동의 비전을 정할 수 있게 해 준다. 페르소나는 프로젝트의 모든 단계에서 유용한데, 이는 의견이 갈리는 원인이 될 수 있는 팀원들의 취향이 아닌 사용자에 따라 구체적인 결정을 할 수 있기 때문이다.

★ **더 나아가기**: 프로젝트를 진행함에 따라서 페르소나의 특징을 더 명확하게 정하고, 새 페르소나를 만들거나 우선하지 않는 페르소나를 빼는 등 페르소나 활동으로 다시 돌아오는 것이 유용할 수 있다.

성공을 위한 조언: 사용자의 입장이 되어보기 위해 페르소나를 역할극에 사용할 수 있다. 역할극은 사용자의 반응을 더 잘 보여준다. 프로젝트를 진행하는 동안 참고할 수 있고 내용을 더 잘 찾아볼 수 있도록 페르소나 문서를 인쇄하라. 이 도구는 특히 워크숍 전에 사용자를 만나지 못할 때 빛을 발한다.

사례로 보는 도구의 효과

페르소나의 개념은 앨런 쿠퍼^{Alan Cooper}가 쓴 《정신병원에서 뛰쳐나온 디자인^{The Inmates are Running the Asylum}》에서 가장 먼저 사용되었다. 이 책에서 저자는 프로그래머들의 사고를 돕고, 사용자들이 소프트웨어를 사용했을 때 직면하게 될 질문들을 찾아내기 위해 소프트웨어 사용자들을 의인화할 필요가 있었다.

진행 단계

1 **가지치기:** 준비된 사용자 관련 데이터 또는 가능한 사용자 경험을 바탕으로 각 팀원은 첫 번째 버전의 페르소나를 창조한다.

2 **발현:** 참가자들이 만든 여러 다른 프로필을 팀 내에서 관찰하라. 그리고 반복되어 나타나는 점 또는 팀 과반수가 생각하는 점들을 찾아내라.

3 **수렴하기:** 채택한 특징들을 여러 프로필로 나누어 창조할 페르소나의 수를 정하라.

4 **모형화:** 최대한 부족한 내용을 보충하여 최종 페르소나 버전을 완성하라. 페르소나는 이름, 얼굴, 목표, 역할을 갖추어야 한다. 페르소나의 심리, 정서, 이야기를 정하라. 각 페르소나는 사용자 대상 카테고리를 대표하며 각 사용자가 동일화할 수 있도록 현실적이어야 한다.

5 누구나 볼 수 있는 장소에 페르소나를 게시하고 활동에 참석하지 못한 사람들 또는 프로젝트에 뒤늦게 들어온 사람들에게 전달하라. 페르소나가 유용하게 쓰이려면 가능한 한 가장 많이 눈에 보여야 하고, 전체 팀이 활용할 수 있어야 한다. 여러 사용자 프로필을 만든 경우, 어떤 프로필이 우선시하는 대상인지를 확실히 하는 것이 중요하다.

몰입

가지치기 단계

도구 19 섀도잉

★ **목표**: 사용자 경험을 더 잘 이해할 수 있다. 실질적이면서 정서적인 경험을 연구하기 위해 개인에 집중하거나 행동 패턴을 찾아내기 위해 조금 더 큰 규모의 그룹에 관심을 둔다.

★ **설명**: 섀도잉Shadowing("그림자"를 뜻함)은 특정 상황에서 사용자와 거의 (또는 아예) 상호 작용을 하지 않으면서 뒤로 물러나 관찰하는 것이다. 섀도잉은 예를 들어 인터뷰에서 다른 방식으로는 사용자가 이야기하지 않았을 추가 정보를 찾아낼 수 있게 해 준다. 그리고 이러한 정보는 실제적이며, 해석을 필요하시 않기 때문에 중요하다.

★ **팀원 외 초대자**: 전형적인 사용자 및 "극단적인" 사용자

★ **필요한 물품**: 필기 노트, 연필, 동영상 촬영을 위한 스마트폰, 마이크, 사진기 등

　　　★★★★★★★★

★ **추천하는 다음 단계**: 섀도잉은 몰입 단계의 출발점이 될 수 있다. 제품/서비스를 혁신하거나 조정하기 위해 사용자의 필요를 이해할 수 있다.

★ **도구가 프로젝트팀에 미치는 영향**: 이 도구는 창작 프로세스의 초점을 사용자 중심으로 (다시) 맞출 수 있다. 그리고 사용자의 경험에 근거하여 그의 필요에 바로 응하며 좋은 방향으로 진행하는지 확인할 수 있다.

성공을 위한 조언: (사용자 한 명에게 집중하면서 섀도잉을 할 때) 기록하는 관찰자 두 명을 두는 것이 더 유리할 수 있다. 기록한 내용을 비교할 수 있고, 특히 사용자 행동을 해석한 내용을 비교할 수 있기 때문이다.

사례로 보는 도구의 효과

요안은 팀 재조직에 관한 인터뷰를 진행하던 중이었다. 인터뷰에서는 장소와 관련된 문제가 많이 언급되지 않았다. 회사에서 일상을 보내는 사람들에게는 공간이 문제의 근원적인 요인으로 보이지 않았기 때문이다. "나는 개인 컴퓨터를 가지고 그들의 사무실을 방문했다. 그들과 함께 한 공간에서 내 작업에 몰두하면서 섀도잉을 했다. 이렇게 하루를 보낸 후 나는 사무실 공간이 그들에게 근본적인 문제가 된다는 것을 알 수 있었다." 직원들은 프린트하기 위해 복도를 세 곳이나 지나야 했고, 다른 부서 직원들을 마주칠 기회가 없었다. 그리고 조명 문제 때문에 직원들의 활력이 일찍 떨어졌다… 요안은 섀도잉 작업 덕분에 공간이 사소한 문제가 아니라는 점을 밝힐 수 있었다. 상황에 대한 느낌과 현장 관찰 사이에는 늘 차이가 있기 마련이다.

진행 단계

1 당신이 알고 싶거나 더 잘 이해하고 싶은 것을 명확하게 정의하면서 관찰할 상황을 열린 질문 형태로 정하라. 사용자는 어떻게 이 작업을 실행할까? 사용자는 어떻게 일을 조직하나? 그의 프로세스 중 무슨 단계에서 이 서비스를 사용할까? 이로써 관찰의 틀 즉, 당신이 관찰하고자 하는 상황을 정의할 수 있다.

2 관찰과 연관된 여러 다른 변수를 정하라. 한 사람 또는 여러 사람을 관찰하는 것 중에 어떤 것이 더 유용할까? 특정한 순간 또는 일정한 기간에 관찰할까?

3 관찰할 사용자 한 명 또는 여러 명을 선택하라. 그리고 관찰을 위해 실무적인 환경을 조직하라.

4 관찰하는 동안 기록을 하라. 구체적인 내용(무슨 일이 벌어지나?)뿐만 아니라 당신의 느낌(마음 상태, 눈에 띄는 사용자의 반응)에 관심을 두어라. 어떤 경우에서는 관찰하는 장면을 촬영하는 것이 유용할 수 있다.

5 관찰 횟수가 늘어남에 따라 잠재적인 행동 패턴을 찾아내고, 여러 사용자 경험 카테고리로 분류하기 위해 관찰의 내용을 비교하라.

6 종합적인 기록을 이용하여 관찰 활동을 점검하는 다음 질문에 답하라. 사용자 경험에서 어떤 부분이 부족했나? 그 이유는 무엇인가?

몰입

가지치기 단계

도구 20
극단적인 사용자 경청하기

★ **목표:** 제품, 서비스 또는 디자인이 지닌 한계를 찾아내고 평범하지 않은 경험으로부터 배울 수 있다. 극단적인 사용자들은 대부분 자신의 필요를 훨씬 명확하게 이야기하는데, 종종 모든 사용자의 필요를 아우른다.

★ **설명:** 극단적인 사용자들을 경청하면 항상 새로운 관점을 발견할 수 있다. 그들의 경험, 욕구, 필요는 평범한 이들과는 다르기 때문이다. 극단적인 사용자들은 때때로 미래에 다가올 행동을 반영한다. 제품은 극단적인 사용자들의 필요를 고려하지 않기 때문에 그들은 기존 해결책을 바꾸기도 한다. 그들은 반항적인 비사용자이기도 하다. 그러므로 극단적인 사용자는 때때로 새로움을 더 받아들일 수 있고 혁신에 관련한 소중한 피드백을 제공할 수 있다.

★ **팀원 외 초대자:** 극단적인 사용자들

★ **필요한 물품:** 공책, 펜, 사진 및 동영상 촬영용 스마트폰

★ **워크숍 전 필요한 준비사항:** 질문 목록(인터뷰 지침)을 준비할 수 있다.

****

★ **추천하는 다음 단계:** 인터뷰를 끝내자마자 참관한 모든 팀원에게 인상적이었던 내용을 현장에서 분류하고 카테고리별로 정리하며, 가능하면 우선순위를 정하게 하는 것이 유용할 수 있다.

★ **도구가 프로젝트팀에 미치는 영향:** 극단적인 사용자를 경청함으로써 각 팀원은 몰입 단계 그리고 때때로 아이디어 창출 단계에서 생각의 폭을 넓힐 수 있다. 인터뷰를 토크쇼 형식으로 진행하면 팀의 여러 부서가 참여할 수 있고, 사용자가 강조한 흥미로운 내용에 대해 함께 토론할 수 있다.

성공을 위한 조언: 판단하지 말라. 공감하고 호기심 있는 태도로 사용자를 이해하려고 노력하라. 그리고 질문한 후 명확하게 자신의 언어로 답변을 다시 표현해 보라.

사례로 보는 도구의 효과

중학교 교사를 위한 디지털 수업 연수 프로젝트를 진행할 때였다. 우리는 컴퓨터 초보 교사들을 인터뷰하는 대신 디지털 교육에 "전문가"인 교사들을 인터뷰했다. 그들의 답변 덕분에 디자인 씽킹 프로젝트의 대상인 디지털 초보 사용자들을 인터뷰하는 것보다 더 연관성 있는 내용을 찾아낼 수 있었다.

진행 단계

1
당신이 어떤 종류의 극단적인 사용자를 인터뷰할 수 있을지 알아내는 것부터 시작하라(기존 제품의 기능을 변형하는 사용자 또는 반항적인 사용자, 특정 직업을 가진 사용자 그룹 등). 망설이지 말고 다양한 세계로 나가 일반 사용자와 매우 다른 사용자를 섭외하는 등 섭외의 폭을 가능한 한 넓혀라.

2
인터뷰 지침을 만들어라. 여기에서 공감이 가장 중요하다. 인터뷰자의 영감, 과제, 동기, 희망, 목표를 이해해야 한다. 질문은 인터뷰 상대 자체를 다루어야 하며 그가 대표하는 그룹이나 조직에 관한 것이 아니어야 한다. 당신의 목표는 명확하게 그의 개인적인 경험과 느낌을 알아내는 것이다. 다음의 질문 세 단계를 기준으로 하라.

- 무엇을? (상황 묘사)
- 어떻게? (사용자의 경험적 지식, 경험)
- 왜? (이유, 행동의 원인)

3 **인터뷰를 준비하라.** 1 대 1 인터뷰는 밀접하게 소통할 수 있는 반면, 토크쇼 형식의 인터뷰는 대화를 더욱 풍부하게 한다. 당신이 인터뷰할 사용자를 전문가로 여겨라. 그리고 질문을 사전에 알려주고 인터뷰 형식을 설명하라.

4 D-day. "토크쇼" 형식을 위해서 공간을 전략적으로 배치하라. 인터뷰 상대와 인터뷰 담당자는 모두가 볼 수 있도록 정면에 자리 잡는다. "관객"이 될 나머지 팀원(2~4명)은 반원을 그리듯 위치한다. 연습 종이와 펜을 준비해 대화 중 추가 질문을 적을 수 있도록 하라.

5 세 단계로 인터뷰를 진행하라. 초대한 인터뷰 상대를 모두에게 소개하고 대담의 주제와 배경을 설명한다. 대화 중에는 망설이지 말고 반복하여 질문하고, 답변 중 자세한 내용을 질문하라. 인터뷰의 목적은 사용자의 경험 서사를 수집하는 것이다. 사용자가 질문에 대해 답변을 하기보다는 자신의 이야기를 하도록 유도한다.

6 "관객" 질문을 포함한 인터뷰 자료를 검토하라. 언급되지 않은 내용이 있는지 빠르게 찾아보고 추가 질문을 하라. 마지막으로 인터뷰를 마무리하면서 경험을 들려준 사용자에게 감사의 인사를 전하라.

몰입

가지치기 단계

도구 21 Why 질문

★ **목표**: 문제를 완전히 해결하기 위해 감춰진 원인을 찾는다. 다시 말해 문제가 다시 발생하지 않도록 한다. 의학에서는 병에 의해 나타난 결과들을 치료하는 증상 치료(통증 완화하기, 열 내리기 등)와 증상의 원인이 되는 병을 치료하는 근본적인 치료를 구분할 수 있다. "why 질문"의 목적은 바로 근본적인 치료이다!

★ **설명**: 이것은 반복적인 문제를 해결하는 데 유용한 질문을 하는 활동이다. 이 도구는 문제를 직접 또는 간접적으로 경험한 사람들이 사용해야 한다. 또한, 반복하는 다섯 번의 why 질문을 통해 근본적인 원인을 찾아낸다.

★ **초대자**: 대상 사용자들

★ **워크숍 전 필요한 준비사항**: 화이트보드에 모두가 이해할 수 있는 단순하고 명확한, 한 문장으로 정리한 문제점을 적는다. why 질문에 대한 답변을 적을 수 있도록 화이트보드에 다섯 칸을 남겨둔다.

****

★ **추천하는 다음 단계**: 문제를 해결할 해결책을 찾는 아이디어 창출 단계로 갈 준비가 되었다.

★ **도구가 프로젝트팀에 미치는 영향**: 이 질문 활동은 문제의 근본 원인에 관심을 두고 다르게 사고할 수 있게 한다. 해결책을 고민할 때 사전에 문제가 발생하지 못하도록 저지하는 데 목적을 두면서 다른 관점으로 생각한다.

성공을 위한 조언: 어림짐작하지 말라! 현장으로 가서 당신이 탐구하는 페인 포인트의 각 단계를 경험한 사람들을 만나라. 성공의 열쇠는 사실에 근거하는 내용과 현장에 있다.

사례로 보는 도구의 효과

유명한 예시 중 하나는 바로 워싱턴 박물관^{Washington Museum}의 사례이다. 문제는 다음과 같다. "워싱턴 박물관이 파손된다."

원인 1 - 왜 워싱턴 박물관이 파손될까?

유적을 부식성 화학품으로 자주 청소하기 때문이다.

원인 2 - 왜 부식성 화학품을 사용할까?

유적 위에 쌓이는 엄청난 양의 새똥을 닦아야 하기 때문이다.

원인 3 - 왜 유적 위에 엄청난 양의 새똥이 있을까?

유적 내부와 유적 주변에 지역에 사는 새들의 먹이인 거미 떼가 많이 있기 때문이다.

원인 4 - 유적 내부와 유적 주변에 거미 떼가 많이 있을까?

거미의 먹이인 벌레 떼가 저녁에 유적에 모이기 때문이다.

원인 5 - 왜 저녁에 벌레 떼가 유적 주변에 모여들까?

저녁에 유적을 밝히는 조명이 지역에 있는 벌레들을 유인하기 때문이다.

그러므로 해결해야 할 근본적인 도전 과제는 "벌레 떼를 유인하지 않도록 유적을 밝히는 저녁 조명 방식"일 것이다.

진행 단계

1 단순한 한 문장으로 문제를 명확하게 작성하라. 이 문장은 정확한 오작동을 관찰한 것이어야 한다. 문제의 구체적이고 실제적인 원인을 찾는 것이 이 활동의 목적임을 분명히 알려라. 그러므로 질문에 대한 답변은 제안이나 가정이 아닌 사실에 근거해야 함을 뜻한다.

2 "why"를 덧붙여 첫 번째 문장을 다시 작성하라. 이 질문은 사용자가 하는 질문이다. 첫 번째 단계에서 누구나 이해할 수 있는 답변을 적어라. 짧은 문장으로 답변을 적은 다음 "why"를 덧붙여 또 다른 질문을 만들어라.

3 "why"를 덧붙이면서 각 답변을 질문으로 작성하라. 답변이 여러 개이면 나무 모양의 도표를 만들어라. 이 과정을 대략 다섯 번 반복하라. 답변은 사실에 근거해야 하며 유추해서는 안 된다.

4 질문을 멈추고 문제를 피할 수 있는 대책을 찾아라. 이 대책은 문제의 근원이 되는, 즉 표의 가장 아래에 있는 원인 제공을 피할 수 있는 구체적인 해결책이다.

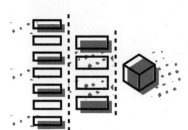

몰입
수렴하기 단계
도구 22 카드 분류

★ **목표:** 카드 분류는 어떤 단계에서 사용하는가와 디자이너가 어떤 콘셉트 조건을 설정하느냐에 따라 그 목적이 다양하다. 이 활동은 구체적으로 사용자에게 가장 중요한 것뿐만 아니라 일반적으로 사용자의 욕구, 가치와 생각 구조를 알 수 있게 돕는다. 또한, 카드 분류는 프로젝트가 진행된 단계에서 사용자에 관해 이미 얻은 지식을 확인하는 데 사용할 수 있다. 이 도구를 통해 프로젝트가 여전히 사용자 중심인지를 확인한다.

★ **설명:** 보통 "카드 소팅Card Sorting"이라고 부르는 이 활동은 단순히 카드를 분류하는 활동이다. 이 활동의 원리는 다음과 같다. 참가자에게 주어진 방식에 따라 카드를 분류하게 하는 것이다. 실행하기 쉬운 만큼 효과적인 카드 분류 활동을 위해서는 분명한 목적에 따라 사전에 준비가 필요하다.

★ **초대자:** 대상 사용자들

★ **워크숍 전 필요한 준비사항:** 40장 이내로 카드를 만들어라. 40장 이상이 되면 사용자가 의사 결정 프로세스를 바꾸어 사용할 위험이 있다. 각 카드는 당신이 단어 또는 이미지로 표현하고 싶은 단 한 가지 아이디어, 콘셉트를 담아야 한다. 관념적인 의미를 담은 카드와 구체적인 의미를 담은 카드를 혼합하는 것이 유익할 수 있다. 활동의 주제에 따라 카드의 뒷면에 표현하고자 하는 개념의 정의를 짧게 적는 것이 유용하다.

★ **추천하는 다음 단계:** 이 활동을 한 번 또는 여러 번 실행한 후에는 활동의 결과를 집계하여 일반적인 경향, 공통적인 사고 패턴을 정의하라. 그리고 활동 세션 동안 기록한 관찰 내용을 비교해 보라. 잘못 이해하거나 이해하기 어려웠던 요소들이 있었는가? 여러 카테고리에 속하여 분류하기 어려운 요소가 있었는가?

또한, 프로필의 관점에서 결과를 관찰하여 여러 다른 사용자들을 구별할 수도 있다. 마지막으로 당신의 결과 분석 자료에 사용자와 대화하던 중 그가 제시한 타당한 주장을 인용구로 덧붙여라. 이는 특정한 카드가 특정 카테고리에 속하고, 특정한 자리에 있는 이유를 기억하기 위함이다.

사례로 보는 도구의 효과

우리는 한 보험 회사의 인트라넷intranet(인터넷 관련 기술과 통신규약을 이용하여 조직 내부 업무를 통합하는 정보 시스템)에 들어간 56개의 기능을 분류하기 위해 카드 분류 활동을 할 기회가 있었다. 활동의 결과로 기능의 우선순위를 다시 정할 수 있었고, 기능의 30퍼센트는 사용자에게 2퍼센트의 가치만 있음을 알 수 있었다.

진행 단계

1 당신의 목표를 구체적으로 정하라. 사용자의 머릿속에서 일어나는 우선순위 정하기, 행동하는 방식, 욕구를 이해하는 것이 목적이어야 한다. 활동에 가장 적합한 콘셉트를 정하려면 자료 분석을 통해 답을 찾아낼 질문을 명확하게 표현하는 것이 중요하다.

2 열린 카드, 닫힌 카드 중에서 하나를 골라야 한다. 열린 카드를 분류하는 활동은 많은 자유를 준다. 사용자가 분류할 콘셉트 카드(빈 카드가 있어 기존에 제시된 콘셉트에 새로운 콘셉트를 더할 수 있다)뿐만 아니라 카테고리를 자유롭게 정할 수 있다(디자이너가 사전에 결정한 카테고리 없이 사용자가 직접 분류한다). 열린 카드는 팀이 생각하지 않았던 새로운 가능성과 아이디어를 포함할 수 있게 해 준다. 새로운 것을 발견할 기회를 주는 것이다. 그러나 이 방법론

은 참가자 그룹을 분석하기에는 더 어렵다. 공통 패턴을 찾아내기가 쉽지 않기 때문이다. 이와는 반대로 닫힌 카드 분류 활동에서는 모든 요소가 미리 정해져 있다. 사용자가 눈에 보이는 것에 근거해 사고하는 탓에 유도된 결과가 나올 수 있지만, 특히 통계 형태의 분석을 하기가 더욱더 쉽다. 그러므로 성취하고자 하는 목적에 따라 열린 또는 닫힌 카드 분류를 선택해야 한다. 일정한 단계에 올라온 프로젝트를 평가하려고 하는가 아니면 아이디어 창출 단계에서 사용자를 더 잘 이해하고 싶은가?

3 당신이 사용할 카드를 선택했다면, 사용자들에게 제공할 정보를 준비하라. 당신은 "네"/"아니요"/"글쎄요" 또는 "매우 중요"/"중요하지 않음" 등급표 등 미리 정해진 카테고리를 준비할 것인가? 또는 그와는 반대로 질문을 작성한 후 사용자가 스스로 카테고리를 만들도록 둘 것인가? 사용자가 자신에게 원하는 것이 무엇인지를 빠르고 쉽게 이해할 수 있어야 한다.

4 참가자에게 무엇을 해야 하는지 설명한 후에는 분류 활동을 관찰하는 것이 중요하다. 결과와 마찬가지로 사용자의 의사 결정 프로세스도 중요한 자료이다. 사용자가 분류를 망설인 콘셉트는 무엇인가? 또는 고민 후 어떤 카드를 옮겼는가? 분류를 유보한 콘셉트는 무엇이며 직관적으로 쉽게 분류한 콘셉트는 무엇이었는가? 활동 후에 참가자와 대화하려면 위의 내용을 눈여겨보는 것이 중요하다. 분류가 끝나면 내용을 기록하고 최종 결과물을 사진으로 남기는 것을 잊지 말라!

5 더 깊은 분석을 위해서는 카드 분류 활동 중에 관찰할 수 있었던 내용을 바탕으로 사용자에게 질문하라. 그러나 사용자를 판단하지 않아야 하고, 사용자에게 맞고 틀린 답변이 있는 듯한 인상을 주지 않도록 주의하라. 목적은 사용자가 선택한 내용을 반박하는 것이 아니라, 그의 동기를 이해하는 것이다. 그러므로 사용자에게 주로 "이유"를 물어야 한다.

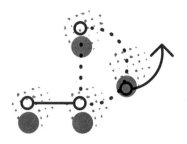

몰입

수렴하기 단계

도구 23 사용자 경험

★ **목표:** 사용자의 경험을 잘 분석하기 위해 사용자의 페인 포인트나 그의 필요를 파악할 수 있다.

★ **설명:** 사용자 경험에서 중요한 순간을 찾아내고 경험 중에 찾아낸 모든 문제점을 밝혀낼 수 있다.

★ **팀원 외 초대자:** 전문가들

★ **필요한 물품:** 포스트잇, 판자, 마커

★ **워크숍 전 필요한 준비사항:** 준비 단계에서 여력이 된다면 사전에 도안가와 협력하여 벽걸이 그림을 만들어라. 인터뷰 또는 핵심팀과 진행한 대화로 알아낸 사용자 경험 단계를 담을 것이다. 잘 만든 벽걸이 그림을 활용하면 이 단계에서 얻은 지식을 더 잘 축적할 수 있다.

★ **준비할 시간이 없다면 진행하면서 그린다:** 판자 위에 사용자 경험의 주요 단계를 표로 그린다(이전, 진행 중, 이후 등). 주의하라. 세부 단계를 나눌 때 12개를 넘지 말라. 그렇지 않으면 전체 그림을 보지 못할 위험이 있다.

★ **더 나아가기:** 잠재적인 매혹^Re-Enchantment(사용자 경험을 개선하는 방법을 뜻하는 마케팅 용어)을 느끼는 지점과 페인 포인트들이 해결되었을 때 사용자에게 미칠 영향을 평가하라. 대상 사용자에게는 어려움을 주는 지점들이 있을 수 있다. 그러나 조직의 관점에서 본다면 개선 여지가 0에 가까울 수 있다. (예를 들어 당신의 회사가 에너지 관련 회사이고, 가격과 관련된 문제를 발견했다고 가정해 보자. 그런데 시장 가격이 국가에 의해 고정되어 있다면 가격을 조정하는 방법을 시도하지는 말라.)

이 도구는 팀이 바른
방향으로 에너지를
집중하도록 도우면서
사용자 경험에 관한
부차적이고 비생산적인
토론을 피할 수 있게
해 준다. 그러므로
사용자 경험 활동에서
얻어낸 결과를 주저 말고
활용하라.

사례로 보는 도구의 효과

여러 기업이 참여하는 한 합작 프로젝트 워크숍을 진행하는 기회가 있었다. 우리는 새로운 서비스의 대상이 되는 사용자 유형을 소개하기 위해 새로운 접근 방식을 찾아내길 원했기 때문에 디자인 씽킹의 한 단계인 사용자 경험에 열정적으로 매달렸다. 이 도구 덕분에 우리는 고정된 생각에서 벗어날 수 있었다. 사용자 경험 전 단계에 장애물이 있음을 발견한 것이다. 그리고 이 장애물은 더 많은 기회를 우리에게 선사했다. 이처럼 더 좋은 접근 방식을 찾아 아이디어 창출 단계를 준비할 수 있게 해 주었다.

진행 단계

1 사용자 경험의 주요 단계를 찾아내고 공식화하여 표현하라.

2 각자 돌아가면서, 자신이 찾아낸 페인 포인트들을 소개하고 사용자 경험에서 어디에 위치하는지 표시하라.

3 잠시 한 발 뒤로 물러나서 덜 다루어진 단계들에 또 다른 페인 포인트가 있는지 각자 찾아보라. 당신이 다루려는 도전 과제와 연관하여서는 덜 흥미로운 단계들이 있을 수 있다. 그러나 이 내용도 팀과 함께 확인해야 한다.

4 만약 너무 많은 내용을 담고 있는 단계들이 있다면 팀과 함께 하위 목록을 만들어 새 카테고리를 작성하라.

5 팀 전체가 재검토한 페인 포인트들을 잘 이해하고 공감하는지 확인하라.

몰입

수렴하기 단계

도구 24 POV

★ **목표:** 사전 사용자 조사 및 이해를 통해 얻은 지식을 종합하여 프로젝트를 이끌 지침^{guideline}을 작성할 수 있다.

★ **설명:** 관점(영어로는 point of view, 줄여서 POV로 쓴다)을 형성하는 것은 프로젝트 구성에 방향을 제시할 사고의 중심을 결정하는 것을 의미한다. 이 활동은 표의 빈칸에 내용을 채워 넣는 방식으로 진행된다. "적절한 질문"을 찾기 위해서 해결해야 할 사용자의 문제를 한 문장으로 작성한다. 바로 POV가 달성할 목표에 대한 구체적인 비전이 되는 것이다. 문장의 구조는 다음과 같다.

[사용자]는 [사용자의 필요]이(가) 필요하다. 왜냐하면 [통찰]이기 때문이다.

예: "오후에 학생들이 신체 운동을 할 필요가 있다. 왜냐하면, 점심 식사 후 소화하는 동안 앉아 있기가 힘들기 때문이다."

★ **필요한 물품:** POV 판, 연습 종이, 펜

★ **추천하는 다음 단계:** 이 활동을 마친 후에는 도구 25번으로 가서 아이디어 창출 단계를 시작할 구체적인 질문을 한다.

★ **도구가 프로젝트팀에 미치는 영향:** 도구를 통하여 참가자 전체가 협력하여 따를 수 있는 명확한 지침을 정할 수 있다.

★ **더 나아가기:** 페르소나를 만들어 두었다면 페르소나의 입장이 되어 서식을 작성하는 것이 유익할 수 있다. 전형적인 사용자 프로필을 바탕으로 사용자의 필요와 관련된 지식을 명확하게 (표의 첫 번째 칸에) 작성할 수 있다.

성공을 위한 조언: 적절하지 않은 내용을 제거하면서 점차 관점을 다듬을 수 있도록 여러 다른 사용자의 필요와 관련 지식, 확인된 이유 등을 조합하여 여러 문장을 써보라.

사례로 보는 도구의 효과

한 유명 운송회사에서 진행한 워크숍에서 일어난 일이다. 의견을 수렴해야 하는 순간이었다. 퍼실리테이터는 참가자들에게 포스트잇에 쓰여 있는 세 단어에 동의하는지 물어야 했다. 그런데 어떻게 팀 전체가 정말로 동의하는지 확신할 수 있을까? 우리는 POV 도구를 사용해 각자의 생각을 확인하면서 이 문제를 해결했다. 여러 다른 문장을 대조하면서 팀이 정말로 다루고 싶어 하는 주제를 세심하게 다룰 수 있었다.

진행 단계

1
퍼실리테이터는 참가자들을 소규모 그룹으로 나눈 후, 각 팀에 POV 판을 전달하라. 팀을 안내하기 위해 다음 순서로 진행한다.

2
왼쪽 칸에 사용자의 필요, 필요한 이유, 이 특정 사용자에 관하여 그동안 쌓인 지식을 적어라.

3
각 팀이 다른 팀들의 표에 칸을 채울 수 있도록 정보를 공유하라. 서로 다른 아이디어를 분류하고 대상 사용자와 너무 동떨어진 것 같은 아이디어는 삭제하라.

4 각 팀에게 정보를 종합하여 (템플릿의 두 번째 칸에) 문장으로 표현할 것을 제안하라. 사용자의 필요가 동사형으로 표현되어야 함을 꼭 명시하라. 각 팀은 사전에 확인된 여러 다양한 요소(필요와 지식)를 혼합하여 문장 여러 개를 제안해야 한다.

5 작성한 문장들을 공유하고 함께 검토하라. 문장들이 명료한가? 문제가 명확하게 표현되었는가? 이 문장은 조직적으로 해결책을 제시하지 않으면서 혁신적인 아이디어만 제시하는가?

6 토론이 끝나면 채택된 문장들을 선별하라. 이 문장들은 프로젝트가 해결해야 할 목표를 정해 줄 것이다.

몰입

수렴하기 단계

도구 25
어떻게 하면 좋을까?

★ **목표:** 해결책을 찾아내야 할 문제를 정의한다. "어떻게 하면 좋을까?How might we?"라고 정확하게 질문함으로써 수많은 해결책으로 이끄는 적합한 접근 방식으로 문제를 해결할 수 있다.

★ **설명:** 이 도구는 아이디어 창출 단계를 효과적으로 잘 준비하여 시작하게 돕는 사고 활동이다. 추천하는 문장 구조는 다음과 같다.

"어떻게 사용자들이 자신의 문제를 해결하고 목표를 달성하도록 [동사]할까?"

예: "어떻게 말썽을 피우지 않고 안전하고 자율적으로 요리할 수 있도록 어린이들을 도울 수 있을까?"

★ **워크숍 전 필요한 준비사항:** 최상의 효과를 보기 위해서는 조사 단계에서 얻어낸 사실들을 모든 참가자가 볼 수 있도록 적는 것이 유용하다. 그리고 가능하다면 팀은 수렴하기를 시작해서 문제들을 우선순위에 따라 분류해 놓아야 한다.

★ **준비할 시간이 없다면 진행하면서 한다:** 이 도구는 수렴하기 단계에서 진행하는 만큼 사전에 가지치기를 마쳐야만 한다. 그리고 가능하다면 가장 타당성 있는 페인 포인트들을 수렴하는 작업을 시작해 놓아야 한다.

****

★ **추천하는 다음 단계:** 아이디어 창출로 넘어가라!

★ **도구가 프로젝트팀에 미치는 영향:** 이 도구는 팀에게 실제 문제와 팀 구성원이 직접 정하는 도전 과제를 기반으로 프로젝트를 시작하도록 돕는다! 아이디어 창출을 활성화하는 효율적인 브레인스토밍을 보장한다.

성공을 위한 조언: 너무 광범위하지 않고 닫힌 질문이 아닌
"어떻게 하면 좋을까?" 도구는 다음의 세 조건을 만족해야 한다.

• 인간이 중심이 되어야 한다.
• 필요를 해결하거나 구체적인 문제를 해결하려고 해야 한다.
• 창의력을 활용할 수 있는 다양한 해결책의 가능성을 열어두어야 한다.

사례로 보는 도구의 효과

열다섯 명으로 구성된 팀과 함께 우리는 큰 기회가 펼쳐진 세 분야를 찾아냈다. 그런데 "어떻게 하면 좋을까?" 도구를 사용한 후에도 우선으로 선택해야 할 분야를 선택하지 못했다. 결국, 우리는 팀의 에너지를 배분하기로 하고 팀을 소규모로 나누어 세 주제 모두 다루기로 했다. 이 경험에 비추어 당신도 퍼실리테이터로서 민첩하게 행동하고 팀의 요구에 따라 적응하라.

진행 단계

1

모든 페인 포인트를 다루기보다는, 참가자들에게 타당하고 의미가 있는 내용을 다룰 수 있도록 팀에게 페인 포인트들을 우선순위에 따라 분류하게 하라. 사전에 만든 페르소나를 이용하면 접근 방식을 정하기에 유용하다. 작성한 질문들은 당신이 문제를 해결해 주려는 대상을 상황에 직면하게 한다. 예를 들어, "어떻게 …가 …하는지 확실히 알 수 있을까?", "우리는 어떻게 …에게 …을 하게 할 수 있을까?"와 같은 질문을 작성할 수 있다.
알림: 도구 24 활동을 한 후라면 활동에서 작성한 문장을 "어떻게 하면 좋을까?" 형식으로 변형하여 써보라. 그리고 여러 번 다시 쓰면서 더 정교한 접근 방식을 찾으려고 노력하라.

2 좋은 질문을 만드는 모든 조건을 떠올려라. 질문이 너무 광범위하면 안 된다. 예를 들어, "어떻게 가정에서 에너지를 아낄 수 있을까?"라는 질문은 대상 사용자의 관점에서 문제를 다루기에는 접근 방식이 구체적이지 않다. 반면 "어떻게 전력 소비가 낮은 새로운 전구 모델을 만들 수 있을까?"라는 질문은 너무 닫힌 질문이다. 해결책을 찾기보다는 기술적인 조사를 필요로 하는 답변을 유도한다. "우리는 어떻게 관리자(페르소나)에게 관리는 어렵지 않으면서 손쉽게 전력을 절약하는 방식으로 전력을 관리하게 할 수 있을까?"라는 질문은 브레인스토밍을 가능하게 하는 질문이다. 이 질문은 인간을 중심에 두고, 필요를 만족시키거나 문제를 해결하려는 목표를 가진다. 그리고 여러 해결책의 가능성을 열어두면서 창의성을 발휘하게 한다.

3 사용자 조사에서 관찰한 내용을 염두에 두고, 또는 눈으로 확인하면서 각 참가자는 그 내용을 "어떻게 하면 좋을까?" 질문 형식으로 다시 표현한다. 각 질문은 따로따로 포스트잇에 적어 분류 단계에서 한눈에 볼 수 있도록 한다. 처음에는 문장들을 다듬으려고 하기보다는 많은 문장을 써내는 것에 집중하는 것이 좋다.

4 모든 참가자의 질문이 모인 후에는 조건을 충족하지 못하는 질문들을 빼거나 수정한다. 그리고 같은 종류의 질문들을 분류하라. 마지막으로 가장 좋은 질문들을 선택하여 팀과의 협력을 통해 새로운 문장을 구성하라. 각 참가자가 최종 문장에 공감하고 지지할 수 있어야 한다.

아이디어 창출

준비, 땅! 출발하라! 이제 창의적이고 혁신적인 아이디어를 최대한 많이 적어라. 그리고 그 내용을 소리 내어 읽어라. 당신 또한 불편한 마음이 들고 식은땀이 이마에서 흘러내리는 것을 느낄 것이다. 상상과 창의성은 근육과도 같다. 근육은 훈련하고 자극할수록 발달하게 된다.

당신이 아이디어 창출 단계에서 의지할 도구들은 워크숍에서 누구든지 판단하지 않고 자유롭게 표현할 수 있도록 돕기 위해 선택된 것이다. 그러므로 내향적이든지 외향적이든지, 낙관적이든지 비관적이든지, 이성적이든지 창의적이든지에 상관없이 누구나 자신의 아이디어를 표현할 수 있을 것이다.

가지치기 단계

다시 가능성의 문을 활짝 여는 것으로 시작한다. 질보다는 많은 양의 아이디어를 생성하는 것이 이 단계의 전제조건이다. 팀의 에너지에 맞추어 여러 도구를 연속하여 생동감 있게 진행하라. 가능성의 문을 최대한 많이 열라. 이 단계는 디자인 씽킹에서 말 그 자제로 창의성을 마음껏 발휘할 수 있는 유일한 단계이다. 그러니 즐기고 모든 아이디어를 표현하라.

- 도구 26 러닝 엑스퍼디션
- 도구 27 혁신 지도 그리기
- 도구 28 자유로운 아이디어 창출

수렴하기 단계

최대한의 아이디어를 고안해 낸 후에는 수렴하기 단계가 돌아온다는 사실을 잊지 말라. "보관하기-버리기-시작하기" 또는 "스티커 투표"와 같은 도구들은 쉽게 분류할 수 있는 도구로, 향후 팀이 프로토타입으로 제작할 아이디어를 선택할 때 의사 결정을 돕는다.

아이디어 창출
가지치기 단계
도구 26 러닝 엑스퍼디션

★ **목표:** 아이디어 창출을 자극하고 모범 사례에서 영감을 얻는다. 러닝 엑스퍼디션^{Learning expedition}(현장 학습)은 기업, 인물, 여러 다른 모델을 만나면서 감각을 깨우고 지식, 기준, 사고를 변화시키며, 컴포트 존에서 벗어나게 한다.

★ **설명:** 진정한 탐사 여행인 러닝 엑스퍼디션은 영감을 주는 기업, 인물을 만나거나 혁신적인 장소, 생태계를 찾아 떠나는 "여행"이다.

★ **팀원 외 초대자:** 영감을 주는 기업/기업인, 전문가, 사용자, 프로젝트팀을 만나러 가야 한다(그렇다. 이동하는 것이 핵심이다).

★ **필요한 물품:** 종이, 펜, 필요할 경우 사진을 찍거나 동영상을 촬영할 스마트폰

★ **워크숍 전 필요한 준비사항:** 방문할 장소 또는 기업을 정하기 전에 해결할 도전 과제가 무엇인지 분명히 알아야 한다. 그래야 러닝 엑스퍼디션을 준비할 수 있다. 하나 또는 여러 주제에 따라 탐험할 장소를 여러 곳 정해서 일정을 짠다. 즉, 진정한 사파리^{safari}(수렵과 탐험을 위한 현장 학습)이다! 퍼실리테이터인 당신은 참가자들이 놀란 점, 기억할 점, 자신에게 맞지 않은 점 등을 기록할 수 있는 필기도구를 준비해야 한다.

★ **준비할 시간이 없다면 진행하면서 한다:** 러닝 엑스퍼디션을 최대한 활용하려면 최선을 다해 준비해야 하는데 여기에는 시간과 에너지가 많이 든다. 이 활동을 사전에 준비할 시간이 없다면 기존의 생각을 버려라! 정보를 기록하고, 사진을 촬영하고 녹음하여 팀과 공유하기에는 당신이 가진 스마트폰으로도 충분할 것이다.

★ **추천하는 다음 단계**: 아이디어를 분류하고 프로토타입을 제작할 아이디어를 채택한다.

★ **도구가 프로젝트팀에 미치는 영향**: 이 활동을 통해 팀원들은 학습할 수 있고 지식의 범위를 넓힐 수 있다. 또한, 개인적으로도 풍요로운 시간이 될 것이다.

★ **더 나아가기**: 러닝 엑스퍼디션 활동 외에도 더 많은 영감을 받거나 탐사하지 못한 장소에 관한 정보를 얻기 위해 도구 27을 활용할 수 있다.

성공을 위한 조언: 러닝 엑스퍼디션은 물자 지원 및 코디네이션에 시간이 많이 빼앗긴다. 만약 시간과 예산이 있다면 외부 협력사에 모든 준비를 맡기는 것이 도움이 될 수 있다.

사례로 보는 도구의 효과

4일의 부트캠프^{Bootcamp}(신병 훈련소나 교도소를 뜻하는 영어 단어지만, 실리콘밸리에서 창업 기업가를 위한 교육 세미나를 뜻하는 단어로 사용함)를 진행하던 중 우리는 도서관에서의 사용자 경험에 관한 주제를 다루었다. 두 참가자인 카트린^{Catherine}과 술래이카^{Souleika}가 자원하여 파리 샹젤리제 거리에 있는 애플 스토어를 탐방하면서 영감을 주는 장소를 직접 체험하기로 했다. 그들은 애플의 콘셉트 스토어에 완전히 몰입하여 안내, 판매 직원과 고객 간 소통, 제품 진열 등이 어떻게 조직되었는지를 배웠다. 다음날 현장 체험 사진 발표를 통해 팀은 아이디어를 위한 관점을 넓힐 수 있었고, 프로젝트에 전환을 가져다줄 수 있었다.

진행 단계

1 영감을 주는 장소와 기업을 방문하거나 도전 과제와 연관된 인물을 만나러 팀과 탐사를 떠나라.

2 많은 아이디어를 얻고 혁신하고자 하는 모든 내용을 적을 수 있도록 관찰과 토론의 시간을 번갈아 반복하여 진행한다.

3 참가자들은 여러 다른 영감 덕분에 떠오른 모든 생각을 포스트잇이나 준비된 필기도구를 이용하여 각자 기록한다.

4 팀과 함께 떠오른 모든 생각을 공유한다.

5 반복되는 내용의 포스트잇을 분류하고, 필요한 경우 문장을 다시 작성하라.

6 이미 창작한 아이디어에 새로운 아이디어들을 추가하라.

아이디어 창출

가지치기 단계

도구 27 혁신 지도 그리기

★ **목표**: 혁신적인 모범 사례를 통해 디자인 씽킹 워크숍 참가자들에게 영감을 주고 아이디어를 풍부하게 한다. 혁신 지도^{Innovation landscape} 활동은 참가자들이 기존 콘셉트에서 영감을 얻어 사고를 풍부하게 하고 아이디어 창출 단계에서 새로운 아이디어를 찾게 돕는다.

★ **설명**: 기업 모델, 사용자 모델 또는 혁신 제품 모델을 집약한 자료다. 혁신 지도 그리기는 단순한 벤치마크^{benchmark}(기준, 경제 주체가 자신의 성과를 높이기 위해 세우는 참고의 대상이나 사례를 정하는 행위)나 경쟁사 분석을 넘어선 활동으로, 관련 분야에서 얻는 영감뿐만 아니라 B2B^{Business to Business}(기업과 기업 사이에 이루어지는 전자상거래)와 B2C^{Business to Consumer}(기업과 소비자 간에 이루어지는 전자 상거래)를 포함한 관련 분야 밖의 사례, 국내 및 해외 사례까지 포함한다.

★ **팀원 외 초대자**: 영감을 주는 기업/기업인, 전문가, 사용자, 프로젝트팀

★ **필요한 물품**: 영감을 주는 자료(A4, A3 크기 인쇄물 또는 영감 게시용 판), 블루택, 포스트잇, 펜

★ **워크숍 전 필요한 준비사항**: 워크숍의 도전 과제를 정하라. 우선 워크숍의 틀을 짤 때 도전 과제, 활동 범위, 결정된 도출 제품을 기반으로 해야 한다. 주제와 직접 관련성이 있는 혁신 지도를 만들기 위해서는 이러한 요소들을 이해하는 것이 중요하다.

  - **대상을 혁신적으로 만드는 것을 찾아라.** 주제를 명확하게 정한 이후, 영감 목록을 작성한다. 큰 범위의 영감 또는 주제가 떠오르기 시작할 것이다. (예시: 새로운 비즈니스 모델, 애플리케이션, 고객 서비스, 신기술 등) 연관 주제를 찾아

라. 주요 주제를 정한 후에는 이것에서 벗어나지만, 연관성이 있는 모범 사례
들을 찾아야 할 때이다. 연관 주제가 전체 영감의 반을 차지해야 한다. 관련
분야 외에서 찾아야 하므로 많은 경우 이 단계를 더 어려워한다.

- **형식으로 표현하라.** 혁신 지도는 인터넷 사이트 링크를 나열한 것이 아니다.
이와는 반대로 참가자들의 사고를 촉진하고 그 폭을 넓히기 위해서는 세상
에 나온 혁신 신기술을 분석하고 이해해야 한다. 기업의 이름, 기업 사이트 링
크, 기업의 가치 제안을 정리한 한두 문장, 당신의 주제와 연관된 기능 이미지
를 복사한 스크린 숏screen shot을 나열하고 혁신 신기술을 종합적으로 정리
하여 짧게 쓴다. 마지막으로 편집과 디자인을 활용해 혁신 디자인을 발표 자
료를 완성한다. 사실 우리가 사는 21세기에서는 시각적 아름다움이 눈길을
끈다. 우리 회사, 클랩의 생태계에서 내용과 형식은 모두 중요하다.

★ **준비할 시간이 없다면 진행하면서 한다:** 이 활동을 사전에 준비할 것을 강력하
게 추천한다. 그러나 정말로 시간이 없었음에도 워크숍에서 혁신 지도 그리기
를 진행하는 것이 타당하다고 생각한다면 참가자들에게 15분을 주고 인터넷
에서 영감을 주는 내용을 찾게 하라. 그리고 참가자들이 순서대로 발표하면서
아이디어 창출 단계의 내용을 풍성하게 할 수 있을 것이다. 인터넷에서 "번개
발표Lightning talk(2분 내로 하는 매우 짧은 발표)"를 찾아보면 이 대안 방식에 관
해 상세한 내용을 찾아볼 수 있을 것이다.

　　　　********

★ **추천하는 다음 단계:** 보통 다음 단계는 아이디어를 분류하고, 프로토타입으로
제작할 아이디어를 채택하기 위해 수렴한다.

★ **도구가 프로젝트팀에 미치는 영향:** 혁신 지도는 유사한 방식을 찾을 수 있도록
혁신 프로세스를 이해하게 만든다. 또한, 이 활동은 해결책을 만들어 내는 아
이디어 창출 단계를 더 잘 진행할 수 있도록 프로젝트팀을 자극하고 생각을
풍부하게 해 준다.

★ **더 나아가기:** 주제에 따라 분류한 혁신 신기술을 한눈에 볼 수 있게 세미나실 곳곳에 붙이는 것 외에도 영감을 주는 인물을 초대해 직접 이야기할 수 있다. 언제나 토론은 훨씬 생산적이다.

성공을 위한 조언: 모든 워크숍에서 혁신 지도 그리기 준비가 필요하다. 혁신 지도는 다루는 도전 과제에 따라 그 규모가 어느 정도 크다. 전자상거래 판매의 사용자 경험을 대대적으로 개선하는 과제처럼 매우 실용적인 것과 석유 굴착 장치의 정보시스템을 대대적으로 개선하는 과제처럼 덜 구체적인 것 할 것 없이, 각 과제는 아이디어 창출 단계에 들어가기 전에 최고의 모범 사례와 신제품을 알아볼 필요가 있다. 그리고 무엇보다도 범위를 경쟁사로만 제한하지 말라!

혁신 지도의 조사 영역이 아닌 것:

- 벤치마크
- 인터넷 사이트 링크나 캡처된 화면 목록
- 제품이나 서비스에 대한 사용자 리뷰
- 분류하지 않은 사용자나 전문가 인터뷰

사례로 보는 도구의 효과

업무 향상을 위한 소통 개선을 목표로 재조직된 IT 팀과 진행한 워크숍의 예이다. 이 워크숍에서 혁신 지도 그리기 활동은 팀이 해결책을 개발하고 실행할 수 있게 도왔다. 팀에게 영감을 주는 사례들은 경영 방식부터 기업 조직의 새로운 모델, 기업 복지 등 다양한 내용을 아울렀다.

진행 단계

1 팀에게 여러 영감을 찾을 것을 제안한다.

2 참가자들은 영감을 통해 찾은 모든 아이디어를 포스트잇 또는 준비된 필기도구를 이용하여 각자 작성한다.

3 모든 새로운 아이디어를 팀과 공유한다. 참가자들에게 반복되는 내용의 포스트잇을 분류하게 하고, 필요할 경우 문장을 다시 써보게 한다.

4 팀은 이전 아이디어에 새로운 아이디어들을 추가한다.

아이디어 창출
가지치기 단계
도구 28
자유로운 아이디어 창출

★ **목표:** 다른 참가자들의 제안을 참고하여 각자의 생각을 풍성하게 하며 개인적으로 또는 협업으로 아이디어와 해결책을 찾아낼 수 있다.

★ **설명:** 아이디어 창출은 아이디어를 찾기 위해 사고를 조직하는 것이다. 이 활동은 여러 다른 상황에서 문제를 해결하거나 어떤 일을 계획할 때 유용하다.

★ **워크숍 전 필요한 준비사항:** 자유로운 아이디어 창출 단계에 분명한 목표가 있어야 한다. 많은 경우 아이디어 창출 목표는 몰입 단계에서 도구 25의 "어떻게 하면 좋을까?"를 통해 도출할 수 있다.

****

★ **추천하는 다음 단계:** 제한된 아이디어 창출 도구를 시도해 보거나 도구 32를 활용하라. 아직도 꺼내야 하는 아이디어가 많다!

★ **도구가 프로젝트팀에 미치는 영향:** 자유로운 아이디어 창출은 각 팀원이 자유롭게 표현할 수 있게 하며, 협업의 측면에서 팀워크를 강화한다.

★ **더 나아가기:** 아이디어 창출 단계의 틀을 짜고 참가자들의 창의성을 자극하는 도구와 활동이 많다. 그러므로 호기심을 갖고 찾아보라.

성공을 위한 조언: 최상의 효과를 얻기 위해서는 아이디어를 모두 벽에 게시할 수 있는 충분한 공간이 있는 최적의 장소에서 아이디어 창출 활동을 진행하라. 모든 참가자가 사고 프로세스에 참여할 수 있으려면 각 참가자가 게시 공간에 쉽게 접근할 수 있어야 한다.

진행 단계

1
사고의 틀을 마련하라. 자유로운 아이디어 창출 단계의 목적이 무엇인가? 활동의 목적을 모두가 볼 수 있는 곳에 적어두고 전체 참가자들이 이해할 수 있어야 한다. 일반적으로 아이디어 창출 단계를 시작하기 위해 "어떻게 하면 좋을까?" 질문을 활용한다.

2
자유로운 아이디어 창출을 잘 시작하려면 팀의 운영 규칙을 상기시켜야 한다 (또는 참가자들이 더 잘 지킬 수 있도록 규칙을 직접 추가하게 할 수 있다). 여기에서 디자인 기업 아이디오가 제안한 규칙을 그대로 소개한다.

- 판단하지 말라. 우리는 어디에서 좋은 아이디어가 나올지 절대로 모른다. 떠오르는 모든 생각을 자유롭게 말하라. 주저하지 말고 타인의 아이디어에서 아이디어를 얻어라.
- 기상천외한 아이디어를 장려하라. 우스꽝스럽고 별난 아이디어를 생각할 때는 기술이나 자재와 같은 제약을 고려하지 않는 경향이 있다. 낙관적인 태도를 갖춰라. 그리고 타인의 아이디어에서 영감을 얻어라. "그렇다. 그리고…"라며 생각을 전환하라.
- 주제에서 벗어나지 말라. 대상이 대화의 중심에서 벗어나지 않도록 노력하라. 그렇지 않으면 당신이 고안하려고 하는 것과 멀어질 수 있다. 계속하여 대화하라. 만약 모든 이가 새로운 아이디어를 제안한 사람에게 큰 관심을 보인다면 당신의 팀은 한 아이디어를 지지하고 창조적인 도약을 할 가능성이 크다.
- 시각화하라. 워크숍에서 생각하는 활동을 할 때는 포스트잇에 적어 누구나 볼 수 있도록 벽에 붙여라. 생각을 그림으로 표현하는 것보다 더 빠르게 생각을 전달하는 방법은 없다. 당신이 화가 렘브란트 반 레인 Rembrandt van Rijn(네덜란드의 대표적 화가)이 아니어도 괜찮다!
- 질이 아닌 양을 선택하라. 새로운 아이디어들을 최대한 많이 생각해 내라. 자유로운 아이디어 창출 활동을 잘하면 1시간에 100가지 아이디어를 얻을 수 있다.

- 아이디어를 빠르게 발전시키고 가장 좋은 아이디어들만 사용하라.

3 아이디어 창출 방법이 닫힌 또는 열린 방법인지 정하라. "닫힌" 방식은 이를 테면 5분의 시간을 주고 각자 포스트잇에 생각을 적은 후 팀과 함께 아이디어를 공유하는 방식을 뜻한다. "열린" 방식은 모든 참가자가 참여하면서 아이디어가 나올 때마다 공유하면서 써나간다. 이 두 방식 모두 장점이 있다. 열린 아이디어 창출은 따로 공유하는 시간을 가질 필요가 없고, 무엇보다도 처음부터 팀의 장점을 살릴 수 있다. 시간이 부족할 때 유용하다. 그리고 닫힌 아이디어 창출은 모두가 (특히 가장 내성적인 사람들도) 확실히 참여할 수 있고, 한 사람만 계속 말하는 상황을 피할 수 있다는 장점이 있다.

4 아이디어를 포착할 시간을 준비하라. 참가자들에게 포스트잇을 나누어주고, 포스트잇 한 장에 하나의 아이디어를 쓰도록 한다.

5 주어진 시간을 명시한 후, 자유로운 아이디어 창출 활동을 시작하라. 모든 아이디어를 벽에 붙여 공유해 팀원들이 넓게 생각할 수 있도록 해야 한다.

사례로 보는 도구의 효과

뱅상이 우리에게 잊을 수 없는 경험을 공유했다. 한 요식업체와 디자인 씽킹 워크숍을 할 때였다. "우리는 몰입 단계를 거친 후 자유로운 아이디어 창출의 첫 단계를 시작했다. 나는 팀에게 사용자 관련 문제를 해결할 수 있는 제품 또는 서비스 아이디어 다섯 개를 개별적으로 찾아보라고 지시했다. 그런데 지역 판매 담당자였던 한 참가자는 쉽게 아이디어를 찾을 수 없었다. 그는 나에게 자신이 창의적이지 않다고 고백했다. 그런데 실제로 창의성을 가로막는 주요 원인 중 하나가 바로 창의적이지 않다고 생각하는 것이다. 상상력의 문을 열어주는 바른 접근 방식을 찾기 위해서는 여러 다른 아이디어 창출 도구를 바꾸어가면서 진행해야 한다. 그래서 나는 자유로운 아이디어 창출을 끝내자마자 제한된 아이디어 창출을 시도했다 (참조-도구 31). 도구를 바꾸자마자 그는 쉽게 아이디어를 떠올릴 수 있었고, 우리는 그를 멈출 수 없었다!"

아이디어 창출

가지치기 단계
도구 29 크레이지 8

★ **목표:** 프로젝트에 유용한 새로운 면들을 찾아내면서 최대한 많은 아이디어를 창조하게 한다.

★ **설명:** 여기에서는 매우 짧은 시간 동안에 많은 해결책을 상상해야 하는 상황에서 나오는 아드레날린(흥분 호르몬)을 활용한다.

****

★ **추천하는 다음 단계:** 빠르게 진행하는 프로토타이핑 도구를 활용하여 팀이 공동으로 아이디어를 계속해서 발전하도록 한다. 예를 들면, 가장 많은 표를 받은 아이디어 세 개는 관련 광고 포스터를 제작하면서 더 발전시킨다(참조-도구 38). 이 활동에서 우리가 관심을 두는 것은 명확한 가치 제안을 조금 더 연구하는 것이다.

★ **더 나아가기:** 만약 시간이 있고 참가자 수가 적절하다면, 주저하지 말고 활동을 반복하여 더 풍부한 아이디어 은행을 만들라!

성공을 위한 조언: 마감이 몇 분밖에 남지 않았다는 것을 알아챈 순간이 가장 효율적이라는 말이 있다. 1분 동안 8개의 아이디어를 창조해야 하는 "크레이지 8 Crazy 8" 도구가 바로 이 콘셉트를 반영한 것이다.

사례로 보는 도구의 효과

"나는 이미 아이디어가 있어요. 아이디어를 여덟 개나 다시 생각할 필요가 없다고요!" 우리가 워크숍에서 크레이지 8 활동을 하려고 할 때마다 이 말을 얼마나 많이 들었는지 모른다. 그런데 참가자로부터 이 말을 들었다면 더욱더 이 활동을 제안해야 한다! 첫 번째로 얻은 아이디어가 좋은 경우는 거의 없을 뿐만 아니라, 전체 숲을 가린다. 그리고 참가자들이 아이디어를 공유할 때 새로운 아이디어들이 나오는 것을 보면 반항하던 사람들은 금방 수긍을 한다.

진행 단계

1 팀에게 워크숍의 대상을 짧게 소개한다. 어떤 주제에 관해, 어떤 문제를 해결하기 위해 이 작업을 하는가? 또한, 필수적으로 사용자가 프로세스의 중심에 있어야 함을 상기시킨다. 목적을 분명하게 설명한 다음에 펜을 나누어 주고, 종이는 세 번 접은 후 펼쳐서 칸 8개를 만든다.

2 참가자들에게 1분 만에 아이디어 8개를 찾을 것을 제안한다. 이 활동의 목적은 팀원 모두가 많은 아이디어를 찾아내는 것이다. 아이디어 창출 단계에서는 질보다는 양에 집중한다는 사실을 상기하라.

3 1분이 지나면, 각 참가자에게 가장 좋은 아이디어 두 개를 발표하게 하라. 여기에서도 아이디어 발표 및 질의응답 시간에 제한을 두어 활동의 효과를 보장하라.

4 모든 아이디어를 발표하고 벽에 붙인 후에는 토론해라. 어떤 아이디어들이 눈에 띄는가? 그리고 그 이유는 무엇인가? 모든 참가자가 자신의 선호도와 의심을 표현하는지 주의 깊게 살펴라.

5 각 참가자에게 스티커 두 개를 나누어주어 가장 타당해 보이는 아이디어 한 개, 또는 여러 개에 투표하게 하라. 투표로 가장 좋은 아이디어를 가려낼 수 있다.

아이디어 창출
가지치기 단계
도구 30 보노의 모자

★ **목표:** 새로운 아이디어를 개발하고자 하는 의지를 갖고 여러 다른 사고방식을 사용할 수 있다. 하나의 같은 문제를 살펴보면서 전통적인 사고방식과 사고의 충돌에서 벗어난다. 이러한 방식은 더욱더 완벽한 관점을 갖게 해 주며, 익숙하지 않은 새로운 아이디어를 검열하는 태도를 지양할 수 있다.

★ **설명:** 같은 문제를 해결한 하나의 새로운 아이디어를 발전시키는 활동 도구다. 활동의 원리는 팀이 순서대로 조직적인 관점, 중립적인 관점, 창의적인 관점, 정서적인 관점, 부정적인 비판적 관점, 긍정적인 비판적 관점으로 문제를 다루는 것이다. 팀이 여러 단계를 거치는 가운데, 각 팀원은 항상 같은 관점을 공유한다.

★ **필요한 물품:** 판지 1개, 포스트잇 여러 개

(선택) 6색 모자(흰색, 빨간색, 검은색, 노란색, 파란색, 녹색)

★ **워크숍 전 필요한 준비사항:** 판지를 준비한다.

★ **추천하는 다음 단계:** 이 활동은 분명히 가지치기 단계이다. 그러므로 "스티커 투표", "보관하기-버리기-시작하기", "XY 행렬"과 같은 수렴하기 단계와 연계하는 것을 강력히 추천한다(참조-도구 34, 35, 37).

★ **도구가 프로젝트팀에 미치는 영향:** 참가자들이 오로지 하나의 사고방식으로 토론한다.

★ **더 나아가기:** 에드워드 드 보노^{Edward de Bono}(의사 겸 심리학자)의 《생각이 솔솔 여섯 색깔 모자^{Six Thinking Hats}》(정대서 역, 한언)를 추천한다.

성공을 위한 조언: 모자를 사용하면 워크숍이 정말로 즐거워진다! 다른 모자로 바꾸기 전에 참가자들이 정보를 소화할 수 있도록 5분 동안 생각할 시간을 주어라.

가능하면 도전 과제와 직접적으로 연관된 아이디어와 의견만 남겨두라.

사례로 보는 도구의 효과

어떤 워크숍에서 부정적인 참가자가 한 명 있었다. 당연히 같은 회사에서 진행했던 프로젝트와 관련된 그만의 이유가 있었다. 우리는 과장과 자조를 사용하면서 노란색 모자를 활동이 끝날 때까지 쓰도록 설득했다. 노란색 모자는 긍정적인 비판을 상징하는 모자이다. 그는 부정적인 말을 하지 않기로 은연중에 동의하였고, 우리는 이 새 프로젝트를 무사히 궤도에 올릴 수 있었다.

진행 단계

1 이 아이디어 창출 단계를 시작하려는 주제/문제를 팀과 공유하라(참조-도구 25). 우리가 제안하는 이 도구는 기존의 해결책에 새로운 방향을 제시하려고 할 때 유용하다.

2 (모자가 있다면) 색깔별로 모자를 나눠주어라. 또는 색깔 포스트잇과 같이 대용품을 사용할 수 있다.

3 문제를 주제로 토론할 때에는 항상 파란색 모자(사고의 조직화)로 시작하기를 조언한다. 파란색 모자는 틀을 제시하고, 문제에 공감하고, 실제로 일어나는 과정을 설명하는 것을 목표로 한다. 오직 파란 모자 방식으로만 반응하고 토론에 참여할 것을 요청하라.

4 이어서 다른 색깔의 모자를 선택하면서 토론을 이어나가라. 색깔의 의미는 다음과 같다.

- 하얀색 모자는 중립성을 상징하며 사실을 보여주기 위한 수치 및 정보를 공유하게 한다. 또한, 놓칠 수 있는 정보를 짚을 기회이다. 팀이 함께 사실을 확인할 수 있다.
- 녹색 모자는 창의성을 상징하며 제약 없이 자유롭게 떠오르는 모든 아이디어를 표현하게 해 준다.
- 빨간색 모자는 감정을 상징하며 참가자들에게 가장 감동을 주는 아이디어가 무엇인지 알게 해 준다. 감정에 직관, 욕망, 열정 같은 요소를 추가할 수 있다.
- 검은색 모자는 부정적인 비판을 상징하며 실현된 창의적인 아이디어들에 이의를 제기할 수 있다.
- 노란색 모자는 긍정적인 비판을 상징하며 검은색 모자가 비판했던 아이디어들, 즉 가장 많은 영감을 준 아이디어들을 발전시킬 수 있다.

5 내용을 종합하고 다음에 진행할 단계를 명확하게 알게 해 줄 파란색 모자로 활동을 마쳐라.

아이디어 창출
가지치기 단계
도구31
제한된 아이디어 창출

★ **목표:** 아이디어 창출 단계에서 상상력을 자극하고 예상치 못한 방향으로 인도한다.

★ **설명:** nod-A가 소개한 도구로, 제약이 있는 아이디어 창출 단계이다. 제약은 조건문 형식으로 표현될 수 있다. "그리고 만약… 당신의 해결책을 2주 안에 실행해야 한다면?" 기술, 대상, 장소, 시간… 수많은 가능성이 당신에게 다가와 생각의 가치를 뻗게 해 줄 것이다.

★ **필요한 물품:** 포스트잇, 펜, nod-A가 제공하는 자료: http://bit.ly/et_si

★ **워크숍 전 필요한 준비사항:** 다음 세 종류의 문장 구조의 도움을 받아 제약을 만들 수 있다.

- 제약을 설정하는 문장: "그리고 만약… 당신의 해결책이 물체라면?"
- 제약을 제거하는 문장: "그리고 만약… 예산에 제약이 없다면?"
- 사고를 전환하는 문장: "그리고 만약… 당신이 스티브 잡스라면?"

이러한 방법으로 시간, 예산, 대상, 질, 자원 등과 관련된 제약을 찾을 수 있을 것이다.

★ **준비할 시간이 없다면 진행하면서 한다:** 대부분 주제에 잘 어울리는 적합한 제약들이 있다. 만약 적당한 조건문을 준비할 시간이 없다면 nod-A가 제공하는 자료를 참고하라.

****

★ **추천하는 다음 단계:** 보통 프로토타입을 제작할 아이디어를 채택하기 위해 아이디어 분류와 수렴하기 단계로 넘어간다. 예를 들어 "보관하기-버리기-시작하기"를 활용하라(참조-도구 35).

★ **도구가 프로젝트팀에 미치는 영향:** 제한된 아이디어 창출은 아이디어 창출 단계에서 상상력을 자극하고 풍부하게 하며 독창적인 태도를 갖게 한다.

★ **더 나아가기:** 구체적인 주제(고객의 경험, 새로운 업무처리 방식, 지속할 수 있는 혁신, 새로운 비즈니스 모델 등)와 연관된 아이디어 창출 단계에서 더 날카롭고 정교한 제약을 만들고 싶은가? 그렇다면 전문가들이 만든 제약 카드놀이를 만나보라. (프랑스어 사이트인 makestorming.com/ideamaker/를 참고하라.)

성공을 위한 조언:
질문은 하나씩 공개하면서 진행 속도를 잘 조절하라. 만약 여러 팀과 동시에 진행한다면 팀들에게 각 조건문에 얼마나 많은 답변을 찾았는지 물어 시간을 분배할 수 있다. ("A팀은 아이디어 3개, B팀은 아이디어 4개, 그리고 C팀은 1개. 더 있나요?")

사례로 보는 도구의 효과

일반적으로 워크숍에서 제한된 아이디어 창출은 참가자들의 사고를 뒤흔든다. 참가자들이 제약 조건에서 영감을 받았거나 받지 않았거나와 상관없이, 이들에게 예상과는 다른 방향으로 가게 하는 것 자체가 익숙한 틀을 벗어나게 만든다. "프로세스 면에서 불가능하다", "집행할 예산이 없다", "이런 것은 한 번도 해 본 적이 없다" 등과 같은 반응을 워크숍에서 자주 들어왔다. 그렇다. 제한된 아이디어 창출에서는 가능한 제약이 무궁무진하다. 그리고 우리가 이 활동에서 관심을 두는 것은 아이디어의 질이 아닌 최대한 많은 아이디어를 창조해 내는 것이다!

진행 단계

1 참가자들에게 순서대로 "그리고 만약…" 조건문을 읽어준다.

2 팀은 2분 이내에 조건문 속 제약을 만족시키는 아이디어를 하나 또는 여러 개 찾아내도록 한다. 조건문을 하나씩 읽고 아이디어를 바로 찾아야 한다. 한꺼번에 여러 조건문을 읽고 해결하지 않은 채 쌓아두지 않는다.

아이디어 창출
가지치기 단계
도구32 스캠퍼

★ **목표:** 아이디어, 콘셉트, 제품 또는 문제를 다른 관점에서 탐구하고 새로운 아이디어를 창조할 수 있다.

★ **설명:** 스캠퍼SCAMPER는 알파벳 약자로, 이 이름 뒤에는 알렉스 오즈번Alex Osborn이 창시자로 알려진 "분쇄 기술"이라고도 불리는 질문하기 방법이 숨겨져 있다. 이 활동은 새로운 아이디어를 창조하는 활동으로, 사고의 폭을 넓히고 팀의 창의성을 깨우기 위해 컴포트 존에서 벗어나는 것이 목적이다. 이 사고 프로세스는 "촉진하는" 일곱 개의 질문들, 즉 SCAMPER 약자를 구성하는 동사 일곱 개 "대체하기Substitute, 조합하기Combine, 적용하기Adapt, 수정하기Modify, 다른 용도로 사용하기Put to other use, 제거하기Eliminate, 재배치하기Rearrange"를 기초로 한다.

★ **필요한 물품:** 게시판, 포스트잇, 연필

★ **워크숍 전 필요한 준비사항:** 효율성을 높이기 위해서는, 각 참가자가 "촉매제"의 사고 틀을 재빨리 이해하도록 일곱 개의 동사를 내포한 질문들을 준비하라.

★ **추천하는 다음 단계:** 새로운 아이디어들을 쏟아낸 후에는 이를 적용하여 제품을 검토하고, 찾아낸 문제를 해결하고, 변화가 전체 프로젝트에 끼치는 영향을 관찰하라.

★ **도구가 프로젝트팀에 미치는 영향:** 스캠퍼 도구는 아이디어 창출 단계에서 팀의 창의성을 자극하여 생각을 진전시키고 막힌 곳을 해결하게 한다.

★ **더 나아가기:** 스캠퍼의 다른 촉진 질문을 추가하여 또다른 접근 방식을 덧붙일 수 있다. 예를 들어, 확대하기^{magnify}(무엇을 추가하고, 확대하고, 넓힐 수 있을까?) 와 뒤집기^{reverse}(문제를 뒤집어 볼 수 있을까? 두 요소의 위치를 바꿀 수 있을까?)가 있다.

성공을 위한 조언: 사고를 촉진하는 각 질문의 범위를 명확하게 정의하는 것이 중요하다. 예를 들어 문제에 알맞은 구체적인 세부 질문을 할 수 있다. 일정한 시간 동안 한 접근 방식으로 제한하고 구체적인 면에 집중하면 참가자들의 창의성을 자극하는 데 도움이 된다.

사례로 보는 도구의 효과

창의성 도구가 지닌 잠재력을 확인하기 위해 소파를 출발점으로 삼아 예를 들어보자.

- 대체하기: 소파를 의자로 대체해 비슷한 용도로 사용할 수 있을 것이다.
- 조합하기: 팔걸이에 탁자를 붙여 기능을 추가할 수 있을 것이다.
- 적용하기: 방수 천을 사용하여 소파를 야외에서도 사용할 수 있을 것이다.
- 수정하기: 필요할 경우 추가 좌석을 만들 수 있도록 쿠션을 더 크고 편안하게 바꿀 수 있을 것이다.
- 다른 용도로 사용하기: 시원한 음료를 제공할 수 있도록 소파 밑에 냉장고를 추가 할 수 있을 것이다.
- 제거하기: 팔걸이를 제거하면 소파를 쉽게 침대로 바꿀 수 있을 것이다.
- 재배치하기: 소파를 펼칠 수 있게 만들면 침대 겸용 소파를 발명할 수 있을 것이다.

진행 단계

퍼실리테이터는 아래의 진행 방식에 따라서 팀을 안내한다.

1 사고의 대상을 찾아 최대한 간단하고 명확하게 적는다. 예를 들어 일반적인 질문 형식인 "어떻게 하면 좋을까?"를 활용할 수 있다.

2 사용하고자 하는 질문을 하나 또는 여러 개 선택하라. 주제에 따라 아이디어 창출 단계에서 각각 개별적으로 사용할 수도 있고 한 번에 모두 사용할 수도 있다.

대체하기: "무엇을 대체할 수 있을까?"

조합하기: "우리는 어떻게 여러 기능을 결합하거나 합칠 수 있을까?"

적용하기: "다른 상황에 적용하려면 어떻게 바꾸어야 할까?"

수정하기: "더 효과적으로 되기 위해서는 어떻게 다시 구성해야 할까?"

다른 용도로 사용하기: "어떤 다른 기능(들)을 제안할 수 있을까?"

제거하기: "단순화하기 위해 무엇을 뺄 수 있을까?"

재배치하기: "더 효과적이기 위해서는 어떻게 재배치할 수 있을까?"

3 팀은 촉진 질문을 바탕으로 새로운 아이디어들을 찾아낸다. (아이디어 1개=포스트잇 1개)

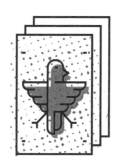

아이디어 창출

가지치기 단계

도구 33 바이오미미카드

★ **목표:** 매우 풍부한 영감의 원천임에도 고려하지 않았던 지구상의 모든 생명체에서 영감을 얻을 수 있다. 우리 주변에 있는 생명체들은 수억 년에 걸쳐 에너지 소비를 최적화하고 자원을 절약하면서 생체 작동 방식을 변화하고 개선해왔다. 자연에서 영감을 얻는 것 외에도 에너지를 적게 소비하는 더 잘 디자인된 제품이나 서비스를 찾아볼 수 있다.

★ **설명:** 자연에서 영감을 얻기 위한 도구로 위타Wiithaa(에코 디자인 에이전시)의 공동 창립자 브리외 사프레Brieuc Saffré가 제안한 것이다. 우리가 "바이오미미크리biomimicry(생체 모방)"라고 부르는 방식이다. 바이오미미카드Biomimicards를 활용하면 이 수준 높은 창작 프로세스를 누구나 활용할 수 있다. 이 도구는 생태계에서 영감을 받은 약 서른 개의 신기술을 담아 구성한 카드놀이다. 여러 다른 자연적인 흐름에 따라 분류한 카드 세트로, 형태 또는 소재에 대해 고민을 하게 한다. 38억 년 동안 연구하고 발전한 생태계의 풍성함에 영감을 받으면 당신은 자연을 관찰하는 감각을 깨울 수 있고, 자연으로부터 에너지 또는 소재를 덜 소비하는 제품이나 서비스를 상상할 수 있을 것이다.

★ **팀원 외 초대자:** 영감을 주는 기업/기업가, 전문가, 사용자, 프로젝트팀

★ **필요한 물품:** 바이오미미카드 사이트(Biomimicards.com), 흰 종이(용지 사이즈는 4명일 경우 A2, 6명일 경우 A1), 각 참가자에게 필요한 연습 종이와 펜

★ **워크숍 전 필요한 준비사항:** 문제점에서 시작하는 것이 기본이다. 많은 경우 고안해야 하는 제품이나 건축물도 출발점이 된다. 도전 과제를 정한 후에는 종이에 배경을 그린다(예를 들어 제품일 경우에는 장소를, 건물일 경우 부지를 그린다).

그리고 참가자들을 위해 활동 내용에 가장 적합한 카드들을 미리 선별해 놓을
수 있다.

★ **준비할 시간이 없다면 진행하면서 한다**: 모든 성공한 워크숍에서 가장 중요한
것은 준비이다. 준비하지 못했다면 바이오미미카드를 여러 다양한 상황에서
영감을 주는 자료로 활용할 수 있다.

★ **추천하는 다음 단계**: 실효성을 확인하기 위해 아이디어를 프로토타입으로 제
작한다.

★ **도구가 프로젝트팀에 미치는 영향**: 바이오미미카드는 각 참가자가 이전에 겪었
던 경험과 관찰한 것들을 상기하게 한다. 사고를 자연과 빠르게 연결함으로써
지구에 사는 생명체들이 지닌 풍부함을 깨닫는다.

★ **더 나아가기**: 바이오미미카드 인터넷 사이트(Biomimicards.com)를 방문해 같은
카드놀이를 사진과 영상으로 소개한 다른 예시나 애플리케이션을 만나 보라.
또는 Asknature.org를 방문해 보자.

성공을 위한 조언: 바이오미미카드는 형태와 소재만 다룬다. 그러나 바이오미미크리는
자연에서 영감을 받아 시스템 작동 방식을 디자인하기도 한다. 그러므로 생태계에서
영감을 받아 아주 적절하게 혁신을 이루어 낸 협동 구조나 최적화 장치를 찾아보라.
그리고 바이오미미카드는 서른 개의 예시만 소개하고 있다. 이는 수많은 비밀과 매우 유용한
꾀를 숨기고 있는 수억 생명체에 비하면 너무나도 적은 숫자이다. 그러므로 망설이지 말고
도전 과제의 필요에 맞추어 당신만의 카드 세트를 만들어 보라.

사례로 보는 도구의 효과

한 고객은 딸기를 포장하기 위해 크라프트지(화학펄프의 일종인 미표백 크라프트펄프를 주원료로 하는 포장용지)만을 재료로 한 생분해성 포장지를 디자인하고자 했다. 그런데 크라프트지를 사용하면 상품을 가려 고객이 상품의 상태를 볼 수 없었다. 우리는 바이오미미카드 활동 후, 상품을 가리지 않으면서 포장을 견고하게 유지하는 형태들을 찾아 목록을 작성했다. 여러 프로토타입을 제작한 후에 우리는 벌집 모양에 집중했다. 벌집 모양은 포장 안에 든 딸기를 볼 수 있게 하고 상점의 불빛도 통하게 하면서도 이동할 때 상자들을 쌓아놓을 수 있다는 장점이 있었다.

진행 단계

1 참가자들에게 바이오미미카드의 원리를 소개하라.

2 첫 번째 카드 세트를 나누어주라. 각 참가자는 자신이 받은 카드를 관찰하면서 문제에 어떤 해결책을 가져다줄지를 고민하는 시간을 갖는다. 참가자들에게 떠오른 생각을 포스트잇에 적게 하라. (아이디어 1개=포스트잇 1개)

3 여러 다른 아이디어를 팀과 함께 공유한다. 돌아가면서 각자의 생각을 발표한다.

4 카드를 다시 나누어주고 아이디어를 공유한다. 이 작업을 총 세 번까지만 반복한다.

5 아이디어들을 종합해 팀이 동의하는 타당한 아이디어 하나로 수렴한다.

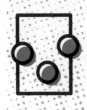
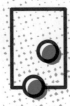

아이디어 창출
수렴하기 단계
도구34 스티커 투표

★ **목표:** 팀의 관점에서 가장 흥미로운 아이디어를 찾아낼 수 있다. 각 참가자의 의견을 경청하면서 견고한 합의를 이루어 낸다.

★ **설명:** 동그라미 스티커를 사용한 투표(영어로 dot voting)에 어떤 시적인 이름을 붙일 수 있을까? 당신도 찾지 못하겠나? 스티커 투표를 팀의 의사 결정 프로세스를 지지하는 도구로 생각하라. 긴 아이디어 창출 활동을 끝낸 후, 또는 구체적인 문제를 두고 급하게 선택해야 할 때(예를 들어, 브랜드의 비주얼 아이덴티티를 대대적으로 바꾸는 디자인 도안을 선택해야 할 때) 매우 효율적일 수 있다.

****

★ **추천하는 다음 단계:** 투표로 단 하나의 해결책을 채택하는 것에 집중하는 것보다는 여러 후보 해결책을 선별하여 다듬어 더 적절한 아이디어 하나로 수렴하여 동의하는 것이 유익할 수 있다. 예를 들면 팀과 함께 가장 많은 스티커 표를 받은 아이디어들을 홍보하는 광고 포스터를 만드는 시간을 가질 수 있다. 광고 포스터를 제작하면서 아이디어가 지닌 가치 제안을 더 깊이 연구한 후 이들 중 우수 아이디어를 채택해 보라(참조-도구 38).

★ **도구가 프로젝트팀에 미치는 영향:** 이 도구는 팀이 효과적으로 합의하는 방법을 배우게 한다. 특히 의견을 적극적으로 내는 참가자들이 의사 결정에 영향을 끼치는 것을 방지하고, 의견 표현에 소극적인 참가자들이 목소리를 낼 수 있도록 격려한다.

★ **더 나아가기:** 과반수의 독단에 빠지지 않고, 최종 결정에 제기된 의견을 경청하는 방법이 유용할 수 있다. 그러므로 이의를 제기하는 참가자들의 의견을 듣고 타당성이 있다면 채택된 아이디어를 수정해야 한다.

팀이 최종적으로 결정한 아이디어가 프로젝트를 위협할 수 있는가? 확실히 위험한 것인가 또는 그럴 가능성이 있는 것인가? 제기된 위험은 결정한 아이디어에서 온 것인가 아니면 이미 존재하고 있었는가? 반대 의견을 경청하고 이를 엄격하게 평가하면 결국 팀이 이룬 합의를 더 강화할 수 있을 것이다.

사례로 보는 도구의 효과

공공 기관을 위해 진행한 한 워크숍에서는 스티커 투표를 활용할 수가 없었다. 왜냐하면, 예상치 못한 효과를 만들 수 있었기 때문이다. 가장 처음 스티커를 붙인 사람이 다른 사람들의 관심을 끌 수 있었고, 마지막 스티커 하나 때문에 투표 결과가 극적으로 뒤집힐 수도 있었다. 그래서 도구의 진행 방식을 바꾸어 비밀 투표를 진행하게 되었다. 참가자들은 동시에 강한 잠재력을 지닌 아이디어 목록이 적힌 투표용지를 사용해 개별적으로 투표했다.

어떤 경우든지 이 도구는 대화의 여지가 없는 최종 투표가 아닌 예비 선발을 위해 진행한다.

진행 단계

1 가장 먼저 모든 사람에게 질문을 하는 것이 중요하다. 이 투표의 목적이 무엇인가? 고려해야 할 특정한 기준들이 있는가? 이처럼 의사 결정 과정에서 제시되는 질문은 모든 참가자에게 명확하고 타당해야 한다.

2 투표할 후보 아이디어들을 선정해야 한다. 전 단계인 아이디어 창출 단계에서 나온 아이디어들을 참가자들에게 나열한다. 의견을 낸 참가자들이 의견을 청

취하고 무작위로 후보작을 선정하지 않도록 모든 아이디어를 후보작으로 삼아야 한다. 모든 참가자가 후보작 전체의 내용을 숙지해야 하고 더 추가할 아이디어가 없음을 함께 확인해야 한다.

3 투표를 시작하라. 개인의 의견이 다른 이들의 결정에 영향을 주지 않도록 침묵 속에서 투표를 진행해야 한다. 이렇게 해야 한정된 시간에 빨리 끝낼 수 있다. 각 참가자에게 같은 수의 스티커를 나누어준다(참가자의 수와 선택지 수에 따라 5~10개). 참가자들은 선택지에 자신이 원하는 수만큼 스티커를 나누어 붙일 수 있다. 즉, 자신이 가장 중요하다고 생각하는 아이디어 하나에 자유롭게 복수 투표를 할 수 있다는 뜻이다. 참가자들은 벽에 게시한 아이디어들에 직접 스티커를 붙인다(개방형 투표).

4 각자가 자신의 의견에 따라 투표를 했다. 이제 토론을 통해 명확한 공동의 결정을 끌어내야 할 때다. 토론을 진행하는 방식에는 두 가지가 있다. 첫 번째 방식은 개방형 토론이다. 이때 가장 많은 표를 얻은 아이디어들뿐만 아니라 가장 적은 표를 얻은 아이디어들에 대해도 토론하게 하라. 각자가 선택한 이유를 발표할 수 있어야 한다. 더 효율적이고 정돈된 토론을 위해서는 각 참가자에게 선택의 이유를 설명하는 30초 발언권을 줄 수 있다. 이때 나머지 참가자들은 질문 또는 첨언을 하거나 반박하지 않는다.

5 토론을 마친 후 두 번째 투표를 진행하라. 여기에서 참가자들은 토론에서 각자가 주장한 내용을 토대로 의견을 바꿀 수 있다. 투표 결과를 통해 아이디어를 하나 또는 여러 개를 채택한다.

아이디어 창출
수렴하기 단계
도구 35 보관하기-버리기-시작하기

★ **목표**: 팀과 함께 만들어 낸 아이디어들을 분류해 프로토타입으로 제작할 아이디어를 결정할 수 있다.

★ **설명**: 수렴하기 도구를 사용해 아이디어를 보관하기-버리기-시작하기Keep-Drop-Start, 세 종류로 분류할 수 있다. 이 도구는 "이노베이션 게임Innovation game"이라고 부르는 툴킷에서 가져왔다. 직접 찾아보기를 추천한다.
(https://en.wikipedia.org/wiki/Innovation_game을 참고하라)

★ **필요한 물품**: 판지 또는 화이트보드, 사인펜

★ **워크숍 전 필요한 준비사항**: 이 도구는 특별히 사전 준비를 할 필요가 없다.

★ **준비할 시간이 없다면 진행하면서 한다**: 라이브로 진행하기가 딱 좋다!

****

★ **추천하는 다음 단계**: 아이디어를 분류한 후에도 그 수가 너무 많다면 더 정교한 수렴하기 도구인 "스티커 투표"를 활용해서 아이디어를 선별하라.

★ **도구가 프로젝트팀에 미치는 영향**: 이 단계는 창작한 아이디어 전체를 더 명확하게 살펴보게 하고 도전 과제에 의미 있는 아이디어들에 집중하게 해 준다.

★ **더 나아가기**: 한 해결책을 "시작하기"보다는 "보관하기"에 넣어야 할 이유를 설명해 줄 기준을 세울 수 있다. 예를 들어, 해결책을 선보이기까지 석 달밖에 주어지지 않았다면, 흥미롭지만 석 달보다 더 많은 시간이 드는 아이디어들은 모두 보관하기에 분류해야 한다. 분류 기준은 워크숍을 시작하기 전에 정해야 한다.

성공을 위한 조언: 주어진 시간을 지키는 것이 중요하다. 우리는 이 단계에서 아이디어를 창출하지 않는다. 아이디어들은 이미 전 단계에서 나왔다. 여기에서는 결정해야 한다. 주어진 15분 안에 언급하지 않은 아이디어는 다루지 않는다는 것을 팀원들에게 알려라. 디자인 씽킹 작업은 신속하게 프로토타입을 완성해 과감하게 현장에서 테스트한다는 것을 의미한다. 그러므로 당신의 아이디어를 신속하게 구체화하는 것에 집중하라.

사례로 보는 도구의 효과

한 인터넷 사이트의 고객 서비스 페이지를 대대적으로 개선하는 목적으로 열린 워크숍에서 우리는 83개의 기능을 찾아냈다. "보관하기-버리기-시작하기" 도구를 활용해 참가자들과 서비스 사용자들에게 이 기능들을 알릴 수 있었다. 최종적으로 우선하여 적용해야 할 개선 아이디어 6개, 그대로 보관해야 할 아이디어 18개를 채택하고, 나머지 59개는 버렸다. 아이디어를 깔끔하게 분류해 얼마나 시원했던지!

진행 단계

1 판지나 화이트보드에 세로줄 세 개를 그어라. 포스트잇 열 개를 붙일 수 있을 정도로 넉넉한 공간을 만들라. 첫 번째 열 맨 위에 "보관하기"를, 두 번째 열에는 "버리기", 그리고 세 번째 열에는 "시작하기"를 적는다. 활동의 목적과 의미를 참가자들에게 설명하라.
- 보관하기: 잠재성을 찾아내기 위해 더 연구해야 할 필요가 있는 것
- 버리기: 당장 사용하지 않고 유보하는 것
- 시작하기: 당장 개발할 준비가 된 것

2 팀과 함께 아이디어를 적은 포스트잇을 하나씩 알맞은 칸에 붙인다. 이전 단계에서 찾아낸 아이디어들을 활용해야 한다. 여기에서 활동의 목적은 개발할 가치가 있는 아이디어들을 채택하는 것이다.

아이디어 창출
수렴하기 단계
도구 36
아이디어를 팝니다

★ **목표**: 실행할 서비스 사업, 제품의 콘셉트나 기능에 관한 아이디어의 우선순위를 팀 전체가 결정할 수 있다.

★ **설명**: "아이디어를 팝니다^Buy me a feature"는 공동의 의사 결정을 이끌고 재미있게 몰입할 수 있는 활동이다(이노베이션 게임 중 하나이다). 이 방법론은 팀이 하나의 의견으로 수렴할 수 있게 해 준다. 여기에서 원리는 재정적인 한계가 있는 상황을 모의로 실험하면서 각 참가자에게 필수적인 아이디어, 선택적이거나 제거해야 할 아이디어에 관해 고민하게 만드는 것이다.

★ **필요한 물품**: 포스트잇, 펜, 화이트보드, 가짜 지폐(모노폴리를 사용할 수 있다), 봉투 여러 개

★ **워크숍 전 필요한 준비사항**: 이전 단계인 아이디어 창출 단계와 몰입 단계에서 언급되었던 아이디어나 기능을 모두 열거하라. 특히 몰입 단계에서 사용자를 직접 만났다면 그 내용을 포함하라. 모두가 볼 수 있는 크기로 표를 그려 활동 중에 바로 칸을 채워 넣는다. 표에 두 열을 그린다. 한 칸에는 아이디어가 지닌 부가 가치를, 다른 칸에는 활동에 즐거움을 주기 위해 허구의 가격을 적는다. 각 아이디어에 해당하는 봉투와 참가자들에게 나누어 줄 가짜 지폐도 준비한다. 작은 단위 지폐를 활용할 수 있지만, 제약을 만들기 위해 나눌 수 없는 큰 단위 지폐를 활용하는 것도 흥미롭다.

****

★ **도구가 프로젝트팀에 미치는 영향**: 이 도구는 설계하는 내내 우선순위가 될 요소들에 관한 관점과 합의를 만들면서 팀을 조절하는 역할을 한다.

★ **더 나아가기:** 이 도구가 유래한 사이트를 직접 방문해 보라: http://bit.ly/ig_
buyafeature

토론 단계에서 의견이 분분하다면, 페르소나의 도움을 통해 의사 결정 과정에
사용자 경험을 중심에 두면서 토론을 중재하라. 가능하다면 결단을 내릴 수
있다.

성공을 위한 조언: 참가자들이 활동에 몰입하면 할수록 이 활동은 성공했다고 할 수 있다.
모든 참가자가 적극적으로 참여하려면 즐거움을 주는 요소, 특히 사용하는 재료에
유의하라. 연필로 가격을 써넣은 포스트잇은 보드게임의 가짜 지폐보다는 아무래도
덜 효과적일 것이다.

사례로 보는 도구의 효과

이 도구를 활용한 활동을 진행할 때 참가자들 사이에 의견이 매우 분분했다. 그래서
우리는 참가자들끼리 토론을 계속할 수 있도록 규칙을 알려준 후 한 시간 후에 다시
돌아오기로 했다. 한 시간 후 다시 돌아오니 참가자들은 애플리케이션을 위해 우선
으로 선택해야 할 기능들에 가짜 지폐를 나누어 내는 활동을 끝낸 후, 커피를 마시
며 여전히 열정적으로 대화하고 있었다. 종종 우리는 복잡한 상황에서도 스스로 해
결하고 재정립하는 팀의 역량을 간과한다. 토론에 호의적인 분위기를 유지해 주고
좋은 도구를 제안하는 것만으로도 워크숍을 성공으로 이끌 수 있다.

진행 단계

1 참가자들에게 표 안에 각 아이디어 또는 일부가 지닌 부가 가치를 적도록 제안한다. 그리고 실질적인 기준에 비추어 1에서 10까지(1, "쉽게 실행할 수 있고 필요한 자원이 거의 없다"부터 10, "복잡하고 비용이 많이 드는 프로세스"까지) 허구의 가격을 매긴다.

2 각 점수를 100으로 곱한 후 총액을 계산한다. 그리고 총액보다 낮은 공동 예산을 정한 후 각 참가자에게 똑같이 나누어준다. 활동의 목표를 설명한 후 "쇼핑하기"를 제안한다. 각자는 자신이 투자하고 싶은 아이디어에 돈을 배당해야 한다. 그리고 결과를 숨기기 위해 준비한 봉투 안에 지폐를 넣어둔다. 이 단계를 진행하는 동안 참가자들은 대화하면 안 된다. 표에 적힌 숫자만큼 돈을 얻어야 프로젝트에 포함할 수 있다. 만약 거둔 총액이 정한 숫자보다 높다면, 이 아이디어는 더 주의 깊게 살펴보아야 한다. 그리고 숫자에 거의 가까운 금액을 거두었다면 아이디어는 채택하겠지만 최상의 질을 갖지는 못할 것이다. 마지막으로 총액이 예상 금액보다 적은 아이디어는 완전히 프로젝트에서 제외될 것이다.

3 모든 참가자가 예산을 모두 나누어 각 아이디어 봉투에 담았다면 이제 봉투를 개봉하라. 각자가 봉투를 개봉하면서 봉투의 총액과 함께 자신이 배당한 금액과 이유를 발표할 수 있다. 이런 방식으로 참가자들이 토론을 시작하거나 선택의 이유를 설명하고 주장하면서 우선해야 할 아이디어들에 대해 합의하고 공동의 관점을 형성할 수 있다.

4 토론을 거친 후에는 두 번째 "쇼핑"을 제안하라. 이번에는 공동으로 진행하면서 어느 정도 형성한 합의를 확인하라. 아이디어들에 예산을 배분하면서 우선순위 목록을 작성할 수 있다. 이 목록을 바탕으로 아이디어의 중요성을 알아보고 프로젝트에 포함할 기능을 찾아낼 수 있다.

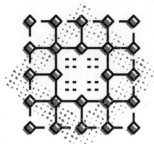

아이디어 창출
수렴하기 단계
도구37 XY 행렬

★ **목표**: 아이디어 사이의 관계를 조정하면서 행렬에 따라 분류한다. 이 활동의 목적은 가장 흥미로운 아이디어를 부각하면서 아이디어 사이의 상관관계를 탐구하는 것이다. 행렬을 활용해 비교와 대조를 하고 새로운 관점을 갖게 한다(예를 들어 설명하자면, 두 아이디어를 결합한 짝을 그래프 위에 한 점으로 찍을 수 있다).

★ **설명**: 아이디어를 생각해 내는 아이디어 창출 활동을 하면 탁자 위에 수많은 아이디어가 쌓여 있을 것이다. 따라서 아이디어 창출을 잘 마무리하려면 반드시 효과적으로 아이디어를 분류해야 한다. 행렬은 두 기준을 기반으로 하는 시각적 분류 시스템이다. 가로축(X)은 사용자에게 해결책이 줄 수 있는 잠재력을, 세로축(Y)은 기술적인 실행 가능성이다.

★ **필요한 물품**: 아이디어를 명확하게 기재한 포스트잇, XY 축을 그린 화이트보드

★ **추천하는 다음 단계**: 기술적 실행 가능성과 잠재력 면에서 가장 활용하기 좋은 아이디어들을 분류해 모아 둔다.

★ **도구가 프로젝트팀에 미치는 영향**: 팀과 공유하는 일관된 기준에 맞추어 활용성이 가장 큰 아이디어들을 빠르게 찾아낼 수 있다.

★ **더 나아가기**: 행렬 타입의 도구는 타당한 기준에 맞추어 아이디어를 분류할 수 있게 돕는다. 여러 다른 기준(효과/노력, 효과/위험성, 가치/노력 등)을 대입할 수 있을 것이다.

성공을 위한 조언: 기업의 도전 과제에 적합한 또는 아이디어와 가장 동떨어진 요소들로 축을 다양하게 바꾸어보라.

사례로 보는 도구의 효과

이 도구를 사용했던 가장 최근의 사례에서는 워크숍을 진행했던 회사의 기밀실^{War Room}(여기에서는 프로젝트 회의실)에 전체 아이디어를 분류한 XY 행렬 표가 걸려 있었다. 프로젝트 진행이 부진했던 시점에서 한 팀원과 함께 그래프 앞을 지나가던 중에, 우리는 초기에 채택되지 않았던 한 아이디어에 시선이 꽂혔다. 프로젝트가 맞은 국면을 고려할 때, 이 아이디어가 가장 적합해 보였고 팀은 프로젝트의 방향을 전환하는 계기를 찾았다.

진행 단계

1 각 아이디어를 포스트잇에 적었는지 확인한다. 그리고 참가자들에게 화이트보드에 그린 그래프를 소개한다. 가로축(X)은 사용자에게 해결책이 줄 수 있는 잠재력을 뜻하고, 아이디어가 그래프 바깥쪽(오른쪽)으로 표시될수록 잠재력이 약하다고 설정한다. 세로축(Y)은 아이디어의 기술적인 실행 가능성을 뜻하며, 아이디어가 표의 바깥쪽(위쪽)으로 표시될수록 실행 가능성이 별로 없다고 설정한다. (여기에서 사용하는 표는 원점이 0인 수학적인 좌표평면이 아니라 행렬표이다.) 그러므로 그래프의 끝에 표시된 아이디어들은 제외될 것이다.

2 팀과 함께 모든 포스트잇을 그래프에 붙인다. 포스트잇을 붙이는 시간은 토론하는 시간이기도 하다. 어떤 아이디어들이 제외되었는가? 그래프 위에 나란히 놓인 아이디어를 결합하여 새로운 아이디어를 만들 수 있는가? 상반되는 아이디어를 결합할 수 있는가?

3 활동을 마치면 기준에 따라 분류한, 더 연구할 가치가 있는 흥미로운 아이디어들을 그래프에서 볼 수 있다. 그래프를 작성하거나 화이트보드를 사진으로 찍어 고민 끝에 도출한 결론을 기록하라.

프로토타이핑

"프로토타이핑이 좋기는 하지만, 내 경우에는 적용이 안 돼요." 뒤에 이어지는 도구들을 자세히 본 후에는 이런 말을 더는 하지 못할 것이다. 이는 아무리 반복해도 질리지 않는다. 모든 것을 프로토타이핑할 수 있다!

우리는 당신에게 다음의 목적을 달성할 도구들을 제안한다.

- 팀 내 의견을 정비하고, 콘셉트를 구체화한다.
- 사용자와 함께 아이디어가 지닌 가치 제안이 유효한지 확인한다.
- 해결책을 공식화하고 내부팀을 설득한다.
- 상상한 새로운 경험을 모의실험한다.
- 구현implementation을 준비한다.

당신의 목표와 주제에 따라 프로토타이핑을 준비해서 기업에는 아직 잘 알려지지 않은 실험을 시작해 보라. 당신은 이 집대성의 단계를 활용하면서 팀들이 메이커maker(이 개념은 용어 사전에서 확인할 수 있다)의 태도를 갖추고 더 적극적으로 참여하는 태도를 배울 수 있게 도와준다.

충분한 원동력을 갖추고 프로토타입을 시작할 수 있도록 두 가지 조언을 하겠다.

- 프로토타입을 만드는 데 너무 이른 시기란 없다. 당신이 구체화하고자 하는 아이디어를 아직 의심한다고 할지라도 가장 좋은 시도는 바로 직접 만들어 보는 것이다. 프로토타입을 제작함으로써 당신은 구체적인 방법으로 아이디어를 고

민할 수 있고, 어떻게 아이디어를 개선할 수 있을지를 더 잘 이해할 수 있을 것이다.

- 너무 긴 시간을 들이지 말라. 프로토타이핑은 속도전이다. 프로토타입을 제작하는 데 시간을 많이 쏟을수록 당신은 아이디어에 더 애착을 갖게 될 것이다. 그렇다면 결과적으로 테스트 단계에서 듣게 될 사용자의 피드백을 객관적으로 받아들이지 못하게 될 것이다.

팀의 노선 정비하기, 콘셉트 구체화하기

이 하위 목록에 속한 도구들은 당신이 프로토타입으로 제작할 수 있는 가장 최소한의 것으로 생각할 수 있다. 여기에서 얻는 결과물은 관리자에게 아이디어를 발표하거나 팀과 토론을 시작할 수 있는 첫 번째 기본 자료가 될 것이다.

- **도구 38 광고 포스터**
- **도구 39 포장 박스 디자인**
- **도구 40 인터페이스 스케치**

아이디어의 가치 제안이 유효한지 확인하기

당신의 아이디어를 인터넷상에서 빠르게 테스트하고 싶은가? 랜딩 페이지는 간단하고 빠르고 효과적으로 당신의 아이디어를 웹에서 구현할 수 있는 도구이다.

- **도구 41 랜딩 페이지**

해결책 공식화하기, 팀 설득하기

아이디어를 사용자와 직접 테스트하기 전에 조직 구성원들을 먼저 설득해야 하는 경우가 있다. 다음에 소개하는 도구들은 당신의 협력자들을 설득하는 방법을 제공한다.

- 도구 42 스토리보드
- 도구 43 비즈니스 모델 캔버스
- 도구 44 화성인 설득하기

새롭게 상상한 경험을 모의실험하기

제품 또는 서비스를 막대한 비용이나 많은 시간을 들이는 부담이 큰 개발 과정 없이 (거의) 실제 조건으로 만드는 것만큼 좋은 것이 있을까? 만약 당신이 실물 크기의 프로토타입 또는 역할극 도구를 활용한다면 이를 이루어 낼 수 있을 것이다.

- 도구 45 역할극
- 도구 46 스크린 모형
- 도구 47 실물 크기의 프로토타입

구현 준비하기

이미 스토리보드, 스케치 또는 실물 크기의 프로토타입을 통해 해결책을 테스트해 보았는가? 그렇다면 다음 단계로 넘어가 팀과 함께 한 단계 낮은 시제품을 제작하면서 한 발 더 나아가라.

· 도구 48 시제품 제작

프로토타이핑

**팀의 노선 정비하기,
콘셉트 구체화하기**

도구 38 광고 포스터

★ **목표:** 프로젝트의 가치 제안을 테스트한다. 주의하라. 이 활동에서 광고 포스터는 제품이 어떻게 작동하는지 설명하기 위한 것이 아니다! 그러므로 도표나 동작을 자세히 설명하는 문구를 넣지 않는다. 포스터는 단순하면서도 흥미를 끌어야 한다.

★ **설명:** nod-A(창의적인 결과를 얻는 데 필요한 도구와 교육을 제공하는 에이전시)가 제안한 도구이다. 강한 메시지와 영감을 주는 이미지로 주요 대상 고객의 관심을 끈다.

★ **필요한 물품:** 포스트잇, 펜, nod-A가 제공하는 자료(다운로드): http://bit.ly/affichepublicitaire(링크를 클릭하면 광고 포스터 서식이 있다.) 링크의 내용은 아래와 같다.

• 제품의 캐치프레이즈catchphrase(타인의 주의를 끌기 위해 내세우는 기발한 문구), 제품 설명 및 상품이 고객 또는 최종 사용자에게 제공할 이익이 무엇인지 세 문장으로 기술하라.

• 제품명

• 제품 슬로건slogan 로고

★ **워크숍 전 필요한 준비사항:** 잘 만든 광고 포스터가 전달해야 할 정보(이름, 슬로건, 짧은 소개, 대상 고객을 위한 혜택, 시각 디자인)와 몇 가지 조언을 담은 자료를 준비하라.

★ **준비할 시간이 없다면 진행하면서 한다:** 판지와 사인펜을 가지고 시작하라!

★ **추천하는 다음 단계:** 광고 포스터는 홍보 활동에서 활용할 수 있다.

★ **도구가 프로젝트팀에 미치는 영향:** 광고 포스터는 프로토타입 단계로 넘어가기 전에 팀이 공동의 비전을 공유할 기회를 준다.

★ **더 나아가기:** 상황에 따라 쉽게 변경이 가능하고, 이해하기 쉬운 서식을 찾아볼 수 있는 http://canva.com에서 프리미엄 기능을 활용할 것을 참가자들에게 제안할 수 있다.

만약 주어진 시간이 충분히 있고 아이디어를 상세히 표현하고 싶다면, 광고 포스터를 4페이지 "홍보" 팸플릿으로 변형할 수 있다(A3 크기 종이를 두 번 접은 형식, 표지, 내지 2장, 뒷표지가 있다). 팸플릿을 활용하면 고객/사용자 중심의 담화를 유지하면서 당신의 제품을 더 상세히 설명할 수 있다.

성공을 위한 조언: 참가자들이 초안, 첫 번째 "크래프트^craft(수공예)" 버전을 만들 수 있도록 잡지와, 오려서 사용할 수 있는 시각 재료를 준비할 수 있다. 종이 재료를 이용해 첫 번째 초안을 만들도록 하면 팀이 더 쉽게 의견을 모을 수 있고, 한 사람이 컴퓨터 앞에서 작업하는 동안 다른 사람들은 화면만 바라보는 상황을 피할 수 있다.

참가자들이 수공예 작업을 끝낸 후 초안을 바탕으로 더 빠르게 디지털 버전을 만들 수 있을 것이다.

사례로 보는 도구의 효과

광고 포스터는 모든 참가자가 쉽게 이해할 수 있는 단순한 도구이다. 워크숍에서 광고 포스터를 고안할 때 우리는 지하철이나 버스 정류장에서 자주 볼 수 있는 광고 포스터를 떠올려 보라고 힌트를 준다. 그리고 이 방법은 워크숍에 참여했던 팀 중 기업 연수 혁신을 담당하던 팀에게 영감을 주었다. 참가자들은 데이트 사이트 광고의 코드를 따와 연수자와 강사를 "매칭^matching"하는 콘셉트를 발표했다.

진행 단계

퍼실리테이터는 다음과 같은 진행 방식으로 참가자들을 돕는다.

1 다음 내용을 글로 나열하라: 제품의 이름과 슬로건을 정하라. 판지나 A3 크기 종이에 캐치프레이즈와 짧은 소개 글을 작성하라.

2 광고 대상의 주의를 끌기 위해 당신이 포스터에 부여하고자 하는 톤(콘셉트)을 상상하라: 유머, 도발, 긴장 등을 활용하라. 선택한 톤에 맞추어 표현하고자 하는 시각 디자인을 상상하라.

- 이미지는 단순하고 명료하며 강렬해야 하며, 메시지와 일맥상통해야 한다. 제품 이미지를 꼭 넣으려고 하기보다는 가치 제안에 더 집중하라.
- 가치 제안에 상응하는 언어를 찾아라.

3 파워포인트나 제공한 서식을 이용해 광고 포스터를 디지털 버전으로 제작하라. 당신이 정한 내용에 적합한 이미지를 인터넷에서 찾아서 포스터를 "다듬어라."

▸진행 난이도: 쉬움   ▸시간: 45분

프로토타이핑

팀의 노선 정비하기, 콘셉트 구체화하기

도구 39 포장 박스 디자인

★ **목표:** 고안한 제품의 포장 박스^{Design the box}를 구체적으로 제작함으로써 사용자의 마음을 사로잡을 요소를 고민하고 전체 팀의 비전을 형성한다.

★ **설명:** 사용자는 포장 박스를 통해 제품과 처음으로 만난다. 프로토타이핑은 제품의 독창성과 장점을 강조하면서 제품을 구체화하게 돕는다.

★ **필요한 물품:** 아침에 먹는 시리얼 상자들을 모아라. 그리고 상자를 뒤집으면 완벽한 준비물이 된다. 두꺼운 종이 상자, 스카치테이프, 종이, 펜, 마커, 상자에 붙일 이미지나 그림이 필요하다.

★ **워크숍 전 필요한 준비사항:** 준비물 외에는 사전 준비가 필요 없다.

****

★ **도구가 프로젝트팀에 미치는 영향:** 이 활동은 팀이 제작하는 제품에 공동의 정체성을 부여하고 핵심 메시지와 팀의 기조를 공유하게 한다.

성공을 위한 조언: 포장 박스를 소개하는 방법으로는 역할극을 활용할 수 있다. 참가자 한 명이 대상 사용자의 역할을 하면 다른 한 명은 상자가 대표하는 제품을 그에게 제안한다.

사례로 보는 도구의 효과

새로운 주제를 시작해 놓고 행동으로는 옮기지 않는 습관을 지닌 일부 기업이 있다. 워크숍 후에 포장된 박스가 종종 참가자나 후원자의 책상에 무심코 놓여 있는데, 이것이 워크숍에서 다음 단계로 진행하는 것의 중요함을 상기시키는 연상의 도구가 된다.

진행 단계

1
모든 참가자가 사용할 수 있을 만큼 만들기 준비물(두꺼운 종이 박스, 스카치테이프, 가위, 마커, 색종이 등)을 충분히 준비하라.

2
참가자들에게 활동의 목표를 소개하라. 지시 사항은 다음과 같다. "준비된 재료들을 사용하여 여러분의 제품을 담을 박스를 만드세요." 다음으로 참가자들을 작은 그룹으로 나누어라.

3
활동을 두 단계로 진행하라. 먼저 생각하는 시간을 갖는다. 강조해야 할 요소들은 무엇인가? 누가 대상 사용자인가? 사용자의 마음을 끌기 위해 어떤 비주얼 아이덴티티를 갖추어야 하는가(단순하고 우아한 디자인, 세련되고 화려한 디자인 등)? 두 번째 단계인 제작으로 넘어가기 전에 참가자들에게 아이디어를 종이에 도표로 그려볼 것을 제안한다.

4
30분이 지난 후, 팀들에게 제작한 박스를 교환할 것을 제안한다. 그러므로 각 팀은 사용자의 입장이 되어 다른 팀의 포장 박스 프로토타입을 소개해야 한다. 박스를 통해 어떤 제품인지 이해할 수 있는가? 제품을 갖고 싶은가? 그렇다면 이유는 무엇인가? 어떤 상황에서 구매를 결정하겠는가? 그다음에 당신은 박스를 제작한 팀에게 제작 의도가 무엇이었는지를 질문할 수 있다.

5
모든 참가자와 함께 각 창작물이 지닌 장점, 타당한 아이디어, 피해야 할 위험을 찾아 목록으로 작성하면서 활동을 마무리하라.

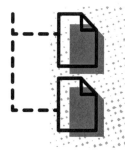

프로토타이핑

팀의 노선 정비하기,
콘셉트 구체화하기

도구 40
인터페이스 스케치

★ **목표:** 최소한의 디지털 인터페이스 도구를 사용하여 빠르게 프로토타입을 제작할 수 있다. 이 활동은 아이디어 창출 단계에서 팀의 창의성을 깨워 의견을 수렴하게 돕는 탁월한 방법이다. 마지막으로 이 도구는 구체화한 아이디어를 비교적 일찍 사용자에게 테스트하게 해 그들의 첫인상을 확인하게 돕는다.

★ **설명:** 가능한 한 빨리 프로토타입을 만들면 더 유리하다고 아무리 말해도 지나치지 않다! 인터페이스 스케치는 디지털 제품을 디자인하면서 인터넷 사이트 또는 애플리케이션의 여러 화면을 종이와 다양한 색상의 색연필로 도표화하고 그리는 것을 말한다. 적은 비용으로 빠르게 제작할 수 있고, 스케치를 쉽게 수정할 수 있으며 걱정 없이 버릴 수도 있다.

★ **필요한 물품:** 흰 종이, 색연필(또는 가능하면 샤피^{Sharpie}사의 사인펜, 다양한 굵기와 색상이 있다), 포스트잇, 여러 색상 펜, 가위, 풀

★ **추천하는 다음 단계:** 종이에 스케치한 프로토타입을 사용자 한 명 또는 여러 명과 테스트하는 것이 유용할 수 있다. 인터페이스 스케치는 사용자가 제품을 상상하여 이해해야 한다. 그러므로 사용자가 어려움 없이 이해할 수 있도록 스케치를 잘 준비하도록 유의하라.

★ **도구가 프로젝트팀에 미치는 영향:** 이 도구는 특히 프로젝트팀을 동등하게 만드는데, 그 이유는 모든 참가자가 스케치를 활용할 수 있고 특별한 기술이 없어도 제작에 참여할 수 있기 때문이다. 직업이나 계급이 무엇인지에 상관없이 각자 아이디어를 자유롭게 제시할 수 있다.

사례로 보는 도구의 효과

UX 디자이너 겸 퍼실리테이터인 뱅상은 워크숍에서 스케치 활동을 시작할 때 자신의 경험을 살려 퍼실리테이터들에게 조언한다. "나는 워크숍에서 연필을 잡지 않도록 늘 주의를 기울인다. 팀이 스스로 고민하여 제작해야 할 프로토타입을 나에게 바로 맡겨버리기 때문이다." 팀이 프로젝트에 대한 비전을 발전시키려면 인터페이스 화면을 스스로 그리는 것이 정말로 중요하다. 이 활동이 끝난 후에 결과물을 바탕으로 UX 디자이너의 도움을 받아 인간공학적인 요소까지 포함하여 디자인하면 깔끔하게 화면을 그릴 수 있다. 디지털과 연관된 주제를 다룰 때 팀 내에 디자이너가 있으면 매우 유용하다.

진행 단계

이 활동을 시작하기 전에 참가자들에게 언제든 스케치를 버리고 다시 시작할 수 있음을 알려라. 무엇보다도 나중에 지워버려도 좋으니 떠오르는 모든 아이디어를 적을 수 있음을 강조하라. 한 아이디어가 다른 아이디어를 창조할 수 있으니 모든 아이디어를 고려해야 한다! 무엇보다도 완벽한 결과물을 만드는 것이 목적이 아니며, 종이에 프로토타입을 빠르게 스케치해야 함을 염두에 두라.

퍼실리테이터는 다음과 같은 진행 방식으로 참가자들을 돕는다.

1 한 화면은 한 장의 종이에 그린다. 종이 한 장이 화면의 한 장면을 표현한다. 그리고 웹 사이트에서 한 페이지에서 다른 페이지로 넘기듯 스케치를 넘긴다. 포스트잇처럼 떼고 붙일 수 있는 종잇조각을 이용해 (예를 들어 칸을 클릭해 선택하거나 선택을 취소할 때) 웹 페이지에서 바뀌는 상황을 묘사할 수 있다.

2 참가자들에게 각 화면에서 일어날 수 있는 사용 과정에 관한 시나리오를 쓰고 화면이 어떻게 연결될 수 있는지를 결정할 것을 요청한다.

3 화면을 도식화한 후에는 참가자들에게 하나 또는 여러 개의 시나리오를 테스트해 보면서 수정할 것을 고치고 시나리오가 그대로 작동하는지를 확인할 것을 제안한다.

프로토타이핑
아이디어의 가치 제안이
유효한지 확인하기
도구 41 랜딩 페이지

★ **목표:** 매력적인 가치 제안과 설득력 있는 행동 촉구(영어로 call to action, CTA)
를 활용해 단순한 방문자를 잠재적 고객 또는 고객으로 만든다.

★ **설명:** 랜딩 페이지^{Landing page}(landing은 영어로 "착륙"을 뜻함)는 보통 온라인 마
케팅 광고를 목적으로 보낸 링크를 클릭하여 사용자가 최초로 보게 되는 웹
페이지를 말한다.

★ **필요한 물품:** 컴퓨터 또는 종이와 펜

★ **워크숍 전 필요한 준비사항:** 템플릿을 다운로드(https://keynotopia.com/)해서
파워포인트 형식을 준비하거나 온라인 도구(https://www.strikingly.com)를 활용
할 수 있다. 선택한 자료는 프로토타입 단계를 시작하면서 팀에게 전달해 전체
팀이 기본 지침으로 사용하게 한다.

★ **준비할 시간이 없다면 진행하면서 한다:** A3 크기 종이를 세로 방향으로 놓고
반으로 접어 만든 선을 이용해 공간을 양분한다. 접은 선을 이용하여 위쪽 반
을 한 칸은 4분의 3, 다른 한 칸은 4분의 1 크기로 칸을 두 개 나눈다. 그리고
나머지 반은 같은 크기로 4칸을 나누면 총 5칸을 만들 수 있다.

****

★ **추천하는 다음 단계:** 랜딩 페이지 테스트는 당신이 작성한 메시지, 가치 제안
그리고/또는 제품의 핵심 기능이 사용자에게 매력적인지를 확인하고 피드백
을 받을 수 있는 필수적 단계이다.

★ **도구가 프로젝트팀에 미치는 영향:** 사용자에게 제안하는 제품에 대한 비전을
팀에서 서로 공유할 수 있다. 또한, 랜딩 페이지는 CTA 아이콘 클릭 횟수를 셈

하여 프로젝트가 유효한지를 테스트할 수 있다.

★ **더 나아가기**: 디지털 랜딩 페이지를 제작할 수 있는 인터넷 도구들이 존재한다. 이해하기 쉬운 도구로, 특히 프로젝트의 장래를 내다보게 해 주는 사용자 테스트 단계에서 더 발전하게 도울 것이다. 다음 사이트를 참조하라.

https://www.strikingly.com

https://kickofflabs.com

성공을 위한 조언: 디자인에 너무 많은 시간을 보내는 것은 불필요하다. 이 단계에서는 가치 제안의 유효성을 확인하는 것이 무엇보다도 중요하다. 내용에 집중하여 고민하는 시간을 가지면서 랜딩 페이지 제작을 시작하라.

랜딩 페이지에는 꽤 전형적인 구조가 존재한다. 그러므로 변형하려고 하지 말라. 당신이 전달하는 메시지의 내용과 명확성에 가치가 있다.

랜딩 페이지는 모두를 대상으로 하지 않는다. 그러므로 랜딩 페이지를 통해 겨냥하는 대상을 명확하게 정하라.

사례로 보는 도구의 효과

식권(食券) 시장의 대표 기업에서 혁신 과제를 다루던 워크숍에서 최종 선정된 프로젝트팀들은 글이 가득한 (그리고 지루한) 파워포인트 대신 발표 시간에 시범을 보일 수 있도록 각 아이디어를 프로토타입으로 만들었다. 특히 경연에서 우승한 팀은 랜딩 페이지를 제작해 혁신부장, 마케팅부장, 각 지역 책임자로 구성된 심사위원을 설득했다.

랜딩 페이지를 통해 현실보다 더 현실적인 웹 페이지 형식을 활용하여 가치 제안, 기능, CTA 아이콘, 제품의 장점뿐만 아니라 제품의 성공에 확신하는 첫 번째 협력체의 실제 증언을 소개할 수 있었다.

진행 단계

퍼실리테이터는 다음과 같은 진행 방식으로 참가자들을 돕는다.

1 첫 번째 칸이 웹 페이지의 맨 위인데, 이 공간에는 일반적으로 다음과 같은 내용이 있다. 기본 바탕 이미지, 중간에 가치 제안을 표현하는 큰 제목, 왼쪽 위에 로고, 마지막으로 이의 행동을 유도하는 CTA 아이콘(예: 바로 가입하기, 예약하기, 구매하기, 신제품 알림 받기 등)이 있다.

2 두 번째 칸에는 당신의 제품 또는 서비스의 핵심 기능 세 가지를 소개하라. 보통, 기능은 아이콘과 설명글 한 줄로 표시한다.

3 수집한 고객 후기나 사용자가 직접 느낀 제품 장점을 소개하는 칸을 만들라.

4 앞에서 소개한 내용을 다시 강조할 수 있는 요소를 찾고 마지막 칸에는 가치 제안을 다른 표현으로 작성하라. 누리꾼은 서비스의 실현성과 기업의 건전성 (예: 주요 수치, 서비스 시행 지역, 회원 수, 사업 연수, 특허와 인증 등)을 확신할 수 있어야 한다.

5 준비한 내용을 파워포인트 형식이나 디지털 랜딩 페이지 도구로 구현하라.

프로토타이핑

해결책 공식화하기, 팀 설득하기
도구 42 스토리보드

★ **목표:** 이 도구는 프로젝트를 개발하기 전, 일반적으로 복잡한 콘셉트(조직 방식, 프로세스, 서비스 등)와 연관된 사용자 경험을 종합하여 정리하고 시각적으로 나열할 수 있다.

★ **설명:** 영화에서 스토리보드 Storyboard 는 촬영 전 각 장면을 그린 것을 말한다. 촬영팀에게 매우 유용한 지침서인 셈이다. 디자인 씽킹에 적용한 스토리보드는 제안하는 제품 또는 서비스와 사용자 간 상호 작용을 단계별로 도식화한 것이다.

★ **필요한 물품:** 흰 종이, 색연필(가능하면 샤피사의 사인펜)

****

★ **추천하는 다음 단계:** 스토리보드는 구체화, 즉 프로토타입 제작으로 향하는 첫 번째 발걸음이다!

★ **도구가 프로젝트팀에 미치는 영향:** 제작한 스토리보드는 영화에서처럼 팀의 지침서가 되어 모든 팀원이 어느 방향으로 가는지 알 수 있다. 스토리보드는 창작 프로세스의 일부 단계를 우선하여 진행하고 각 팀원이 일관적인 결정을 하도록 돕는 로드맵이다.

사례로 보는 도구의 효과

스토리보드를 만드는 것으로 모든 활동이 끝나는 것이 아니다. 추가 서비스 개발 프로젝트를 진행하던 한 기업에서는 스토리보드를 모두가 볼 수 있는 곳에 포스트잇과 함께 게시해 두었다. 호기심 있는 여러 직원이 오고 가면서 포스트잇에 의견을 남겼고, 수집한 의견을 바탕으로 프로젝트의 여러 내용을 개선할 수 있었다.

★ 더 나아가기: 당신의 스토리보드를 짧은 이야기 영상으로 제작하고 싶다면 http://storyboardthat.com 사이트와 같은 도구를 활용하라.

진행 단계

퍼실리테이터는 다음과 같은 진행 방식으로 참가자들을 돕는다.

1 먼저 구체적으로 어떤 사용자 경험이 스토리보드의 주제가 될지 결정하라.

2 모든 참가자에게 같은 크기의 칸 여섯 개로 지면을 나눈 A4 용지를 나눠주어라. 참가자들은 제품의 기능과 사용자의 경험을 여섯 단계로 도식화한다.

3 스토리보드를 모두 게시한다. 참가자들에게 스토리보드를 비교하라고 요청하고 다음 질문을 하라. 어떤 스토리보드가 다른 것들과 차별성이 있는가? 모든 스토리보드에서 볼 수 있는 주요 단계들이 있는가? 잘 이해하지 못하는 단계가 있는가? 접근 방식에 따라 여러 카테고리로 분류할 수 있는가?

4 가장 적합하고 타당한 스토리보드 하나 또는 여러 개를 선발하기 위해 각 참가자에게 투표하게 한다. 이후 "최종" 스토리보드를 결정한다.

5 선발된 스토리보드들을 골라서 토론을 다시 시작한다. 왜 이 스토리보드들을 선택했는가? 어떤 단계들이 중요하고 필수적으로 보이는가? 아이디어들을 정제하고 채택된 스토리보드들을 혼합하여 최종 스토리보드를 팀과 함께 완성하라.

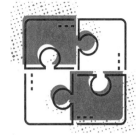

프로토타이핑
해결책 공식화하기, 팀 설득하기
도구 43
비즈니스 모델 캔버스

★ **목표**: 당신의 모델 개발에 기초가 되는 가정을 확인하거나 부정하기 위해 제품, 서비스 또는 기업의 비지니스 모델을 간단히 말로 표현할 수 있다.

★ **설명**: "비즈니스 모델 캔버스Business Model Canvas"는 제품, 서비스, 더 넓은 범위로는 기업의 비지니스 모델을 간단한 방식으로 표현하기 위해 사용하는 도구이다. 당신은 여러 종류의 비즈니스 모델 캔버스를 찾을 수 있을 것이다. 그러나 우리가 주로 사용하는 도구는 가장 완벽하다고 평가받는 스위스 기업인 겸 연구자 알렉산더 오스터왈더Alexander Osterwalder의 도구이다.

비즈니스 모델 캔버스는 당신의 제품(서비스, 프로젝트 또는 기업)이 지닌 핵심 요소들을 명확하게 분류하고, 일관적으로 타당하고 혁신적인 방식으로 한 번에 조직할 수 있다. 이 비즈니스 모델 캔버스는 발전할 수 있는 프로토타입으로 생각하면서, 피드백을 받고 토론을 할 수 있는 기본 자료로 삼아야 한다. 당신이 프로젝트를 진행하는 내내 새로운 아이디어를 창작하거나 가정을 세우고, 점차 배워가면서 이 도구를 활용하라. 이 도구를 활용하면 당신의 제품을 쉽게 말로 표현할 수 있기 때문에 잠재 협력자에게 "홍보"하는 데 도움이 된다.

★ **필요한 물품**: 종이, 포스트잇, 연필, 비즈니스 모델 캔버스 서식

★ **워크숍 전 필요한 준비사항**: 팀은 아이디어 창출 단계를 끝내고 하나의 아이디어로 의견을 수렴해야 한다. 그리고 비즈니스 모델 캔버스를 본격적으로 시작하기 전에 채택한 아이디어를 탐구할 시간을 가져야 한다.

★ **준비할 시간이 없다면 진행하면서 한다:** 화이트보드에 캔버스(초안)를 그린 후 팀원들이 포스트잇에 직접 인풋을 적어 캔버스에 추가할 수 있다.

✱✱✱✱✱✱✱✱

★ **추천하는 다음 단계:** 전문가들에게 비즈니스 모델 캔버스를 테스트하게 하라. 전문가들은 당신에게 질문하고 미처 찾아내지 못한 기회를 깨닫게 하거나 너무 야심적인 아이디어라는 사실을 알게 해 줄 것이다.

★ **도구가 프로젝트팀에 미치는 영향:** 이 도구는 팀원들에게 제품에 대한 비전을 정리하고 가정을 공식화해 준다. 무엇보다도 이 가정들을 증명할 수 있는 방법을 찾게 해 준다.

성공을 위한 조언: 이 활동을 진행하는 당신에게 우리가 하고 싶은 조언은 바로 팀이 첫 번째 비즈니스 모델 캔버스를 만든 후에 그들의 아이디어에 질문하고 의문을 던질 멘토나 전문가들을 초대하라는 것이다.

다음 링크에서 비즈니스 모델 캔버스 자료를 내려받을 수 있다: http://bit.ly/bmccanva

사례로 보는 도구의 효과

클랩에서는 이 책의 4부에서 소개하는 도구들을 활용하면서 스스로 점검한다. 우리 업계의 한 동료에게 비즈니스 모델 캔버스를 소개하던 중, 우리 기업이 개발할 수 있는 새로운 사업 방향을 찾아낼 수 있었다. 바로 우리가 진행하는 워크숍에서 제공하는 도구를 직접 판매할 수 있는 소규모 상점을 여는 것이었다. 이 아이디어가 떠오르자마자 바로 실행에 옮겼고 그 첫 번째 버전인 사이트가 탄생했다!

http://designyoursprint.com

진행 단계

당신에게 도구 진행 방식을 소개하기 위해 유명한 코카콜라$^{Coca-Cola}$ 병을 예시로 들겠다. 활동을 시작하면서 참가자들에게 지시 사항을 전달하라.

- "여러분이 프로토타이핑하고 싶은 아이디어(또는 제품이나 서비스)를 이 비즈니스 모델 캔버스에 채우세요. 이 초안은 여러분의 제품과 연관된 비즈니스 모델을 보여주는 간단한 도구입니다. 초안에 있는 여러 카테고리를 점차 채워가세요. 만약 질문이 있으면 퍼실리테이터에게 망설이지 말고 물어보세요."
- 캔버스(초안)를 나누어 준다.

1

가치 제안

팀은 고객에게 제안하고자 하는 제품을 짧게 묘사한다. 제품/서비스를 정의하고 고객층을 사로잡을 특징을 묘사한다. 코카콜라의 사례에서는 바로 콜라병이 특징이다.

2

고객 세분화

팀이 개발한 제품/서비스에서 대상 고객층을 어떻게 세분화할 수 있나?
예: 식당, 대형 슈퍼마켓, 일반 슈퍼마켓, 식료품점

3

유통망

제품/서비스는 어디에서 판매할까? 인터넷? 오프라인 매장? 도매점? 코카콜라는 도매상, 유통 센터 등을 예로 들 수 있다.

고객 마케팅

4

팀은 잠재 고객 또는 기존 고객과 어떻게 소통할 것인가? 온라인 광고? 블로그? 고객의 집에서 판매 전 홍보를 할까?

예: 최종 고객을 겨냥한 광고, 지역 판매자, 고객 담당자(소비자 및 유통사 등 전략 고객을 담당하는 역할), 포스터

핵심 활동

5

제품/서비스를 소개할 수 있게 해 주는 주요 업무이다(생산, 인터넷 사이트 관리, 협력사 찾기 등).

예: 유통, 마케팅, 병입(瓶入, 병에 담는 공정), 생산 및 원자재 공급 등

핵심 자원

6

핵심 활동을 위해 팀 내부에서 이미 보유하고 있는 자원이다(인적 및 물적 자원 등).

예: 생산 비법, 유통 센터, 원액 생산 공장, 병, 수송용 운반대

핵심 협력사

7

협력사들은 업무를 실현하도록 돕지만, 기업에는 속하지 않는다.

예: 사브코Sabco(병 제조사), 협력 유통 센터들

8&9

두 "경제 블록"은 수입원과 지출 구조이다. 이 두 요소는 앞 단계의 가정(증명되었거나 되지 않았거나 상관없이 모든 가정)에 반영되어야 한다.

예: • 지출 구조: 마케팅, 원액 생산, 제품을 병에 담는 공정(병입, 보틀링 Bottling), 유통

　　• 수입원: 대량 판매, 소매

프로토타이핑

해결책 공식화하기, 팀 설득하기

도구 44 화성인 설득하기

★ **목표**: 청중을 설득하고 핵심 메시지를 효과적으로 전달할 수 있다.

★ **설명**: 홍보 활동을 통해 사용자에게 제품을 독창적이고 타당한 제품으로 소개할 방법을 고민하면서 프로젝트를 심화할 수 있다.

활동 진행 방식을 따르며 담화를 준비하라. 그리고 팀과 함께 연습하라(완벽하게 준비하기 위한 열쇠이다).

당신의 발표는 짧고 명료해야 한다. 이 도구를 "화성인 설득하기The Martian pitch"라고 부르는데, 당신의 프로젝트의 내용과 배경을 모르는 화성인을 설득할 수 있을 정도로 단순하고 쉽게 제품 소개를 해야 한다는 뜻이다.

홍보는 프로젝트의 주요 쟁점을 명확하고 빠르고 매력적으로 요약한다. 그리고 모든 이를 겨냥하는 것이 중요하다(협력체, 미래 투자자, 대상 사용자 등).

★ **필요한 물품**: 종이와 펜

★ **도구가 프로젝트팀에 미치는 영향**: 이 활동은 어느 정도 일관성을 담보한 팀 전체가 공유하는 공동의 홍보 방향을 정한다. 이 홍보 방향은 모든 상대에 적용할 수 있다.

★ **더 나아가기**: 스타트업계에서는 젊은 기업인들이 "피치덱pitch deck"이라고 부르는 형식으로 홍보를 한다. 피치덱은 잠재적인 투자자들을 대상으로 준비하는 짧은 소개 자료인데, 더 알아보고 싶다면 구글에 "당신에게 필요한 피치 슬라이드 10장The Only 10 Slides You Need in Your Pitch"을 검색해 보라. 그러면 이 분야의 거장 가이 가와사키Guy Kawasaki의 사이트를 찾을 수 있을 것이다!

성공을 위한 조언: 홍보물을 촬영하거나 녹취하라. 그러면 다음에 쉽게 다시 활용하거나 프로젝트 내내 검토할 수 있는 자료로 활용할 수 있다.

진행 단계

1 전체 참가자들을 화이트보드 앞에 모이도록 한 후, 세 그룹으로 나누어 각 그룹에 문제/배경, 해결책, 방법을 주제로 배정하라. 참가자들이 각 분류에 따라 아이디어를 적을 수 있도록 시간을 준다. 당신의 프로젝트는 어떤 문제를 해결하는가? 누구에게 문제가 생겼는가? 당신의 해결책은 무엇인가? 그리고 어떻게 작동하는가? 문제를 해결하기 위해 어떤 방법을 사용할 수 있나? 참가자들에게 토론을 통해 가장 타당한 아이디어들을 선택하게 하라. 이 첫 번째 사고 단계는 팀에게 프로젝트를 묘사하는 키워드를 찾게 해 준다.

2 각 참가자에게 다음 문장을 완성하게 하라.
"[필요/욕구]를 원하는 [대상 사용자]에게 [당신의 프로젝트]는 [핵심 기능]하는 [제품 종류]이다."
각 참가자는 여러 다른 방식으로 문장을 완성할 수 있다. 완성된 문장들을 화이트보드에 적어라. 기업 내부에서 사용하는 용어, 약어(略語) 또는 다른 기술 용어를 사용하지 않아야 한다.

3 참가자들이 토론하게 하라. 어떤 제안들이 가장 타당해 보이는가? 그리고 그 이유는 무엇인가?

4 토론이 끝나면 참가자들에게 가장 선호하는 문장에 투표하라고 제안한다. 각 참가자는 두 문장을 선택할 수 있다.

5 가장 많은 표를 얻은 문장들을 골라내라. 이제 이 문장들을 혼합하면서 가능한 한 가장 효과적인 홍보물을 합의하여 도출하기 위해 고민한다. 다음 요소를 염두에 두어야 한다. 홍보는 프로젝트를 단순히 묘사하는 것이 아니라 프로젝트의 주요 쟁점(누구를 위해/왜/어떻게)을 명료하게 보여주는 것이다.

6 최종 홍보물을 결정한 후에는 이 내용을 팀 전체에 공유하라. 이 자료는 외부 파트너들에게 당신의 프로젝트를 어떻게 소개할지에 대한 공동의 지침서로 활용한다.

사례로 보는 도구의 효과

우리는 디자인 씽킹 입문 워크숍에서 참가자 여러 명이 연출하는 짧은 연극/대담으로 홍보를 구성할 것을 팀들에게 요구한다. 시선을 사로잡을 수 있도록 재미있고 창의적인 방법을 고민하라!

프로토타이핑

새롭게 상상한 경험을 모의실험하기

도구 45 역할극

★ **목표**: 사용자의 관점에서 프로토타입을 고안한다. 사용자의 입장이 됨으로써 디자이너가 프로젝트의 장단점을 찾아낼 수 있다.

★ **설명**: 역할극role play은 즉흥극을 기본으로 하는 실행하기 쉬운 활동이다. 이 활동을 활용해 아이디어, 프로토타입을 쉽게 테스트할 수 있다. 그리고 약간의 아이디어 외에는 다른 비용이 들지 않는다.

★ **필요한 물품**: 당신이 무엇을 원하는가에 따라 다르다. 그러나 바로크극을 할 필요는 없다.

★ **도구가 프로젝트팀에 미치는 영향**: 역할극은 사용자에게 공감하는 능력을 키울 수 있도록 돕는다. 직접 사용자의 입장이 되어야 하고 사용자에게 문제가 되는 상황을 겪어야 하기 때문이다. 이 경험을 통해 팀원 모두가 사용자가 디자인 프로세스의 중심에 자리잡는 것이 매우 중요하다는 것을 상기할 수 있다.

★ **더 나아가기**: 팀이 이전 단계에서 페르소나를 만들어 두었다면, 대상 사용자의 특성을 결정하기 위해 페르소나를 연기할 수 있다(몰입 단계에서 창작한 페르소나를 떠올려보라).

성공을 위한 조언: 많은 시간을 들이지 않고서 극에 필요한 도구(무대 배경, 의상)를 몇 가지 준비하는 것이 유용할 때도 있다. 작은 세부 요소들이 역할극을 더 현실적으로 만들어 준다. 그래서 참가자들이 시나리오에 더 깊이 몰입할 수 있도록 돕는다.

사례로 보는 도구의 효과

한 워크숍에서는 실무 직원들과 작업 습관을 바꾸는 것이 워크숍의 쟁점이었다. 아이디어 창출 단계를 마친 후, 우리는 일부 습관의 문제를 해결해 줄 새로운 기계를 테스트하기 위해 직접 현장을 방문했다. 기계를 아직 주문하지 않았지만, 기계 없이 새로운 작업 방식을 테스트하고 싶었기에 창고 상자들을 활용해 기계를 만들어 사용 시나리오를 모의실험해 보았다. 그리고 이 덕분에 기계가 작동할 필요가 있다는 것과 정리에 관련된 문제점을 찾아낼 수 있었다.

진행 단계

퍼실리테이터는 다음과 같은 진행 방식으로 참가자들을 돕는다.

1 테스트할 아이디어 또는 프로토타입을 선택하라. 무엇을 관찰해야 하는가? 무엇을 알고 싶은가? 이 역할극에서 어떤 특성들을 다루어야 하는가? 역할극의 목표는 모든 참가자에게 명확하게 설명이 되어야 한다.

2 하나 또는 여러 개의 시나리오를 준비하라. 시나리오는 여러 다른 상황에서 상품을 사용하는 장면을 묘사하거나 여러 사용자들이 같은 방식으로 사용하는 장면을 묘사할 수 있다.

3 참가자들에게 역할을 분담하라. 각 참가자가 순서대로 다른 역할을 해 보는 것이 유용할 수 있다. 역할을 맡지 않은 사람들에게는 관찰하는 일을 부여한다. 이 역할도 중요하다. 관찰자들은 보는 동안 기록을 할 것이다. 어떤 부분이 잘 작동하는 것 같은가? 어떤 부분에 문제점이 있는가? 역할극이 프로젝트의 단점을 보여주는가?

4 가장 타당하고 효과적인 방식으로 역할극을 연출할 수 있도록 시간을 들여 준비하라. 이 인물에게는 무엇이 필요한가? 무엇이 그에게 가장 중요하고 필수적인가? 이 상황에서 어떻게 반응할까?

5 이제 시작할 때다! 역할극으로 옮기려는 시나리오의 목적을 모두에게 다시 명시하라. 그리고 주어진 시간에 유의하라(10~20분 분량의 극이면 충분하다).

6 역할극을 끝낸 후 모든 참가자와 모여 브리핑하라. 여러 다른 인물들은 무엇을 느꼈는가? 어떤 지점에서 그리고 왜 그렇게 느꼈는가? "연기자"의 관점과 관찰·기록자의 관점을 비교·대조하라.

7 브레인스토밍으로 이 활동을 마무리하라. 프로젝트의 어떤 지점들을 고민해야 하는가? 예상과 다르게 진행된 요소들은 무엇이었나? 문제가 되는 상황들을 해결하는 데 어떤 방법이 있는가?

프로토타이핑

새롭게 상상한 경험을 모의실험하기

도구 46 스크린 모형

★ **목표:** 이 도구는 디지털 프로토타입을 제작해 테스트할 수 있다.

★ **설명:** 디지털 인터페이스를 제작하는 일은 우리가 생각하는 것보다 더 간단하다. 그리고 자신의 아이디어를 테스트할 수 있는 매우 효율적인 방법이다. 손쉽게 앱 프로토타입을 제작할 수 있는 다수의 웹 사이트와 애플리케이션이 존재한다.

★ **필요한 물품:** 흰 종이, 사인펜, 컴퓨터

****

★ **추천하는 다음 단계:** 이제 테스트 단계로 들어가 당신의 프로토타입을 사용자에게 보여줄 때다!

★ **더 나아가기:** "크레이지 8" 도구를 활용하여 스크린 모형 활동에 필요한 여러 대안 아이디어를 찾아내라. 그리고 디자이너의 도움을 받아 스크린 모형을 제작할 수도 있다. 그러나 한 콘셉트의 전부 또는 일부를 신속하게 테스트할 목적으로 제작하는 프로토타입과 사용자 경험 순서를 확인하고 프로그래머들에게 브리핑할 목적으로 제작하는 프로토타입을 혼동하지 말라! 만약 이 두 쟁점을 혼합하면 당신이 제작할 프로토타입은 제대로 그 역할을 하지 못할 것이다.

성공을 위한 조언: "좋은 첫인상을 줄 기회는 단 한 번밖에 없다"라는 말은 잊어라. 이 말은 프로젝트 테스트 단계에서는 적용되지 않는다. 대신 다음 인용구를 기억하라. "당신이 제품의 첫 번째 버전(의 질) 때문에 당황하지 않는다면, 그것은 너무 늦게 시작했다는 뜻이다." - 리드 호프먼(링크드인 공동설립자)

사례로 보는 도구의 효과

참가자들은 인터페이스를 스케치할 때 백지 앞에서 막막함을 느낄 수 있다. 이 어려움을 극복하기 위해 우리는 두 가지 해결책을 찾아냈다. 첫 번째 해결책은 완성해야 할 빈 틀이나 템플릿을 여러 개 제시하는 것이다. 그리고 두 번째 해결책은 참가자들이 알고 있는 인터페이스를 모방하는 것에서 시작하도록 하는 것이다. 혁신은 모방을 바탕으로 창작하고 다른 분야에서 아이디어를 찾아내는 능력이라는 것을 기억하라.

진행 단계

퍼실리테이터는 다음과 같은 진행 방식으로 참가자들을 돕는다.

1 팀과 함께 프로토타입의 목적과 사용자들이 증명해야 할 가정들을 정하라 (참조-도구 52).

2 목적을 정한 후, 아이디어를 구체화할 첫 번째 버전을 고민하라. 스크린 모형 작업은 종이와 연필로 시작해라. 디지털 도구는 두 번째 단계에서 더 유용할 것이다.

3 각 그룹은 가장 흥미로워 보이는 스크린 스케치를 발표한다. 퍼실리테이터는 팀이 가장 타당한 하나의 또는 여러 개의 가정으로 의견을 수렴할 수 있도록 돕는다.

4 이제 애플리케이션을 사용하는 여러 다른 단계를 고안하면서 더 발전해야 한다. 스마트폰의 빈 스크린 틀을 나누어주어 참가자들이 기능을 상상하면서 인터페이스를 스케치할 수 있도록 하라. 콘셉트를 구성하는 핵심 요소들을 담은 스크린을 최소한 4장을 그릴 것을 참가자들에게 제안하라.

5 그다음 참가자들에게 스크린 스케치를 기본으로 프로토타입을 제작하도록 하라. Marvelapp.com, Atomic.io 또는 Proto.io와 같이 디지털 인터페이스를 프로토타이핑할 수 있는 애플리케이션과 소프트웨어가 있다. 워크숍 시작 전에 알맞은 애플리케이션을 선택하라. 그리고 필요할 때 참가자들을 도울 수 있도록 사전에 주요 기능을 반드시 익히도록 한다. 참가자들에게 사전에 애플리케이션이나 소프트웨어를 받아 십 분 동안 익히도록 할 수도 있다.

6 각 프로토타입을 두 단계로 발표한다. 먼저 그룹별로 짧은 설명을 한 후, 다른 참가자들이 개선 방안을 제안한다(한 참가자가 내용을 기록할 수 있다). 그리고 두 단계를 연달아 빠르게 반복한다.

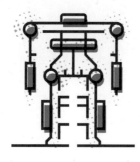

프로토타이핑
새롭게 상상한 경험을
모의실험하기
도구 47
실물 크기의 프로토타입

★ **목표:** 가정을 테스트하고 사용자들로부터 피드백을 받기 위해 제품을 실제로 사용하는 조건에 최대한 유사하게 만들 수 있다.

★ **설명:** 프로토타입은 가치 제안을 확인할 뿐만 아니라 사용자들로부터 피드백을 받고 수정하여 개선하게 해 주는, 적은 수단을 들여 빠르게 제작하는 모형화 과정이다. 제품을 실제로 사용하는 환경을 고려하고 그대로 적용하여 실물 크기로 모형을 제작하면, 사용자들이 쉽게 제품을 이해하고 상호 작용할 수 있어서 더 많은 피드백을 얻어낼 수 있다. 내부에서 걷고 직접 만질 수 있는 주택이나 아파트 모델 하우스를 떠올려보라. 여기에서 소중한 피드백을 얻을 수 있다!

★ **필요한 물품:** 종이, 사인펜, 스카치테이프, 줄, 두꺼운 종이 박스 등 프로토타입 제작에 필요한 도구와 재료

****

★ **더 나아가기:** 프로토타입이 흥미로운 이유는 반복하여 개선할 수 있기 때문이다. 이 점을 잊지 말아라. 또한, 프로토타입에 애정을 갖지 말라. 사용자의 피드백을 받은 후에는 피드백에 따라 개선하여 새로운 버전을 고안할 수 있도록 프로토타입을 대대적으로 고칠 수 있어야 한다.

성공을 위한 조언: 예상치 못한 일에 마음을 열어라. 실물 크기의 프로토타입은 사용자가 프로토타입과 함께 변화하는 것을 볼 수 있어서 흥미롭다. 당신은 프로토타입을 통해 많은 것을 배울 것이다. 당신이 세운 가정에만 집중하지 말고 모든 것에 호기심을 가지고 관찰하라!

사례로 보는 도구의 효과

슈나이더 일렉트릭$^{Schneider\ Electric}$(프랑스의 세계적인 에너지 관리 및 자동화 전문기업)을 위해 레고를 활용해 1,450m² 크기의 공간을 만들었다. 이로써 사용자들의 움직임을 관찰하고 여러 공간을 어떻게 구성할지를 고안해 낼 수 있었다.

우리와 자주 협력하는 인테리어 디자이너, 마농 샤이예$^{Manon\ Challier}$의 도움을 받아서 3D 모형으로 프로토타입을 반복하여 수정하고 개선하는 과정을 거쳤다. 이 방식으로 프로젝트팀은 미래 공간의 모습을 더 잘 내다볼 수 있었다.

진행 단계

퍼실리테이터는 다음과 같은 진행 방식으로 참가자들을 돕는다.

1 당신이 고안하고자 하는 프로토타입을 정하라. 프로토타입은 물체나 서비스 경험일 수 있다. 다음과 같은 질문을 해야 한다. "어떻게 짧은 시간에 적은 수단을 들여서 제품의 경험을 사용자에게 제안할 수 있을까?"

2 프로토타입의 형태를 결정한 후, 필요한 재료를 구하라. 공작 재료(종이, 마커, 가위, 스카치테이프)일 수 있지만, 장소나 소도구일 수도 있다. 제작 과정은 간단하고 신속해야 한다. 이를 유의하라. 이미 가지고 있는 것들로 무엇을 만들 수 있는가? 제너럴 일렉트릭의 예를 떠올려 보자. 첫 번째 프로토타입은 병원

과 비슷한 크기의 공간(병원 밖)에서 제작되었다. 어린이 환자들이 자기공명 스캐너 검사를 안심하고 받을 수 있게 하는 아이디어를 모의실험하기 위해 검사 센터의 벽과 스캐너를 마커로 그림 그린 종이로 뒤덮었다. 목적은 어린이가 완전히 다른 세계로 빠질 수 있도록 공간과 의료 기구를 어떻게 활용할 수 있는지를 찾는 것이었다. 실제 크기로 직접 구현해 본 이 실험은 실제 검사실에 벽 스티커를 붙이기 전 중간 단계였다.

3. 프로토타입을 제작하라. 팀을 소규모 그룹으로 나누어서 각 그룹에 각자에게 타당해 보이는 방식대로 재료를 사용하고 실험해 볼 수 있다.

4 제작한 프로토타입들을 비교하라. 누가 사용자 경험에 가장 잘 몰입하였는가? 그 이유는 무엇인가? 여러 아이디어를 결합하여 더 나은 아이디어를 만들 수 있는가?

5 팀과 함께 가장 뛰어난 프로토타입을 채택하거나, 만약 유용해 보인다면 각 그룹에서 가장 좋은 아이디어를 모아 최종 프로토타입을 고안하라. 이제 프로토타입을 테스트할 준비가 되었다!

프로토타이핑

구현 준비하기
도구 48 시제품 제작

★ **목표**: 새로운 기능을 도입하고 마케팅 업무를 보강하기 전에 당신의 제품을 테스트할 수 있다. 이 활동은 사용자의 관심을 끌고 마음을 사로잡을 수 있는 역량, 당신이 제안한 제품의 질을 평가하는 역량, 제품 기능 프로세스 전체를 관리하는 역량을 테스트한다.

★ **설명**: 여러 다양한 프로토타입을 사용자가 테스트하고(참조-도구 38~47), 프로젝트를 수정하고 개선한 후에 제작하는 시제품은 한층 성숙한 버전에 가까워진다. 이제 조금 더 실제 시장에 가까운 조건에 다가가는 것이다. 시제품은 일정 기간 사용자 패널이 사용할 수 있도록 제공하는 테스트 버전을 말한다.

이 단계에서는 대규모 개발을 시작하지 않는다는 것을 기억하라.

★ **필요한 물품**: 종이, 두꺼운 종이 박스, 사인펜, 연필, 컴퓨터, 프로토타입을 제작하는 데 재활용할 수 있는 모든 재료

★ **추천하는 다음 단계**: 시제품이 이룬 성공과 실패에 대한 전반적인 의견을 듣기 위해 팀원들 및 관계자와 브리핑하라. 그 이후, 다음 단계를 정리할 수 있을 것이다(디자인 수정, 홍보 전략 수정, 도입을 위한 실행 계획, 공식 제품 출시 등).

성공을 위한 조언: 시제품 버전과 MVP(최소기능제품)를 혼동하지 말라.

만약 MVP 개념을 들어본 적이 없다면 에릭 리스^{Eric Ries}의 《린 스타트업^{Lean Startup}》을 읽어볼 것을 강력히 추천한다. 시제품과 MVP는 서로 다른 목적을 가진다. 시제품은 MVP와는 반대로 판매가 목적이 아니라 대상 고객층에 대해 세운 가설을 사전에 테스트할 목적으로 제작한다.

만약 디지털 제품을 다룬다면 Zapier 사이트 등 온라인 서비스를 통해 자동화된 디지털 도구를 사용해 보라. 이 서비스는 특별한 프로그램을 개발하지 않고도 반복되는 업무를 자동으로 실행한다. 예를 들어 온라인 주문을 받은 후 양식을 자동으로 작성해서 전송한다. 그러나 인간이 직접 실행하는 업무들도 유지해야 한다. 실제 인간과 상호 작용하는 것보다 더 나은 것은 없기 때문이다!

사례로 보는 도구의 효과

2018년 12월 광고 전문 회사에서 진행한 디자인 스프린트^{Design Sprint} 워크숍에서 한 팀이 모바일 애플리케이션 프로젝트를 보강하기 위해 유형의 물체를 고안했다. 그러나 프로토타입을 제작하고 사용자 테스트를 하면서 다른 두 가지 제품을 결합할 필요가 없다는 것을 확인할 수 있었다. 이 경험은 제품을 더 상세하게 제작하기 전에 얻은 귀중한 교훈이다.

진행 단계

퍼실리테이터는 다음과 같은 진행 방식으로 참가자들을 돕는다.

1 당신이 확인하고자 하는 주요 가설을 선택하라. 여기에서는 당신의 제품이 기대하는 시장 진출을 얻지 못할 수 있는 가장 위험한 가정도 포함해야 한다. 당신이 증명하거나 부정할 가설에 따라서 프로토타입의 형태는 변화할 것이다.

2 필요한 모든 기자재를 목록으로 작성하라. 노동력, 공간이 필요하며 사용자들을 모집해야 하는가? 시제품 제작에는 시간이 얼마나 걸리는가? 시간 제약이 있는가? 만약 필요한 자원이 모두 갖추어졌다면 다른 조건에서 여러 개의 시제품을 제작해 보라. 그러면 비교해 볼 수 있는 사용자 경험에 관한 피드백을 더 풍부하게 얻을 수 있을 것이다.

3 피드백 시스템을 준비해라. 우리는 프로토타입을 디자인, 프로세스, 물자 또는 홍보 부분에서 필요한 개선 지점을 찾아내기 위해 테스트 단계에서 사용한다. 사용자의 의견과 직접 연관된 관계자들의 의견도 잡아내야 한다. 그리고 당신에게 타당해 보이는 요소(예를 들어 사용자 수, 접속 기간 등)들도 계산해서 사용자들의 경험에 대한 피드백과 함께 통계를 만들어라.

4 시제품 프로젝트에 주어진 시간이 충분하다면 새로운 접근 방식을 테스트할 수 있다(프로토타입을 반복하여 수정하고 개선한다). 그러나 너무 많은 변수를 자주 수정하지 말라. 이 경우에는 결국 아무런 결론도 내지 못할 수 있다.

테스트와 반복

"이제 됐어! 24개월이 넘도록 인간 공학적이고, 클라우드를 사용하면서 멀티 디바이스에 블록체인을 이용하고 인공 지능까지 탑재한 새로운 애플리케이션을 개발했어."

"멋지네요! 그럼 활동하는 사용자는 몇 명인가요?"

"아… 흠… 2달 동안……."

아, 테스트! 보통 우리는 테스트의 필요성을 너무 늦게 깨닫는다. 다음에 이어질 내용에서 우리는 당신에게 테스트 단계를 익숙하게 만들 수 있는 몇 가지 정보를 주겠다.

이 장의 내용이 당신에게 유익하기를 원한다. 이를 통해 현장과 사용자와 완전히 동떨어진 프로젝트는 절대로 개발하지 않기를 바란다.

테스트를 시작하기 전 당신에게 조언을 하나 하겠다. 바로 무엇을 테스트하는지 기억하라는 것이다. 질문이 너무 많으면, 아무것도 결론을 내릴 수 없다. 또한, 미처 알아차리지 못한 교훈을 찾아내서 적용하도록 하라.

사용자 인터뷰하기

좋다! 당신은 프로토타입을 손에 쥐었다. 이제 이 제품의 대상이 되는 사용자들을 찾아 테스트하기만 하면 된다. 사용자와 대화하고 피드백을 경청하는 것은 정말 중요하다. 이 작업을 통해 아이디어를 개선하고, 때로는 아이디어를 완전히 바꾸기도 한다. 이제부터 경청하는 자세를 갖고 호의적인 대화 분위기를 형성할 수 있도록 인터뷰하는 방법을 자세히 설명할 것이다.

- **도구 49 대면 인터뷰 1-1: 세팅하기**
- **도구 50 대면 인터뷰 1-2: 양질의 정보 수집하기**
- **도구 51 대면 인터뷰 1-3: 의견 수집하기**

사용자 피드백 활용하기

피드백을 받는 일은 매우 중요하다. 그러나 우리의 문화에서는 피드백을 수용하는 것이 익숙하지 않다. 사람들은 거의 완벽하게 완성된 결과물을 소개하려는 경향이 있다. 그리고 (당연하게도!) 칭찬을 듣기를 기다린다. 그러나 디자인 씽킹 프로세스가 요구하는 태도는 완전히 정반대이다. 그러므로 아이디어, 프로젝트, 사용자에게 테스트받은 프로토타입에 대한 긍정적이고 부정적인 의견을 듣는 데 익숙해져야 한다.

그리고 반복하여 수정하고 개선하기 위해 피드백에서 교훈을 얻을 수 있도록 피드백을 활용할 줄 알아야 한다. 이것이 바로 곧 다루려는 내용이다.

- **도구 52 프로토타입에 대한 피드백 받기**
- **도구 53 반복**

테스트와 반복

사용자 인터뷰하기

도구 49
대면 인터뷰 1-1: 세팅하기

★ **목표:** 사용자에게 프로토타입을 테스트하게 함으로써 프로젝트의 장단점을 찾아낼 수 있을 뿐만 아니라 사용자를 더 예리하게 이해해 사용자 중심의 사고를 유지할 수 있다. 인터뷰를 통해 자신의 의심, 가정과 확신을 테스트한다. 도출된 답변에 따라 프로젝트를 발전하는 데 필요한 다음 단계들을 결정할 것이다.

★ **설명:** 사용자 인터뷰는 디자인 프로세스에서 중요한 순간이다. 인터뷰를 통해 자신의 아이디어를 현실, 즉 대상 사용자와 만나게 한다. 잘 준비된 인터뷰는 소중한 피드백을 제공할 것이다.

★ **고민하여 인터뷰를 구성하는 것이 중요하다:** 탄탄하게 구성한 인터뷰 지침, 효과적인 인터뷰 대상자 모집, 적절한 일정은 최상의 환경에서 인터뷰할 수 있도록 돕는다.

★ **필요한 물품:** 흰 종이와 연필

****

★ **추천하는 다음 단계:** "대면 인터뷰 1-2: 양질의 정보 수집하기"(참조-도구 50)로 바로 넘어가라.

성공을 위한 조언: 인터뷰 진행자는 진행하는 중에는 기록하지 않는 것이 좋다. 나머지 팀원들이 기록을 담당(참조-도구 51)함으로써 인터뷰 진행자는 사용자와의 대화 내용에 모든 주의를 기울일 수 있다. 더불어 사용자는 자신이 평가받는다는 인상을 받지 않아 더욱더 신뢰할 수 있을 것이다.

사례로 보는 도구의 효과

클랩의 디자이너 겸 워크숍 강사인 엘리엇 피즌^{Elliott Pizon}은 우리에게 다시는 겪고 싶지 않은 아찔한 경험을 털어놓았다. 그는 테스트 단계에서 이루어졌던 인터뷰를 바로 옆방에서 방송하던 중이었다. 그런데 인터뷰 동안 옆방에서 인터뷰를 듣고 있던 사람들이 하는 평가를 인터뷰 대상자가 듣게 되었다.

이 상황은 바로 인터뷰에 영향을 미쳐서 인터뷰 대상자가 자연스럽게 답변할 수 없게 되었다……. 라이브 방송과 같은 상황에서 준비는 정말 중요하다. 그러니 모든 사항을 두 번 세 번 점검하라!

진행 단계

퍼실리테이터는 다음과 같은 진행 방식으로 참가자들을 돕는다.

1

인터뷰 지침서를 작성하라. 이 지침서는 인터뷰 진행자가 진행 중 로드맵으로 활용할 뿐만 아니라 수집한 답변을 분석할 때에도 지침이 될 것이다. 지침서는 당신이 인터뷰에서 기대하는 모든 것을 담아야 한다. 무엇을 테스트하고 싶은가? 팀원들은 이전 단계에서 어떤 질문을 갖게 되었나? 어떤 의심과 가정을 하였는가? 인체 공학적인 사용법 테스트를 넘어 사용자 인터뷰의 이면에서 프로젝트의 가치 제안을 되짚어야 한다. 프로젝트는 필요에 부합하는가? 사용자가 제품을 사용할 것인가? 사용자는 이 제품/서비스를 돈을 주고 살 것인가?

2

사용자를 모집하라. 프로토타입을 수많은 사람에게 테스트할 필요는 없다. 프로젝트를 진행하는 동안 적절한 단계에서 사용자 몇 명과 여러 번 인터뷰를 진행하는 것이 더 유용하다는 것이 밝혀졌다. 이미 이 책에서 언급했지만, 사용자 다섯 명도 문제점의 80퍼센트를 찾아내는 데에는 충분한 인원이다. 대상 사용자를 모집하는 것이 중요하다. 자신의 소셜 네트워크를 활용하고, 광고하고, 패널 모집 에이전시를 이용하거나 현장에 직접 나가 사용자를 만나는 방식으로 모집할 수 있다. 그리고 다음 질문을 하면서 더 섬세하게 사용자를 선발할 수 있다. 기존 사용자 또는 신규 사용자를 원하는가? 선택하지 말아야 할 프로필은 무엇인가? 사용자들을 모집하는 데 주저하지 말라. 사용자를 선택한 후 인터뷰를 계획하라. 한 사람당 대략 30~45분이 필요할 것이다.

3

이제 기술적인 부분을 선택할 시간이다. 두 가지 해결책 중 하나를 선택할 수 있다.

- 첫 번째 해결책은 인터뷰를 촬영한 후 전체 팀과 함께 영상을 시청하는 것이다.
- 두 번째 해결책은 우리가 선호하는 방식으로, 인터뷰를 다른 방으로 전송해서 팀 전체가 생방송으로 보는 것이다. 이 방식은 일반적으로 팀이 사용자에게 더 잘 집중하고 공감할 수 있음을 알린다.

선택한 방식에 따라 기자재 설치를 준비하고 테스트한다. 녹화 또는 생중계할 때는 프로토타입뿐만 아니라 사용자의 얼굴도 촬영하고 소리와 영상을 함께 담아야 한다.

4 인터뷰 상대와 인터뷰 담당자를 준비시켜라. 인터뷰 진행의 틀을 짜고, 준비하고 연습하는 것이 중요하다(참조-도구 50). 인터뷰 진행자는 편안해야 하고, 문제가 있을 때 사용자(인터뷰 상대)를 도울 수 있도록 프로토타입 사용을 익혀야 한다. 모든 진행은 사용자를 맞이하는 순간부터 인터뷰를 끝내는 순간까지 매끄러워야 한다.

5 이제 세팅할 시간이다. 공간을 정돈하고 청소하라. 인터뷰하는 동안 방해받지 않도록 해야 한다. 시간을 조절할 수 있도록 시계를 잘 보이는 곳에 준비하라. 방송 전송 또는 녹화 기자재를 설치하고 테스트하라. 프로토타입도 설치하고 테스트한다. 만약 컴퓨터나 태블릿 등의 기기를 사용한다면 단순한 배경 화면 깔기, 바탕화면 비우기, 사용한 프로그램 즐겨찾기, "Push"형 알림 기능 끄기 등 기기가 중립적으로 보이도록 조처하라. 마지막으로 인터뷰를 시작하기 전에 모두 잘 작동하는지 확인해야 한다.

테스트와 반복
사용자 인터뷰하기
도구 50
대면 인터뷰 1-2:
양질의 정보 수집하기

★ **목표**: 타당한 양질의 정보를 얻기 위해 사용자에게 최상의 환경을 제공한다.

★ **설명**: 인터뷰 맥락 파악하기, 프로토타입 소개 준비, 인터뷰 기술 훈련하기 등 인터뷰 방법을 연구하는 것이 중요하다.

★ **필요한 물품**: 흰 종이, 포스트잇, 연필

****

★ **추천하는 다음 단계**: 도구 51번으로 바로 넘어가라.

성공을 위한 조언: 비록 마음이 끌릴지라도 인터뷰 중간에 프로토타입을 바꾸지 말라. 특히 첫 번째 인터뷰가 끝난 후에는 기술적인 문제(예를 들어 하이퍼텍스트 링크가 작동하지 않은 경우)가 아닌 이상 프로토타입을 바꾸면 안 된다. 하나의 피드백을 들은 후 고치면 다른 피드백을 듣지 못할 위험이 있다. 피드백은 여러 다른 것들을 비교할 수 있을 때 흥미로운 것이다. 그러므로 같은 조건에서 인터뷰를 진행해야 한다.

사례로 보는 도구의 효과

창조적 파괴자 토니 셰이^{Tony Hsieh}가 이끄는 인터넷 신발 판매 기업 자포스^{Zappos}의 이야기를 소개하겠다. 자포스에서 채용 면접을 볼 때는 비행기에서 내려 택시에 타는 순간부터 인터뷰가 시작된다고 한다. 후보자를 가장 먼저 맞이하는 택시 기사가 첫인상을 면접관에게 알려주는 것이다.

같은 의미에서, 인터뷰 상대를 잘 맞이하는 것도 매우 중요하다. 이 순간은 인터뷰 상대가 프로토타입을 테스트할 만한 패널에 속하는지 판단하는 동시에 인터뷰 상대가 편안함을 느끼도록 할 수 있는 중요한 순간이다.

진행 단계

퍼실리테이터는 다음과 같은 진행 방식으로 참가자들을 돕는다.

1 사용자를 맞이하라. 첫 만남이 매우 중요하다. 인터뷰 진행자는 인터뷰 상대가 편안함을 느끼도록 최선을 다해야 한다. 이는 미소를 짓고, 친절하게 대하거나, 사용자와 같은 복장(정장이나 편안한 옷차림)을 맞추는 등 단순한 방법으로 가능하다.

2 사전 대화를 통해 맥락을 이해하라. 인터뷰 진행자는 사용자를 알아가면서 그와 관계를 형성한다. 인터뷰를 여는 대화는 너무 형식적이면 안 된다. 사용자를 안심시키고 실험의 주체가 되도록 돕는 것이 목적이다. 자기소개 질문(직업, 취미)부터 당신의 프로젝트 주제까지 천천히 진행하라.

3 프로토타입을 소개하라. 사용자가 해야 할 일을 명확하게 설명하라. 사용자가 테스트하면서 떠오르는 모든 통찰을 소리 내어 말하는 것이 중요하다. 부정적인 평가들은 소중한 피드백이며, 행동을 통해 드러나는 개인적인 감정까

지도 매우 유용할 수 있다. 사용자가 자신감을 느낄 수 있도록 인터뷰는 사용자를 평가하는 자리가 아니라 프로토타입을 평가하는 것이며 맞고 틀린 답변은 없음을 이야기하라. 인터뷰 진행자는 이 테스트에 개입하면 안 된다. 자신의 생각을 설명하고 설득하거나 의도를 알려주면 안 된다. 사용자가 테스트하는 조건의 현실성을 위해서 인터뷰 진행자는 관찰자의 태도를 갖추고 경청해야 한다.

4 사용자와 프로토타입 사이에서 일어나는 상호 작용을 관찰하라. 사용자에게 실행해야 할 일을 지시하고 수행하도록 한다. 예상치 못한 상황이 일어날 때, 이를 지적하지 말고 그대로 관찰하라. 우리의 관심은 사용자가 무엇을 이해하는가이다. 사용자의 태도, 감정을 드러내는 몸짓에 유의미한 변화가 있는지 주의해서 관찰하라. 사용자의 반응(무관심, 어려움)이 어떻든 간에, 그가 표현하는 것이 중요하다. 피드백에 열린 마음과 함께 중립적인 태도를 갖춰라. 사용자가 사용에 어려움을 겪을 때 그를 설득하거나 변명하려고 하지 말라. 비판을 받아들일 준비가 되어야 한다. 사용자가 가능한 한 많이 말하도록 하라. 사용자의 이해와 기대를 더 잘 이해하기 위해 "어떻게? 왜?"와 같은 열린 질문을 할 수 있다. 사용자의 질문에는 질문으로 답하라(…이 왜 그런 것 같나요?). 만약 사용자가 말하기를 좋아하지 않는다면, 당신이 먼저 문장을 시작하고 사용자가 끝내도록 유도하라.

5 인터뷰를 마무리하고 사용자에게 감사한 마음을 가져라. 테스트를 마무리하면서 사용자에게 무엇이 인상 깊었는지, 긍정적인 면과 부정적인 면은 무엇인지 생각을 요약해 달라고 하라. 또한, 사용자가 처한 현재 상황과 프로토타입을 사용할 수 있는 상황을 비교해 설명하라고 제안할 수 있다. 이 순간은 핵심적인 내용을 짚어보거나 더 직설적인 질문을 할 수 있는 기회이다.
마지막으로 사용자에게 시간을 내어 인터뷰에 참여한 것에 대하여 감사 인사를 한다. 감사의 표현(예를 들어 상품권)을 준비해도 좋다.

테스트와 반복
사용자 인터뷰하기

도구 51
대면 인터뷰 1-3:
의견 수집하기

★ **목표:** 사용자의 피드백을 제대로 수집하고 가치 있게 잘 활용하도록 역할을 분담한다.

★ **설명:** 피드백 수집을 위한 준비가 필요하다. 관찰자의 역할도 인터뷰 진행자의 역할만큼이나 중요하다! 효율적인 피드백 기록은 인터뷰를 성공적으로 마무리할 수 있는 비법이다.

★ **필요한 물품:** 사무실 2곳, 프로토타입을 촬영하기에 알맞은 카메라(광고를 찍으려는 것이 아니다. IPEVO사의 문서 카메라 종류를 추천한다), 흰 종이, 포스트잇, 연필

****

★ **추천하는 다음 단계:** 다음 단계를 팀과 함께 정하라(참조-도구 28, 47).

★ **더 나아가기:** 급하게 결론을 내면 안 된다. 사용자 한 명의 의견은 모든 이의 의견을 대변하지 않는다. 인터뷰를 서로 비교해 반복되는 내용을 찾아내라.

성공을 위한 조언: 관찰자가 인터뷰를 참관하는 경우, 필요한 내용을 기록해서 인터뷰 진행자에게 전달할 수 있다. 한 인터뷰를 마치고 다른 인터뷰를 시작하기 전 인터뷰 진행자에게 지침과 조언을 전달하면 좋다.

사례로 보는 도구의 효과

2018년 9월, 우리는 한 보험 회사를 대신하여 청년을 대상으로 한 새로운 상품을 테스트했다. 사용자를 안심시키고 편안한 분위기를 만들기 위해 인터뷰를 시작하기에 앞서 사례금을 주기로 했다. 이 방식 덕분에 인터뷰 상대가 우리의 마음에 드는 답변을 하려고 애쓰지 않을 것이라고 안심했다.

진행 단계

퍼실리테이터는 다음과 같은 진행 방식으로 참가자들을 돕는다.

1 인터뷰를 관찰할 장소를 세팅하라. 인터뷰를 진행하는 동안 직접 관찰(생중계)하거나 인터뷰 후 동영상을 시청하든지에 상관없이, 효과적으로 정보를 찾아낼 수 있도록 준비하는 것이 중요하다. 모든 팀원이 들어올 수 있을 정도로 큰 공간을 선택하라. 브리핑할 때 사용할 도표도 들어갈 수 있어야 한다. (생중계용 또는 영상 시청용) 기자재가 잘 작동하는지 확인하라. 또한, 각 팀원이 최대한 집중할 수 있도록 이동을 제한하고, 나누어준 필기구만 사용하라(개인 컴퓨터, 태블릿을 사용하지 않고, 각자 기록하는 대신 도표에 내용을 적는다). 간식과 음료를 준비하고 팀원들이 휴대전화와 컴퓨터 사용은 금지해 최대한 인터뷰에 집중하게 한다.

2 팀원들은 인터뷰 지침서의 복사본을 가지고 있어야 한다. 각자가 책임지고 인터뷰를 경청하기 위해 리포터와 같은 자세로 임한다. 사용자의 피드백을 쉽게 기록할 수 있도록 피드백 게시판을 만들어라. 각 피드백을 컬러 포스트잇에 적어 붙인다. 도표에서 프로토타입을 통해 증명해야 할 단계/가정은 세로줄에, 사용자의 이름은 가로줄에 적는다.

포스트잇은 네 가지 색을 구별하여 사용하라.

- 노란색: 긍정적인 면
- 주황색: 생산적인 비판
- 파란색: 사용자가 한 질문
- 녹색: 아이디어와 제안

각 참가자는 관찰 내용을 포스트잇에 작성해서 도표에 붙인다.

색채 코드를 활용하면 피드백에서 자주 등장하는 내용, 사용자가 쉽게 잘 진행한 단계, 이해하지 못했거나 좋은 평가를 받지 못한 단계 등을 쉽게 찾아볼 수 있을 것이다.

3 인터뷰를 관찰하는 목표를 상기시켜라. 인터뷰는 사용자가 아닌 프로토타입을 평가하기 위한 자리이다. 그러므로 사용자의 행동에 대해 질문해야 한다. 프로토타입의 어떤 요소 때문에 사용자가 특정한 행동을 하고 특정한 결정을 했는가?

다시 반복하지만, 판단하지 말라. 또한, 즉각적으로 반응하면 안 된다. 일단은 객관적으로 관찰하는 것이 가장 중요하다.

4 각 인터뷰를 본 후 바로 브리핑하라(10~15분). 팀원이 기록한 내용을 빠르게 살펴보면서 기억해 두라. 이 기록들은 다음에 실행해야 할 단계에서 생각 자료로 활용할 것이다.

5 인터뷰에서 첫 번째 결론을 도출하라. 어떤 요소들이 예상대로 작동하였는가? 어떤 문제들을 해결해야 하는가? 또한, 어떤 방식으로 해결할 수 있는가? 관찰 내용을 중요한 순으로 정리하라. 신속하게 실행 가능한 단기 성공^{Quicks Wins}(쉽게 달성할 수 있는 작은 성공)할 수 있는 것들을 찾아내고, 이 내용이 발전할 수 있도록 실행 계획을 세워라.

테스트와 반복
사용자 피드백 활용하기
도구 52 프로토타입에 대한 피드백 받기

★ **목표:** 각 반복 단계에서 프로토타입을 개선한다. 새로운 쟁점을 발견하고 아이디어의 강점과 약점을 빠르게 찾아낸다. 사용자 경험에 대한 피드백 데이터베이스를 만들어 프로젝트의 이전과 이후를 가늠해 볼 수 있다.

★ **설명:** 사용자의 피드백을 규칙적으로 받음으로써 사용자와 항상 가까이 있을 수 있고 사용자를 더 잘 이해할 수 있다. 사용자 인터뷰를 끝낸 후 또는 모든 테스트를 끝낸 후 수집한 정보를 체계적으로 정리해 효과적이고 알맞은 방법으로 반복할 수 있다.

★ **팀원 외 초대자:** 대상 사용자들

★ **필요한 물품:** 흰 종이, 포스트잇, 연필

★ **추천하는 다음 단계:** 피드백을 정기적으로 받는 것이 유용하다. 피드백에서 얻은 정보를 이용하여 새로운 프로토타입을 제작하라. 이를 테스트하고 새로운 피드백을 얻어라. 반복이 핵심이다!

성공을 위한 조언: 같은 프로토타입을 테스트하는 경우, 사용자에게 비슷한 테스트를 제안해서 피드백을 비교해 보라. 비교는 매우 효과적인 평가 방식이다. 그러므로 주저하지 말고 사용자에게 여러 프로토타입을 테스트하고 서로 비교하게 하라. 사용자는 한 모델에 대해 직설적으로 부정적인 평가를 하기보다는, 비교하면서 각 프로토타입이 지닌 약점을 이야기하는 것을 좋아하는 경향이 있다.

사례로 보는 도구의 효과

우리는 테스트해야 할 대상에 대해 객관성을 잃어버린 채 프로토타입을 제작하곤 한다. 그 전형적인 예가 바로 모바일 애플리케이션 제작이다. 가장 먼저 해야 할 일이 첫 번째 기능을 테스트하는 것인데도 우리는 서둘러 스크린 스케치로 가고 싶어 한다. 그 결과, 클릭해야 할 아이콘이 제자리에 없다는 피드백을 받는다. 그리고 온라인 사용자의 테스트 결과를 객관적으로 이해하지 못하고, 따라서 기능의 역할도 객관적으로 평가하지 못한다. 제이크 냅은 그의 저서 《디자인 스프린트^{Design Sprint}》에서 이러한 상황을 매우 잘 설명한다. 그리고 그는 "테스트하기에 적당할 정도로만 대략적인" 프로토타입 형태를 찾아내야 한다고 말한다.

진행 단계

당연히 좋은 피드백을 받기 위해서는 올바른 질문을 해야 한다. 이를 위해서는 테스트의 목적을 명확하게 결정하는 것이 중요하다. 참가자들에게 아래 지시 사항을 전달하라.

1

다음 질문을 하라. "프로젝트의 어떤 점을 테스트하고 싶은가? 이 테스트에서 어떤 질문에 대한 답을 찾아야 하는가?"

더 정확하게 답을 찾기 위해서 네 단계로 구성된 지침인 "테스트 카드"를 작성할 수 있다.

• 첫 번째 단계: 당신의 가정을 요약하라. ("우리는 …라고 생각한다")

• 두 번째 단계: 프로세스를 설명하라. ("이를 위해서 우리는 …할 것이다")

• 세 번째 단계: 테스트하는 동안에 당신이 알아내고 찾아낼 것을 명시하라. ("우리는 …을 알아낼 것이다")

• 네 번째 단계: 목표를 세워라. ("…하면 가정은 확인된다")

2 테스트의 틀을 구성한 후에는 피드백을 수집하기 위해서 몇 가지 원칙을 지키는 것이 중요하다. 적합한 대상을 정했는지 확인하라. 프로젝트를 진행할수록 당신의 프로토타입을 잠재적인 사용자에게 테스트하게 하는 것이 중요하다. 더 상세한 조건을 세우면서 대상 사용자를 선별하라(극단적 사용자, 도시거주자, 지방거주자 등).

3 "좋다"/"좋을 것 같다"/"만약 …하다면"과 같은 평가표를 활용하여 사용자가 쉽게 피드백을 할 수 있도록 도와야 한다. 이 도구는 각 사용자에게 긍정적인 면을 이야기한 후 생산적인 비판을 하고 마지막으로 제안을 할 수 있도록 한다. 우리 경험에 따르면, 이 방법으로 여러 다른 피드백을 더 쉽게 종합·정리할 수 있다.

4 당신은 피드백을 최적화하는 방식으로 테스트를 진행했다. 이제 피드백을 분류하고 프로젝트에 활용할 수 있는 데이터로 바꾸는 작업만이 남았다. 피드백 정리 표를 사용해서 각 사용자 피드백을 종합하는 것부터 시작할 수 있다. A4 용지를 네 칸으로 나누어라.
- "긍정적인 면"(사용자가 좋아한 것)
- "비판"(부정적인 반응, 피드백)
- "질문"(사용자가 이해하지 못한 것들을 질문한 내용)
- "아이디어"(사용자가 제안한 것)

각 사용자에 따라 표를 정리한 후에 반복되는 내용, 공통점, 눈에 띄는 피드백을 찾아내라.

5 전체 피드백을 새 표에 종합하여 정리하라.
- "강점"(프로젝트에서 사용자들이 인정한 부분은 무엇인가)
- "약점"(어떤 부분을 완전히 다시 작업하고, 변경하거나 삭제해야 하는가)
- "질문"(이 테스트를 통해 어떤 새로운 질문들이 나왔는가)
- "아이디어"(얼핏 보기에 사용자들이 제안한 아이디어 중 어떤 것을 남길 수 있겠는가, 피드백을 분류하는 동안 팀원들은 어떤 아이디어를 제안했는가)

이 종합 표는 테스트를 통해 당신이 배운 내용을 정리할 수 있게 도와준다.

테스트와 반복
사용자 피드백 활용하기
도구 53 반복

★ **목표**: 사용자의 의견, 지적, 제안 및 사용자 경험 피드백을 경청하여 요구 사항을 지속적으로 조정할 수 있다.

★ **설명**: 아이디어를 제품으로 만들어 구체적으로 실현하고, 이를 테스트하면서 필요한 만큼 반복하여 수정한다. 이것이 바로 디자인 씽킹을 성공으로 이끄는 기반이다. 반복하고, 또 반복하라. 다시 말하자면 당신의 대상 사용자들로부터 받는 피드백은 프로젝트의 모든 단계에서 매우 중요하다.

****

★ **더 나아가기**: 디자인, 물류 서비스, 또는 홍보 전략이든지에 상관없이 시장에 선보인 후에도 당신의 해결책(제품)은 항상 개선되어야 한다. 사용자들의 말을 끊임없이 경청하고, 당신에게 타당해 보이는 부분들을 반복적으로 수정하고 개선함으로써 사용자들과 늘 가장 가까운 곳에서 그들의 필요에 응답하라.

성공을 위한 조언: 욕심을 너무 많이 부리지 말라. 만약 단계들을 무시하고 빠르게 진행하려고 하면, 당신은 프로토타입을 제작하는 데 많은 에너지를 쏟을 것이다. 그리고 사용자들의 피드백을 경청하기가 점점 더 어려워질 것이다.

사례로 보는 도구의 효과

경영대학 졸업반 학생들과 단기 워크숍을 진행할 때였다. 학생들은 자신의 작업에 너무 많은 애정을 쏟았다. 그리고 프로토타입을 테스트하는 순간이 왔을 때, 학생들은 프로젝트의 가치 제안에 대해 질문하는 대신 대상 사용자를 잘못 선택했다는 의심을 했다. 우리는 이 문제를 해결하기 위해 학생들끼리 프로젝트를 서로 바꾸어 테스트하게 했다. 다른 팀의 프로젝트에 대한 사용자들의 긍정적인 또는 부정적인 비판을 듣는 것이 자신이 개발한 프로젝트에 대한 비판을 듣는 것보다 훨씬 수월했기 때문이다.

진행 단계

퍼실리테이터는 다음과 같은 진행 방식으로 참가자들을 돕는다.

1 수집한 피드백을 팀과 함께 모여 공유하라. 프로젝트에서 강조해야 할 강점은 무엇인지, 어떤 문제와 작동 오류가 발견되었는지, 사용자들은 무엇을 제안하고 어떻게 아이디어를 보완하였는지를 포함한 모든 데이터를 기초로 다음 반복 단계를 고민할 것이다.

2 프로젝트의 성격에 따라 피드백을 카테고리로 분류하라. 그러면 다시 고민해야 할 부분들을 찾아낼 수 있을 것이다. 분류를 마치고 결론을 내리면 다음과 같은 세 단계 해결책을 찾아낼 수 있다.
- 프로토타입을 다듬기: "프로토타이핑" 단계로 돌아가라.
- 해결책을 다시 정의하기: "아이디어 창출" 단계로 돌아가라.
- 문제를 다시 정의하기: "몰입" 단계로 돌아가라.

3 효과적으로 반복 단계를 진행하려면 다음 질문을 염두에 두면서 작업하라. 도대체 무엇이 이전 단계에서 사용자가 경험한 것과 다른 해결책을 찾아내도록 고민하게 했는가?

4 다시 한번 당신의 해결책(제품)을 대상 사용자에게 소개하라. 사용자들이 수정된 해결책을 테스트하면서 보이는 반응을 확인하라. 이전과는 무엇이 다른가? 특히 다시 작업한 부분들을 유심히 관찰함으로써 수정된 내용이 당신의 프로젝트에 어떤 영향을 주는지를 헤아려 보라.

5 필요한 만큼 반복하라. 반복 단계를 빠르고 많이 진행할수록 프로젝트를 성공으로 이끌 수 있다.

구조화

출발하라! 이 도구들은 팀을 조직화·구조화하고, 자료 수집과 심화 단계를 최적화하게 돕는다. 각 팀원은 무엇을 언제 다룰지 이해할 수 있을 뿐만 아니라 결정한 목표를 달성하는 방법을 바로 알 수 있다.

기초 세우기

새로운 프로젝트를 시작하는 일은 흥분과 자극을 주고 흥미롭다. 그러나 이를 진행하는 일은 쉽지 않다. 프로젝트를 순조롭게 시작하기 위해서는(또는 적어도 위험을 줄이기 위해서), 기초를 잘 다지는 것이 필요하다. 왜 특별히 이 프로젝트를 시작하는가, 어떤 가치를 얻으려 하는가, 또는 어떤 경쟁사들이 있는가 등의 질문에 다음 도구들을 활용하여 답변할 수 있다.

- **도구 54 스타트업 피치덱**
- **도구 55 미션 컴포저**
- **도구 56 골든 서클 플러스**

시작하기

결과보다 과정이 중요하다는 말이 있지 않은가? 결정한 목표를 이루기까지 과정은 길고 예상치 못한 일들도 많이 만날 것이다. 최선을 다해 정상에 오르기 위해서는 다음 도구들이 당신에게 큰 도움을 줄 것이다.

- 도구 57 실행 계획
- 도구 58 WOOP 목표
- 도구 59 RACI
- 도구 60 롤러코스터

기초 세우기
도구 54 스타트업 피치덱

★ **목표:** 스타트업 피치덱$^{Startup\ pitch\ deck}$(짧은 형태의 소개 자료)을 통한 흥미롭고 기억에 남는 발표로 상대방을 설득할 수 있다.

★ **설명:** 프로젝트를 진행하면 할수록 당신은 프로젝트를 소개해야 할 일이 많아질 것이다. 상대방이 잠재적인 투자자이거나 은행, 또는 미래의 구매자이든지에 상관없이, 명료하고 짧으면서 매력적으로 프로젝트를 소개하는 것이 중요하다. 당신은 이제부터 성공적인 소개를 하기 위한 열 가지의 핵심 단계를 배울 것이다.

****

★ **더 나아가기:** 만약 시각 자료(파워포인트 프레젠테이션 종류)를 활용한다면 가이 가와사키가 조언하듯이 슬라이드 수는 약 열 개로 제한하라. 텍스트보다는 이미지를 우선하며, 무엇보다도 슬라이드에 적힌 내용을 그대로 읽지 말라. 이렇게 하지 않는다면, 사람들은 당신보다 더 빨리 글을 읽은 후 당신에게 집중하지 않을 것이다.

성공을 위한 조언: 가장 중요한 내용만 발표하라. 당신의 목적은 듣는 이의 마음을 끌어당겨 프로젝트에 대해 더 알고 싶게 만드는 것이다. 발표 시간은 20분을 넘으면 안 된다.

사례로 보는 도구의 효과

한 스타트업이 일일 공동 창작 워크숍 진행을 도와달라고 부탁했고, 우리는 이를 바로 승낙했다. 그리고 자리에 앉아 투자자들을 설득한다는 목표를 이룰 수 있는 최고의 재료들을 상상했다. 그 방법들을 그대로 적용했고, 이 프로젝트의 투자를 고려하는 투자자의 건물을 빌려서 워크숍을 진행할 수 있었다. 이러한 방식으로 워크숍 내 투자에 참여하는 회원들의 의견을 받을 수 있었다. 한편, 발표 자료는 "슬라이드빈Slidebean(https://slidebean.com/pitch-deck-template)"과 같이 단순한 도구를 활용해서 만들었다. 결국, 오후 6시에 워크숍을 마쳤을 때 투자자들을 거의 설득했다.

진행 단계

퍼실리테이터는 다음과 같은 진행 방식으로 참가자들을 돕는다.

1 항상 프로젝트의 정체성을 보여주는 것부터 시작하라. 상대방은 바로 누구와 대화하는지, 무엇에 관한 이야기인지를 알아차릴 수 있어야 한다. 당신의 이름과 기업명, 프로젝트 이름을 말하라.

2 프로젝트가 시작된 배경을 소개하라. 당신이 해결하고자 하는 문제는 무엇이며, 어떤 기회를 잡으려고 하는가? 그리고 왜 지금까지 그 문제가 해결되지 않았는지도 설명하면 좋다.

3 당신의 해결책을 소개하라. 당신의 제품/서비스는 무엇인가? 앞에서 소개한 문제를 해결해 줄 핵심적인 내용을 설명하라. 너무 자세한 내용까지는 들어가지 말라.

4 프로젝트에서 기능적인 면을 설명하라. 너무 기술적인 설명보다는 도식을 우선으로 보여주고 데모demo나 프로토타입을 소개하라. 시각적 요소나 유형의 물체는 글보다 더 구체적이라는 이유로 항상 마음을 더 잘 사로잡는다.

5 당신의 비즈니스 모델을 설명하라. 프로젝트는 어떻게 수익을 창출할 것인가? 핵심적인 수치들(판매, 가격 등)을 말하라.

6 시장에서 어떤 위치인지 설명하라. 대상 사용자들은 누구인가? 그들을 모으기 위한 전략은 무엇인가? 사용자 테스트에서 긍정적인 피드백을 수집할 수 있었다면 예시로 활용하라.

7 경쟁사에 대해 완벽한 분석을 하여 발표하라. 시장의 현 상황은 어떠한가? 다른 경쟁사들은 어떤 제품을 출시했는가? 어떤 부분에서 당신이 더 나은가?

8 당신과 협력하는 사람들, 다시 말해 프로젝트를 이끄는 사람들, 주요 부서의 장들과 재정 파트너들을 소개하라.

9 프로젝트와 관련된 예상 수치들을 보여주라. 무엇을 예상하는가? 구체적인 목표를 설정한 타임라인을 그려라.

10 이미 실행한 것과 현재 실행 중인 것, 그리고 향후 실행할 단계들을 요약하여 설명하라. 상대방에 따라 구체적으로 그가 어떤 단계에서 참여할지, 그의 역할과 공헌이 무엇일지 설명하라.

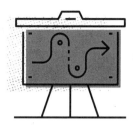

▸ 진행 난이도: 보통 　▸ 시간: 1~2시간

구조화
기초 세우기
도구 55 미션 컴포저

★ **목표:** 당신의 설명을 듣는 모든 사람이 프로젝트의 내용과 대상, 목적을 이해할 수 있다.

★ **설명:** 당신의 미션, 즉 프로젝트의 목적을 신속하고 명확하게 정의하는 도구이다. 프로젝트의 목적은 상업적인 슬로건 이상으로, 당신의 프로젝트를 지지하고 함께해야 할 이유를 알려준다.

★ **필요한 물품:** 흰 종이, 포스트잇, 연필, 컴퓨터

✱✱✱✱✱✱✱✱

★ **더 나아가기:** 만약 결정을 내리고 선택하기가 어렵다면 프로젝트의 목적을 외부 사람들에게 설명해 보라. 그러면 프로젝트의 내용을 자세히 모르는 사람들이 당신의 목적을 명확하게 이해하는지를 확인할 수 있다.

성공을 위한 조언: 이 도구는 앤 밀텐버그^{Anne Miltenburg}가 저서 《변화를 브랜드화하라 Brand the Change》에서 소개했다. 이 책에서 도구를 공유하는 데 동의해 준 저자에게 감사를 표한다.

진행 단계

퍼실리테이터는 다음과 같은 진행 방식으로 참가자들을 돕는다.

1 듣는 사람에게 강한 인상을 남길 수 있는 한 문장으로 미션을 정의해야 한다. 광범위한 표현과 불필요한 단어, 기교적인 문장은 버려라. 강한 인상을 남기기 위해서는 명확하고 단순하게 열 단어로 표현한다.

2 다음 내용이 들어간 "미션 컴포저" 서식을 인쇄하거나 흰 종이에 적는다: 해결하려는 문제, 나는 누구인가, 내가 하는 일, 왜 중요한가. 당신의 미션을 적을 때 이 네 가지 정보를 포함해야 한다.

3 당신이 해결하려는 문제, 다루려는 주제를 정의하는 것에서 시작하라(예를 들어 "세계 기근"). 어떤 점에서 당신의 프로젝트가 해결책이 되는가? 어떤 사용자 경험으로 개선할 수 있는가?

4 주제와 관련된 당신의 역량을 중심으로 소개하라. 당신은 어떤 면에서 이 문제를 해결하는 데 적합한 사람인가?

5 당신이 하는 일을 소개하라. 당신의 제품/서비스를 몇 단어로 소개하라. 누구를 대상으로 하는가?

6 어떤 면에서 당신의 프로젝트가 중요한지 설명하라. 다시 말해 어떻게 당신의 해결책이 앞에서 소개한 문제를 해결할 수 있는가를 설명하라. 당신은 다음 문장을 활용할 수 있다.
"[당신의 해결책] 덕분에, [대상/사용자]는 [구체적인 해결책 활용]한다."

7 이 네 가지 내용을 작성했다면, 이제 이 정보들을 하나의 문장으로 종합하고 정리해야 한다. 표에 작성한 내용 중에서 키워드를 찾아 밑줄을 긋고 동그라미를 쳐라. 각 팀원에게 여러 문장을 작성하게 하고, 모두가 볼 수 있도록 이를 화이트보드에 적어라. 가장 뛰어난 문장을 찾아낼 때까지 문장을 다듬고 고치도록 한다.

구조화

기초 세우기

도구 56 골든 서클 플러스

★ **목표:** 당신의 프로젝트에 의미를 부여하고 회사/팀과 노선을 정비할 수 있다.

★ **설명:** 고객은 당신이 만드는 것을 사지 않는다. 그들은 당신이 그것을 만드는 이유를 산다. 이유를 설명함으로써 당신은 고객과 관계자들에게 영감을 줄 수 있다. 바로 이것이 사이먼 사이넥[Simon Sinek]이 테드 강의《WHY에서 시작하기 Starting from the WHY》에서 하는 말이다. 4천 5백만 회 이상 시청한 이 강의에서 강연자는 골든 서클[Golden Circle]이라는 개념을 소개한다.

이 간단한 개념은 행위에 의미를 부여해 주는 것으로, 소통을 세 단계로 나눈다.

- "왜[WHY]"(가장 중앙에 그려진 원): 기업은 왜 그 일을 하는가(존재 이유). 이 기본적인 요소는 종종 제대로 알려지지 않았다.

- "어떻게[HOW]"(두 번째 원): 기업은 어떻게 그 일을 하는가(기업의 가치, 작동 원리).

- "무엇을[WHAT]"(세 번째 원): 기업이 하는 일. 보통 기업들은 이를 잘 설명할 수 있다.

클랩 공동체에서 골든 서클 전도사 역할을 하는 티보 게니[Thibaud Guény]는 자주 사이넥의 말을 인용한다. "당신이 말하고 행동하는 모든 것은 당신의 신념을 드러내야 한다." 그러므로 노선을 정비하는 것이 프로젝트의 기본이다.

사이넥의 개념에서 영감을 받아 고안한 골든 서클 플러스[Golden Circle +] 도구는 팀이나 기업에 적용할 수 있다. 뿐만 아니라 팀/기업의 정체성과 가치의 노선과 항상 일치하도록 프로젝트에 적용할 수 있다.

★ **필요한 물품:** 판지, 포스트잇, 펜, 동그라미 스티커

★ **워크숍 전 필요한 준비사항:**

- 판지 1: 나의 기업/팀의 "무엇을/어떻게/왜(WHAT/HOW/WHY)" 행렬
- 판지 2: 나의 프로젝트의 "무엇을/어떻게/왜(WHAT/HOW/WHY)" 행렬

참가자들에게 할 질문(이전 단계에서 찾아낸 질문) 목록을 미리 보내 워크숍에서 답변할 내용을 준비할 수 있게 한다.

★ **준비할 시간이 없다면 진행하면서 한다:** 활동을 시작하면서 행렬 표를 그리고, 참가자들에게 질문한다.

★ **추천하는 다음 단계:** "무엇을/어떻게/왜" 세 단계를 체계적으로 당신이 하는 일에 적용해 보라. 그러면 당신의 일상 업무가 변화하고, 가장 중요한 것에 집중하고, 업무에 의미를 부여할 수 있을 것이다. 당신이 우리가 사는 이 세상을 변화시키는 주인공임을 잊지 말라.

★ **도구가 프로젝트팀에 미치는 영향:** 프로젝트 팀원들이 의미를 더 잘 받아들임으로써 프로젝트를 성공으로 이끌 가능성이 더 커진다.

★ **더 나아가기:** 이 활동이 마음에 든다면 "WHY의 날"을 갖고 팀의 정체성을 찾아보라. 이 워크숍은 우리가 원하는 핵심 메시지를 찾아낼 수 있는 탁월한 방법이다. 더불어 기업이 추구하는 목표를 팀에 전달하고, 팀원들이 일상에서 이를 내면화할 수 있다.

성공을 위한 조언: 우리는 디자인 씽킹 워크숍을 진행하면서 원활한 진행에 방해가 되는 요인을 깨달았다. 바로 기업에서 명확하게 "WHY"를 질문하지 않았기 때문이었다. 그래서 우리는 "WHY"를 질문하고 답변하는 기초적인 정보를 공유하기 위한 일일 워크숍(WHY Day 워크숍)을 시작했다.

우리는 프로젝트의 노선을 점검하고 의미를 확인하기 위해 자주 이 도구를 활용한다. 우리의 기업 고객이 브랜드 50주년을 맞이하는 행사에서 도구를 실험할 기회가 있었다. 골든 서클 도구 덕분에 어떻게 50주년 행사가 브랜드의 현재와 미래를 보여줄지를 쉽게 알아낼 수 있었다. 특히 많은 질문을 통해 일관성을 찾을 수 있었다.

진행 단계

퍼실리테이터는 다음과 같은 진행 방식으로 참가자들을 돕는다.

1

(주제에 따라) 팀이나 기업에 묻는 골든 서클 질문으로 활동을 시작하라. 각 참가자는 팀/기업 관련 질문에 대하여 포스트잇에 작성하고 첫 번째 판지에 붙인다.

- 당신은 누구십니까? 어떤 일을 합니까? (자신을 소개할 때 말하는 내용)
- 사람들은 당신을 어떻게 묘사합니까?
- 당신의 주요 가치는 무엇입니까?
- 당신은 무엇을 믿습니까?
- 왜 매일 아침 일어납니까? (이익을 창출하는 것 외)

2

이제 프로젝트에 관한 골든 서클로 넘어가라.

각 참가자는 팀/기업 관련 질문에 대하여 포스트잇에 작성하고 두 번째 판지에 붙인다.

- 당신의 프로젝트는 무엇입니까? 사실을 바탕으로 묘사하세요.
- 당신의 활동 분야는 무엇입니까?
- 어떤 제약이 있습니까? (시간/예산/품질 등)
- 얻어야 하는 결과물은 무엇입니까?
- 프로젝트 외 쟁점이 있다면 무엇입니까? 성공/실패?

3

다음 과제는 당신의 정체성과 프로젝트 사이에서 일관성을 찾아내는 것이다. 먼저 팀원들은 각 판지에 붙인 포스트잇을 다음 카테고리에 따라 분류하라.

- 왜(프로젝트를 하는 이유)
- 어떻게(프로젝트는 실행하는 방법)
- 무엇을(우리가 만드는 것)

4

골든 서클 두 개를 완성한 후, 이들 사이의 관계를 찾아내기 위해 고민하라. 프로젝트는 팀/기업의 정체성과 일치해야 한다. 그러면 프로젝트의 개요, 의미, 일관성을 더 세밀하게 정돈할 수 있다.

정체성과 프로젝트 사이에서 연관성을 찾지 못하면, 프로젝트의 의미도 명확하게 찾을 수 없다.

구조화
시작하기
도구 57 실행 계획

★ **목표:** 참가자들이 해야 할 업무와 일정을 완벽하게 조정할 수 있다.

★ **설명:** 워크숍 활동을 마친 후, 피할 수 없는 순간이 있다. 바로 후속 조치를 위해 실행 계획을 세워야 한다는 것이다. 그런데 불행히도 많은 경우 참가자들은 기진맥진해 있다. 여기에서 소개하는 실행 계획은 단순화한 버전이다. 따라서 워크숍을 마친 각 참가자가 무엇을 해야 할지, 누가 어떤 업무를 언제까지 할지를 알 수 있다.

★ **필요한 물품:** 판지, 포스트잇, 펜, 동그라미 스티커

★ **워크숍 전 필요한 준비사항:** 화이트보드나 판지에 세로칸 다섯 개를 그리고, 제목에 "무엇을", "누가", "어떻게", "성공의 조건", "언제"를 적는다.

　이 활동을 시작하기 전에 활동의 목적을 분명하게 팀원들과 공유해야 한다. 목표를 제대로 이해하지 못한다면 실행 계획을 세우기가 어려울 것이다.

★ **도구가 프로젝트팀에 미치는 영향:** 팀은 무엇을 해야 할지 분명히 알고, 목표를 분명하게 따를 수 있다.

성공을 위한 조언: 팀원이 일곱 명이라면 실행 계획에 너무 많은 업무를 넣지 말라. 업무들을 제대로 실행할 수 없을 것이다. 너무 야심 차고 긴 업무 목록을 작성하기보다는 적은 업무를 계획하고 회의도 적게 하는 것이 더 낫다.

진행 단계

1 목표를 공유하고 팀들이 목표를 공감하도록 한다.

2 팀과 함께 브레인스토밍 방식을 활용하면서 목표를 달성하기 위해 실행해야 할 단기, 중기, 장기적 행동을 모두 찾아내라.

3 행동 목록을 작성한 후에는 "스티커 투표"(참조-도구 34)를 활용해 장기 계획으로 가장 적합한 행동들을 찾아내라.

4 일곱 명으로 구성된 팀일 경우, 표에서 "무엇을" 칸 안에 들어갈 행동은 열 개를 초과하지 않는다.

5 팀과 함께 "무엇을"의 각 내용을 대상으로 "어떻게"를 정한다. 다시 말하자면, 어떻게 행동을 실행에 옮길지에 대한 단계를 정한다.

6 팀과 함께 "어떻게"를 결정한 다음에는 "성공의 조건"을 결정한다. 다시 말해, 행동을 성공으로 이끌 조건을 찾아내는 것이다(승인 보고서, 프로토타이핑과 테스트, 프로젝트에 배정된 사무실 등).

7 앞의 세 요소를 찾아낸 후에는 각 참가자에게 "무엇을"에서 한 주제 또는 여러 개를 주도할 수 있는지를 묻는다(이는 그들이 모든 업무를 해야 한다는 뜻이 아니다. 팀원에게 업무를 배정할 수 있는 리더의 역할을 하는 것이다). 한 사람이 적어도 한 주제를 담당해 주도할 수 있도록 한다.

8 절대로 자리에 참석하지 않은 사람에게 업무를 부여하지 말라. 그가 업무를 수행하지 않을 가능성이 크다! 만약 아무도 자신이 맡을 주제를 고르지 않는다면 가장 마지막에 오는 사람이 나머지를 맡게 될 것이라 이야기해도 좋다. 그리고 정말 실행 계획에 아무도 나서지 않는다면 "아이디어를 팝니다"(참조-도구 36)를 활용할 수 있다.

9 각 참가자는 자신이 주도할 행동들을 실행할 날짜를 정하고 이를 공유한다.

10 실행 계획과 목적에 맞게 다음 세션을 함께 계획한다.

구조화

시작하기

도구 58 WOOP 목표

★ **목표**: 목표를 제시하고 팀에게 실제로 동기 부여를 하는 프로세스를 정립할 수 있다.

★ **설명**: 목표에 따라 업무를 관리하는 방식은 팀에게 동기를 부여하고 팀을 주도하는 데 필수적이다. 이 방식은 정해진 기간에 달성해야 할 질적, 양적 목표를 찾아내는 것을 기본으로 한다. 목표에 따른 관리는 1954년 피터 드러커[Peter Drucker]가 최초로 정의한 개념이다. 그리고 이 개념을 조지 도란[George Doran]이 스마트(SMART: Specific, Measurable, Ambitious, Realistic, Temporal-특정한, 측정 가능한, 야심 찬, 현실적, 일시적) 방법론으로 처음 적용했다. 그리고 최근에는 WOOP(wish, outcome, obstacle, plan-소원, 성과, 장애물, 계획)이 널리 알려졌다. 우리는 이 책에서 이들 방법론을 소개하고자 한다.

WOOP의 창시자 가브리엘 외팅겐[Gabriele Oettingen]은 목표를 달성할 수 있다고 긍정적으로 상상하는 것만으로는 참가자가 목표를 달성하도록 동기를 부여할 수 없다고 이야기한다. 그래서 그녀는 거쳐야 하는 과정과 만날 수 있는 장애물을 머릿속에 그려보는 것의 중요함을 강조했다. 이러한 접근 방식은 일부 장애물을 피하도록 돕고, 따라서 더욱 효율을 높여 준다.

예시를 살펴보자.

- W[wish]: 생물학 시험에서 A 학점을 받겠다.
- O[outcome]: 나는 행복할 것이다.
- O[obstacle]: 시험공부를 미룰 것이다.
- P[plan]: 저녁 식사 후에 복습하면서 플래시 카드[flash card] 5장을 만들겠다.

(출처: 캐릭터 랩(Character Lab)-WOOP의 예)

★ **필요한 물품**: 흰 종이, 포스트잇, 연필, 컴퓨터

****

★ **추천하는 다음 단계**: WOOP 활동에서 얻은 요소들과 프로젝트를 성공적으로 이끌기 위해서 실행해야 할 행동들을 포함해서 실행 계획을 세울 수 있다.

★ **도구가 프로젝트팀에 미치는 영향**: 아무리 스마트한 목표라도 실망감을 느낄 수 있다. 팀이 프로젝트를 진행하면서 만날 수 있는 장애물을 먼저 예상하면, 첫 번째 역경을 만나도 실망하지 않을 수 있다.

★ **더 나아가기**:

- https://www.characterlab.org/woop
- 추천 도서 : 가브리엘 외팅겐, 《긍정적인 생각 재고하기: 새로운 동기 부여 과학의 내면Rethinking positive thinking: inside the new science of motivation》

성공을 위한 조언: 목표는 팀이 공동으로 정해야 한다. 팀의 적극적인 참여를 독려할 수 있는 최고의 방법이기 때문이다. 모든 이가 목표에 공감할 수 있는 시간을 가져라.

사례로 보는 도구의 효과

어떤 팀들은 스마트한 목적에 거부반응을 보이기도 한다. 우리는 보험 분야에서 활동하는 팀에게 WOOP 활동을 제안한 적이 있다. 팀은 빠르게 '소원'과 '성과' 단계를 지난 후 잠재적인 장애물을 찾아내는 단계에서 많은 시간을 소요했다. 그래서 우리는 다시 '소원' 단계로 되돌아와 수준을 낮추어 이룰 수 있는 목표를 재설정했다. 이로써 팀은 장애물을 먼저 예상해 봄으로써 프로젝트가 가장 최상의 조건에서 어떤 방향으로 진행될지를 예상할 수 있었다!

진행 단계

구체적으로 어떻게 WOOP 목표를 결정할 수 있을까? 아래의 다섯 단계를 따라 참가자들을 도와라. 팀원들은 각 단계에서 아이디어를 포스트잇에 적고 벽에 붙인다.

1 W: 당신의 목표, 소원은 무엇인가? 소원은 당신에게 달려 있다. 특정한 목표로 달성할 수 있어야 한다.

2 O: 어떤 긍정적인 결과를 달성하기를 원하는가? 동기 부여를 하고 당신의 역량을 끌어올릴 수 있어야 한다. 얻을 수 있는 최상의 결과는 무엇인가? 당신의 목표를 달성했을 때 가장 긍정적인 성취는 무엇인가? 그리고 어떤 감정을 느끼겠는가?

3 O: 주요 장애물은 무엇인가? 프로젝트를 진행하는 중에 목표를 달성하지 못하게 할 장애물은 무엇인가? 예를 들어 신기술, 참가자의 도중하차, 여러 다른 프로젝트를 동시에 진행하는 팀, 동기 저하, 갈등, 최종 사용자의 불참 등을 떠올릴 수 있다.

4 P: 이러한 장애물을 극복하기 위해 어떤 계획을 세우겠는가? 당신이 할 수 있는 행동, 또는 문제를 극복하는 데 기초가 될 아이디어를 결정하라.

5 재정비하라. 참가자들에게 다음 지시 사항에 따라 움직이게 하라.
"목표를 완전히 지지하고 참여하면 오른쪽 벽으로 가세요. 만약 목표에 동의하지 않거나 공감하지 않으면 왼쪽 벽으로 가세요."
목표에 공감을 표지하 않은 참가자들에게 개선 방법을 물어보라.

구조화
시작하기
도구 59 RACI

★ **목표:** 각 참가자의 역할과 책임을 분명하고 투명하게 정할 수 있다.

★ **설명:** 명확하고 분명하게 각 참가자의 역할과 책임을 정함으로써 프로젝트를 성공으로 이끌 수 있다. 이 도구는 프로젝트가 진행되는 중 어떤 참가자들이 어떤 순간에 개입하게 될지를 알게 해 준다. 각 활동에는 지도자가 있으며 필요할 경우 지도자가 업무를 참가자들에게 배정할 수 있다.

★ **필요한 물품:** 판지, 포스트잇, 펜, 동그라미 스티커

★ **워크숍 전 필요한 준비사항:** 모든 업무 목록을 작성하고, 분명하게 명시해야 할 역할과 책임을 미리 정할 수 있다. 그리고 세로줄에는 활동, 업무, 행동, 단계, 결과물을, 가로줄에는 참가자들을 적을 표를 준비해야 한다. 역할과 책임은 행렬에 채워 넣을 것이다.

****

★ **도구가 프로젝트팀에 미치는 영향:** 역할과 책임에 대해 명확하고 투명한 정보를 얻을 수 있다. 이로써 불필요한 갈등을 피하게 된다.

성공을 위한 조언: 각 업무에는 적어도 한 명의 책임자가 있어야 한다. 책임자가 되면 업무를 참가자들에게 배정해야 한다는 사실을 잊지 말라. 그리고 한 참가자가 여러 역할을 가질 수 있다(예를 들어 결정권자와 책임자).

사례로 보는 도구의 효과

팀에서 불분명한 것만큼 나쁜 것이 없다! 한 프로젝트에서는 모든 일에 참견하는 참가자가 있었는데 그는 다른 이들의 업무에 많은 부분을 참견했다. 불평과 긴장감이 팽배해지는 것이 보일 정도였다. 그래서 우리는 간단한 RACI 활동(아래 참고)을 통해 각자가 효율적으로 일하는 방법을 찾았고, 참견쟁이는 덜 끼어들 수 있었다.

진행 단계

퍼실리테이터는 다음과 같은 진행 방식으로 참가자들을 돕는다.

1 첫 번째 단계에서는 표의 가로줄에 프로젝트에 참여하는 모든 사람의 이름을 넣는다.

2
그리고 세로줄에 업무, 결정 내용, 프로젝트에서 도출해야 할 결과물(제품)을 적는다.

이제 표에 모든 업무와 참가자를 적었다. 다음으로 당신은 참가자들에게 업무별로 맞는 칸에 누가 어떤 역할을 맡을지를 정한다. 역할의 종류는 다음과 같다.

책임자, 알파벳 R^{Responsible}을 쓴다.

결정권자, 알파벳 A^{Accountable}를 쓴다.

상담자, 알파벳 C^{Consulted}를 쓴다.

정보 기록자, 알파벳 I^{Informated}(진행 상황을 최신 상태로 업데이트하는 사람)

설명: "책임자(R)"는 업무 실행을 담당하는 사람이다. 각 책임자는 결정권자인 A의 권위에 복종한다. 그러나 A는 결정만 담당한다.

3
각 가로줄(즉, 각 행동)에 책임자(R)를 정하고, 모든 책임을 참가자들에게 부여한 후에는 팀원들의 참여에 감사하며 활동을 마무리하라.

구조화
시작하기
도구 60 롤러코스터

★ **목표**: 디자인 프로세스의 여러 단계를 거치며 느꼈던 모든 감정을 개인적으로 또는 팀과 함께 돌아본다. 그리고 이러한 종류의 프로세스에는 항상 굴곡이 있다는 사실을 깨닫는다!

★ **설명**: 개별적으로 또는 팀과 함께 참가자들은 디자인 씽킹 프로젝트를 진행하는 동안 느꼈던 감정과 마음 상태를 시각 자료인 "롤러코스터" 위에 그려본다. 그리고 각 단계(내려가는 구간, 올라가는 구간, 완전히 뒤집힌 구간)와 날씨를 연결해 본다.

★ **필요한 물품**: 판지 또는 A3나 A4 크기 용지, 마커, 연필, 스카치테이프 또는 블루택

★ **워크숍 전 필요한 준비사항**: 예시로 보여줄 롤러코스터 그래프를 인쇄하거나 그릴 수 있다. 참가자들이 자신의 상황과 동일시할 수 있고 더 쉽게 표현할 수 있는 예시를 찾는다.

★ **준비할 시간이 없다면 진행하면서 한다**: 참가자들에게 종이나 판지를 주고 떠오르는 대로 직접 그리도록 한다.

★ **추천하는 다음 단계**: 다과나 식사 시간을 갖는 것을 추천한다.

★ **도구가 프로젝트팀에 미치는 영향**: 팀원들은 다른 이들이 어떻게 프로젝트를 경험했는지 알 수 있다. 급할 때는 팀원들이 어떤 감정을 느끼는지 살펴볼 여유가 없다. 그러므로 이 활동은 모든 팀원에게 풍부한 교훈을 준다.

★ **더 나아가기:** 당신이나 팀원 중 워크숍에서 그리는 것을 좋아하는 사람이 있다면 지금이 바로 당신의 능력을 뽐내고 욕망을 표출할 기회이다. 강력하고 생생한 그림으로 사람들을 놀라게 하라.

성공을 위한 조언: 단 한 가지 조언만 할 수 있다면, 우리가 하고 싶은 조언은 바로 이것이다. 팀에게 솔직하고 투명하게 고백하기를 요청하라. 솔직하지 않으면 이 활동은 효과를 발휘하지 못하고, 아무도 교훈을 얻지 못할 것이다.

사례로 보는 도구의 효과

한 워크숍을 마치면서 "롤러코스터" 활동을 통해 개별적으로 워크숍의 경험을 돌아보았다. 각자의 경험을 공유하는 자리에서 한 참가자가 보여준 롤러코스터에는 세 사람이 네 번째 사람을 끌어당기는 그림이 그려져 있었다. 그림 속에서 네 번째 사람은 중구난방으로 날뛰고 있었는데, 실제로 그의 태도가 팀에 불안감을 조성했다. 그런데 당사자는 자신에 대한 평가를 처음에는 잘 받아들이지 못했다. 그러나 결국에는 상황을 깨닫고, 자신의 태도가 팀에 어떤 영향을 줄지 잘 몰랐었다며 사과했다. 롤러코스터는 프로젝트 자체의 내용과는 별개로 개인이 프로젝트를 어떻게 경험했는지 보여줄 수 있는 탁월한 도구이다.

진행 단계

1 팀에게 다음의 지시 사항을 전달하라. "여러분은 잠시 프로젝트 동안에 느낀 감정을 돌아볼 것입니다. 프로젝트를 단계별로 어떤 감정을 느꼈는지를 표현합니다." (팀이 같은 롤러코스터 표를 사용하도록 하거나 각자 그리도록 할 수 있다) "롤러코스터 레일(가로 방향)을 이용해 각 단계에서 느낀 마음 상태를 표현하세요."

- 올라가는 구간, 속도가 나지 않는다고 느낀 순간, 기초를 준비하고 고민했던 순간
- 내려가는 구간, 모든 일이 빠르게 진행된 순간, 역동성이 있고, 강한 감각을 느꼈던 순간
- 뒤집힌 구간, 길을 잃었던 순간, 너무 빨리 진행해 당황했던 순간

롤러코스터를 그리면서 각 단계에 날씨(맑음, 흐림, 비, 폭풍)를 자신의 마음 상태(좋음, 보통, 나쁨, 끔찍함)와 연관을 지어 그리도록 한다.

그리고 마지막 지시 사항을 전달한다. "이 활동이 유익할 수 있도록 솔직하게 모든 것을 표현하세요. 그리고 창의적이고 즐겁게 활동하세요!"

2 참가자들이 팀과 함께 또는 개별적으로 그리도록 한다. 질문이 있으면 답변을 한다.

3 각 참가자의 그림을 게시한다. 그리고 각자가 자신의 "롤러코스터"를 발표하게 한다.

4 참가자들을 칭찬하라.

나가며

"당신이 가시에 찔렸다고 해서 모든 장미를 미워하는 것은 미친 짓이야.

그리고 한 꿈이 이루어지지 않았다고 모든 꿈을 버리는 일,

실패했다고 모든 시도를 포기하는 것도 마찬가지지.

[…]

끝나는 것은 늘 새로운 시작을 해."

《어린 왕자》, 앙투안 드 생텍쥐페리(Antoine de Saint-Exupéry)

모든 것이 끝났다. 이제 우리는 여기에서 헤어져야 한다. 이 책을 통해 당신을 도울 수 있어 기뻤다. 또한, 디자인 씽킹의 드넓은 바다로 (다시) 뛰어들 수 있을 만큼 충분한 내용을 당신에게 전달했기를 바란다.

우리가 당신에게 한 조언은 말하기는 쉬워 보이지만 적용하기가 항상 쉽지만은 않다. 그러나 디자인 씽킹의 이면에 있는 원리는 상식적이다. 다만 학교나 기업, 일상에서 거의 개발하지 않을 뿐이다(모든 것을 알 수 없다는 것을 인정하기, 협동하기, 하나씩 해나가기, 시도하기, 정면에서 부딪치기, 신뢰하기).

우리는 책에서 소개한 개념과 도구들을 자신의 것으로 만들기 위해서는 많은 과정을 거쳐야 한다는 사실을 알고 있다. 이 책을 덮자마자 혁신적 천재가 될 수 있다고 약속한다면, 그것은 거짓말일 것이다. 우리도 디자인 씽킹을 시작할 때 어느 정도 시행착오를 겪었다(사실 엄청나게 많은 시행착오를 겪었다!). 그리고 현장에서 배웠다. 모두에게 현장에서 직접 경험해 보기를 추천한다.

각 사람에 따라 각기 다른 단계를 거치게 될 것이다. 그리고 그 길에는 많든 적든 장애물이 흩뿌려져 있을 것이다. 우리가 당신에게 하고 싶은 말은 단 하나이다. 과감히 나가라! 모험의 끝에서 성장한 당신을 만나게 될 것이다. 프로젝트에서 더 많은 의미를 찾을 수 있고, 프로젝트의 결과를 기다리는 시간은 덜 지루하게 느껴질 것이다. 우리는 디자인 씽킹 워크숍과 영감을 주는 수많은 공동체(도서 목록을 보라)를 통해서 팀원들이 많은 결과를 얻어내는 것을 보고 기뻐했다. 우리가 목격한 결과들은 다음과 같다.

- 매우 탁월한 제품을 출시한다.
- 야심 찬, 그러나 현실적인 프로젝트를 시작한다.
- 팀의 단결력을 끈끈하게 만든다.
- 깨달음을 얻고 성숙해진다.

2016년에 온라인 플랫폼 Meetup.com에 "Make it klap(저자가 설립한 디자인 씽킹 회사의 이름이 klap이다. '손뼉 치게 하라(make it clap)'로 읽힌다)" 그룹을 만들면서 한 가지를 깨달았다. 우리의 한계를 뛰어넘게 하고 역량을 강화하게 하는 두 요소가 있는데, 그것은 바로 공유와 적극적인 실험이다.

특히 동료와의 공유는 그 자체로 촉진제이다. 워크숍에서 피드백을 받기 위해서는 클랩 공동체의 퍼실리테이터에게 진행을 맡겨야 한다. 그들이 없다면 워크숍도 존재하지 않는다. 그러므로 디자인 씽킹에 당신만큼이나 관심 있는 사람들과 할 수 있는 한 많이 만나라. 예를 들어 이 책을 여러 명과 함께 읽어보라.

이 책의 제목에 "팀과 함께"라는 표현을 덧붙여도 어울렸을 것이다! 독서 그룹에 참여하는 사람들이 많을수록 책의 내용을 더 깊이 이해하고 더 쉽게 적용할 수 있음을 경험할 것이다. 대화하면서 이해를 더 많이 할 수 있는 것 아니겠는가? 당신의 조직 안에서 디자인 씽킹 방법론을 적용하는 방식, 즉 당신만의 스타일을 만들 수 있다.

디자인 씽킹은 이론적인 접근법이 아니라 생각하고 행동하는 방식이다. 이를 훈련하고 새로운 방식을 과감히 시도해야 한다! 디자인 씽킹 프로세스의 모든 단계 또는 일부를 실험하는 기회로 만들어 보라. 그러나 단순히 디자인 씽킹이 혁신 부처에서 언급되는 주제여서가 아니라, 당신이 정말로 믿어서 실천하는 것이 중요하다. 디자인 씽킹을 시도하는 이유를 정말로 알고 있다면, 당신은 도전해야 할 과제가 가득한 현장을 발견하게 될 것이다. 누군가가 디자인 씽킹을 지시할 때까지 기다리지 말라. 만약 디자인 씽킹을 실험해 보기로 했다면, 누군가가 승인할 때를 기다리지 말고 프로세스를 새로운 (비전략) 프로젝트에 적용하면서 한발 앞서 나가라.

미 해군 제독이자 컴퓨터 공학의 선구자 그레이스 머레이 호퍼^{Grace Murray Hopper}의 말에 우리는 깊이 공감한다. "과감히 시도하라. 그리고 실행하라. 먼저 승인을 받는 것보다 이후에 사과하기가 더 쉽기 때문이다."

마지막으로 좋은 시기를 찾아내라. 좋은 조언을 듣고, 호의적인 현장 분위기를 만들라. 그리고 처음 시도할 때에는 너무 크게 실패하지 않도록 작은 것부터 시작하라.

우리는 이 방식에 성공했다. 그렇다면 왜 당신이 못하겠는가? 곧 또다시 만나기를 기대한다! 우리가 진행하는 행사, 교육에서든, 블로그나 소셜 네트워크, 또는 커피 한 잔을 시켜놓고 이야기할 수 있기를 바란다!

감사의 말

오랜 시간 우리에게 영감을 준 모든 사람에게 감사의 말을 전한다. 너무나도 많아서 모두 언급하기가 어렵다!

특히 우리를 믿고 함께 이 책을 쓸 기회를 준 우리 이롤Eyrolles 출판사에 감사한다. 특별히 책을 쓰는 모든 과정에서 인내심을 가지고 우리를 도와준 플로리앙Florian, 마리-세실Marie-Cécile, 다비드David, 오리안Oriane에게 감사의 인사를 한다.

우리는 각기 다른 성격의 세 저자와 함께 일하기가 쉽지 않았다는 것을 잘 안다. 때때로 당황스러운 상황도 생길 때도 있었다. 그러나 이 모험을 함께 할 수 있어 정말로 기뻤다!

이 책에 공헌해 준 우리의 고객들, 협력자들과 친구들을 떠올리면서 감사의 말을 전한다. 그들은 우리에게 가장 소중한 것들, 신뢰, 경험의 내용, 조언, 피드백을 기꺼이 나누어 주었다. 여러분들이 없었다면 이 책은 세상에 나올 수 없었을 것이다! 그들과 함께한 경험은 시험과 오류를 해결할 기회가 되었고 인내심과 열정을 갖고 성장할 수 있었다. 플로랑 마르샬Florent Marchal, 힌드 엘리드리시Hind Elidrissi, 로맹 푸자로Romain Fusaro, 마르고 가예Margot Gayet, 브리외 사프레Brieuc Saffré, 다릴라 마딘느Dalila Madine, 요안 토니Yoann Thony, 레지 슈나이더Regis Schneider, 요한 부팡도Yohan Bouffandeau에게 감사한다.

그리고 특히 클럽의 회원들을 기억한다. 제니 오지아Jenny Augias, 로라 슈아지Laura Choisy, 알렉상드라 스코라Aleksandra Skora, 티보 게니Thibaud Guény, 티보 강로프Thibaud Gangloff, 엘리엇 피존Eliott Pizon, 세드릭 카르발로Cédric Carvahlo, 마튜 사부랭Matthieu Sabourin, 아루니 카뇽Arounie Cagnon을 포함한 서클 2, 3, 4

의 모든 회원이 우리가 하루하루 성장할 수 있도록 도왔다. 함께 도전하고 성공하고자 하는 야망을 갖게 되었고, 새로운 시도를 하고 우리 자신의 한계를 뛰어넘을 수 있었다.

지난 삼 년 동안 우리가 만든 회사 클랩과 디자인 씽킹을 중심으로 수많은 사람이 공동체를 이루었다. 이 책은 공동체를 구성하는 모든 회원의 책이다. 회원들 덕분에 우리는 배우고, 다시 배우고, 기존의 확신을 깨부수고, 믿음을 확인할 수 있었고, 지금 이 몇 줄을 적는 순간이 오게 되었기 때문이다. 이 책에서 쉬지 않고 집단 지성을 이야기했는데, 특히 여러분을 생각하면서 적었다. 여러분에게 감사하다!

또한, 우리의 곁에서 그리고 멀리서 원고를 읽어주고 공헌해 준 모든 분께 감사드린다. 그들 덕분에 이 책은 실용적이고 이해하기 쉽고 유용한 책이 되었다.

책의 집필과 퇴고에 도움을 준 이들에게도 감사를 전한다. 줄리엣 튀달Juliette Tudal, 오드 시뷔에Aude Sibuet, 안나 페렐로이젠Anna Perelroizen, 세실 카리옹Cecile Carrion, 에스텔 데샤르 피샤Estelle Deschard Pichat, 델핀 베르탕Delphine Bertin, 오드 르 카르펑티에Aude le Carpentier, 크리스토프G.Christophe G, 그웬돌린 프라당Gwendoline Fradin, 소라야 아베드Soraya Abed, 케브 아엘레바Khev Haeleva, 이자벨 드로나이IsabelleDelaunay, 샤를로트 위 파이라Charlotte du Payrat, 실뱅 도르Sylvain Dore에게 감사하다.

그리고 책을 출간하기 전, 초안을 검토하는 것을 도와준 모든 이들에게도 감사의 인사를 전한다. 로렁 아노Laurent Hanaud, 엠마뉘엘 말레-샤미노Emmanuelle Mallet-Chaminand, 오르탕스 뤼페나흐Hortense Rufenacht, 베로니크 그라팽Veronique Graffin, 에믈린 오메르Emeline Omer, 실뱅 데샹Sylvain Deschamps, 니콜 바르Nicole Barre, 엘레나 스페나토Elena Spenato, 올리비에 파랑Olivier Parant, 마리에트 폴리에Mariette Pollier, 발레리 코프레비크Valérie Koplewicz, 니콜라 베르텔리Nicolas Bertelli, 방자망 리시Benjamin Richy, 장-바티스트 베르구노Jean-Baptiste

Bergougneau, 드니 레바소르 Denys Levassort, 엠마뉘엘 칼르랑 Emmanuelle Callerand, 디디에 다그랑크 Didier Daglinckx, 나탈리 로르카 Nathalie Llorca, 소피 피나 Sophie Fina, 안나-라파엘 오바르 Anne-Raphaele Aubard, 사미아 라베이 Samia Rabehi, 아드리앙 캉카르 Adrien Quancard, 기욤 팔 Guillaume Fhal, 미카엘 뷔로 Michael Burow, 세드릭 몰레이 Cédric Moley, 뱅상 기오 Vincent Guiot, 악셀 뉘트리 Axel Nutri, 마리오 에스포지토 Mario Esposito, 니콜라 뒤케스 마에 Nicolas Duquesne Maes, 기욤 부트 Guillaume Boute, 피에르 시모네 Pierre Simonet, 카티 베일 Cathy Veil, 에란디다 반호브 Erendida Vanhove, 오드레 그리모 Audrey Grimault, 로렌 루아조 Laurene Loizeau, 피에르 빌뇌브 Pierre Villeneuve, 카미유 브뤼더 Camille Bruder, 폴린 프레보 Pauline Prevot, 시모에 드레아 Simoes Dréa, 세브린 고데 Séverine Godet, 카트린 알키에 Catherine Alquier, 리즈 오페르 Lise Aupert, 마리 스투즈만 Marie Stutzmann, 델핀 비테브루 Delphine Wittebroot, 안느 랑프뢰르 Anne Lempereur, 로르-린 고텅 Laure_Line Gautun, 엘사 블랑코 Elsa Blanco, 올리비아 뒤테이 Olivia Dutheil, 셀린 트랑 Celine Tran, 코린 뢰리에 Corinne Leulier, 크리스토프 아트뮈 Christophe Arthemus, 마리에트 랜 Mariette Laine, 쥘리앙 도트르메퓌시 Julien Doutremépuich, 위그 랑드리아소아 Hugues Randriatsoa, 알렉상드라 페르시 Alexandra Persil, 샤를 프랑코 Charles Franko, 카를로스 카레라 Carlos Carrera, 뤼시 카시자 Lucie Cassisa, 아나이스 피에르 Anais Pierre...

마지막으로 열정과 엉뚱한 생각을 지지해 주고 밤새도록 새벽까지 끊이지 않던 이야기를 들어주었던 지인들에게 감사하다. 우리를 응원해 준 가족과 친구들, 특히 안느-샤를로트 Anne-Charlotte, 마농 Manon, 로맹 Romain에게 감사하다. 그리고 이 책을 쓰는 동안 우리의 멤버가 된 셀마 Selma와 말로 Malo에게도 감사와 환영의 말을 전한다. 우리가 함께 경험과 지식, 질문을 나눈 모든 사람에게 감사한다. 그들 덕분에 우리는 많은 것을 배우고 실험할 수 있었다.

그리고 이 마지막 줄을 빌려 독자에게 한 가지 요청을 하고 싶다. 우리는 책

집필 프로젝트를 계속 성장하면서 향상하려는 목적으로 시작했다. 그러므로 여러분의 피드백은 소중하고, 이 피드백을 통해 계속 우리의 지식을 풍성하게 하고 싶다. 여러분의 관점과 아이디어 없이는 다음 작업을 준비할 에너지를 찾지 못할 것이다.

이메일로 언제든지 의견을 달라: hello@klap.io

용어 사전

모든 다른 방법론과 기술적인 영역이 그렇듯이, 디자인 씽킹에도 전문 용어가 있다. 그리고 전문가들은 영어에서 파생한 단어, 약어, 대문자 약자를 사용하면서 입문자들이 디자인 씽킹 세계로 들어오지 못하게 막는 것을 좋아한다. 우리는 이러한 문제를 해결해 보고자 한다. 분명 쉽지는 않겠지만 당신이 디자인 씽킹을 기업 생태계에 도입하고자 한다면 개념을 분명하고 이해하기 쉽게 전달할 수 있어야 할 것이다. 여기에 당신에게 도움이 될 용어를 선별하여 소개한다.

민첩성Agility: 환경의 변화에 시기적절하게 적응하면서 가치를 창출하고 고객을 만족시킬 수 있는 조직의 역량. 2001년 애자일 매니페스토Agile Manifesto와 함께 컴퓨터 공학계에서 대중화된 "애자일agile" 방법론은 실제로는 오랫동안 존재해 왔다. 자동차 기업 도요타Toyota에서 많은 영감을 받았다.

유추Analogy, 類推: 각기 다른 분야에 속한 "것들" 사이에서 하나의 또는 여러 개의 공통점을 알아챌 수 있고, 다른 이들이 이를 알아내도록 하는 능력. 유추는 더 이해하기 쉬운 다른 분야의 요소와 연관해서 복잡한 주제를 더 잘 이해할 수 있는 능력을 말한다. 그리고 우리는 무의식적으로 우리의 경험을 이용하여 (즉, 경험에 빗대어 유추하여) 새로운 것을 이해하고, 때로는 새로움을 창조한다.

자기 조직화 Auto-organization: 자기 조직화는 한 그룹이 스스로 조직하고 목표를 달성하거나 문제 해결을 위해 조직 내부에서 결정하는 능력을 말한다.

협동 vs 참여 Collaborative vs Participative: 참여자들이 공동으로 창작하고 함께 결정하는 공동 작업을 "협동"이라고 부른다. 이 개념은 "참여"와는 다르다. 공동으로 작업을 할지라도 외부 인사(결정자, 후원자, 심사위원, 패널 등)가 결정하면 참여라고 부른다.

창조성Creativity: 개인 또는 그룹의 창조성은 많은 양의 해결책, 아이디어 또는 효과나 특정한 행동을 유발하는 콘셉트 등을 상상하고 (일반적으로 짧은 기간 또는 정해진 기간 내에 요구된 대로) 창작하는 능력이다.

적극적 경청 Active Listening: 발화자가 명시적으로 또는 은연중에 표현한 정서와 감정을 이해하고 그 내용을 언어로 표현할 수 있는 능력. 적극적 경청은 상대가 말한 내용을 정리하여 표현하는 능력뿐만 아니라 일반적으로 언어로 표현되지 않은 감정적인 부분(몸짓, 자세, 목소리 톤, 시선 등)까지도 이해하는 능력을 포함한다.

공감Empathy: 타인이 표현한 감정에 상응하는 감정을 느끼는 능력. 이때 타인과 자신의 감정을 구별할 수 있다.

에너자이저^{Energizer}: 말 그대로 그룹에 에너지를 부여하기 위해 퍼실리테이터가 워크숍에서 활용하는 짧은 활동이다. 이 활동을 사용해 즐거운 방식으로 창의력과 신체를 깨운다.

오류^{Error}: 어떤 경우에도 오류는 실패를 뜻하지 않는다. 오류는 디자인 씽킹 프로세스의 과정으로, 실험을 통해 가정이 틀렸다는 것을 확인한 것일 뿐이다. 우리는 오류를 경험하면서 문제를 만족스럽게 해결하는 해답을 찾는다.

디자인 씽킹 퍼실리테이터^{Design Thinking facilitator}: 디자인 씽킹 프로세스의 기둥을 지탱하는, 호의적이고 호기심이 많고 공감하는 전문가이다. 디자인 씽킹 퍼실리테이터는 정해진 도전 과제를 공동으로 해결하기 위해 워크숍 사전 과정과 진행 과정을 돕는다. 퍼실리테이터는 (고객 또는 의뢰자와 함께) 도전 과제의 범위를 정하고 사전 탐구 및 조사 단계에서 팀을 도우면서 워크숍을 준비한다. 그리고 팀이 구체적이면서 명백한 결과를 끌어내는 집단 지성이 발현할 수 있는 긍정적인 분위기를 유지하도록 신경을 쓴다.

하드 스킬^{Hard skills}(노하우): 개인적 경험이나 교육을 바탕으로 얻어낸 능력 전반을 뜻한다. 개인은 하드 스킬을 이용하여 업무를 잘 수행할 수 있다.
예: 소프트웨어 활용 능력(디자인, 문서 작성, 인보이스 작성, 데이터베이스 관리), 기술적 언어 활용 능력(프로그램 코딩, 웹 코딩, 의학 용어, 법 용어), 언어 활용 능력(영어, 스페인어, 독일어), 분야 활용 능력(수학, 물리, 회계, 화학, 경제).

아이스 브레이커^{Icebreaker}: 워크숍이나 회의에서 참석자들이 대화를 시작하고, 활기를 띠게 하며, 적어도 한 번씩 모든 이가 말을 하는 기회를 주는 짧은 활동. 이 활동을 활용하면 편안한 분위기를 조성해 다음 단계를 더 원활히 진행할 수 있다.

아이디어 창출^{Ideation}: 이 책에서 소개한 디자인 씽킹의 두 번째 단계. 아이디어 창출은 창의력을 자극하고 최대한 많은 아이디어를 창작하는 중요한 순간이다. 아이디어 창출 단계에서는 몰입 단계에서 찾아낸 사용자의 문제점을 해결할 방법을 찾아내기 위해 자유롭게 상상한다.

몰입^{Immersion}: 이 책에서 소개한 디자인 씽킹의 첫 번째 단계. 몰입은 사용자를 만나고 배우고 이해하는 순간이다. 공감하면서 사용자를 더 잘 이해하는 것이 인간 중심 디자인의 기본이다. 직접 만난 사용자의 문제점을 찾아내는 것이 몰입 단계의 목적이다.

통합^{Inclusion}: 집단 지성 발현을 촉진하는 워크숍을 시작하는 단계. 이 단계의 목적은 각 참가자가 다른 이들과 동등한 자격을 갖고 그룹에서 자신의 역할을 찾을 수 있도록 모든 참가자를 환영하는 것이다. 이 단계를 가장 쉽게 진행하는 방법은 각 팀원이 자신의 이름을 소개하고 워크숍에 기대하는 것을 이야기하도록 하는 것이다. "아이스 브레이커"를 통합 활동으로 활용하여, 모든 참가자가 발표하게 할 수 있다. 비록 매우 단순한 활동이고 각 참가자가 말할 수 있는 시간이 매우 짧을지라도, 각 참가자가 그룹과 소통하고 그룹 내에서 자신의 목소리를 낼 수 있어 효과적이다.

혁신^{Innovation}: 혁신은 아이디어를 실현하는 것이다. 아이디어를 이전에는 없던 제품으로 실현하거나 지역, 시장, 분야 그리고/또는 주어진 해결책을 수행하는 직무를 개선하는 것을 뜻한다. 제품이나 서비스에 기능을 추가하고 수정하거나 제거하면서 끊임없이 개선하는 증대되는 혁신^{incremental}

innovation과 제품을 혁신적으로 바꾸는 급진적인 혁신radical innovation을 구별한다.

인사이트Insight: 적절한 우리말을 아직 찾지 못한 용어이다. 디자인 씽킹에서 인사이트는 새로운 제품이나 서비스를 개발할 기회를 내포한 사용자의 욕망 또는 사용자가 의식적으로나 무의식적으로 느끼는 문제를 깨닫는 것을 말한다. 일반적으로 몰입 단계에서 얻어낼 수 있는 정보이다.

집단 지성 Collective intelligence: 다수의 개체가 모인 공동체에서 발현되는 (단순히 논리적이고 수학적이지 않은) 지적 능력이다. 집단 지성은 팀원 사이에서 일어나는 수많은 상호 작용에서 발생하는 시너지 효과 덕분에 복잡한 작업을 실행할 수 있다. 집단 지성이 발현되기 위해서는 공동체 안에서 정보가 공유되어야 하고, 공동의 규칙을 지키며, 수많은 사회적 관계가 형성되고 각 팀원에 혜택이 돌아가야 한다. 팀원에게 동등한 발언 시간이 주어지고, 다양한 분야와 문화가 공존하고 정서 지능Emotional intelligence이 높은 사람들이 많을수록 집단 지성이 더 강력해진다.

린 스타트업 Lean Startup: 2008년 에릭 리스가 창시한 린 스타트업은 짧은 시간 동안 제품을 만들고 성과를 측정해 시장의 요구에 완벽하게 일치하는 제품/서비스를 개발할 때까지 개선 과정을 반복하는 경영 방법론의 하나이다. 린 스타트업의 목적은 불필요하게 시간과 돈을 투자하지 않도록 민첩하고 빠르게 반응하면서 적은 비용을 들여 아이디어를 빠르게 테스트하는 것이다. 디자인 씽킹에서 린 스타트업은 좋은 제품을 개발할 수 있는 가장 중요한 기초로 꼽힌다. 그리고 두 다른 기초는 제품을 개선하게 해 주는 린/애자일Lean/Agile 태도와 최대한 많은 대상을 만나게 해 주는 그로스 해킹Growth Hacking을 들 수 있다.

메이커Maker: "회의를 천 번 하는 것보다 프로토타입 하나를 만드는 것이 낫다"라는 좌우명을 따르는 메이커는 디자인 씽킹에 꼭 필요한 구성원이다. 메이커는 개선하는 데 필요한 좋은 피드백을 얻기 위해서는 무엇인가를 먼저 제작해야 한다고 믿는다. 메이커의 사고방식이 공동 창작 그룹에서 발현되어야 한다.

MVPMinimum Viable Product(최소기능제품): 린 스타트업의 창시자 리스에 따르면 MVP는 상용화를 고려할 수 있는 최소한의 기능을 갖춘 버전이다. 고객이 구매할 정도로 충분한 제품 가치가 있는 제품 또는 서비스의 첫 번째 버전이다. MVP를 시장에 출시한 후에는 사용자들의 피드백을 기본으로 기능을 개선한다.

허영 지표 Vanity metrics: 실적 분석과 향후 전략 설정에 도움이 될 것이라 착각하게 만드는 지표. 믿음과 환상에서 비롯된 지표로 개선을 하는 듯한 느낌을 주기 때문에 사람들이 활용한다. 그러나 실제로는 지표로서의 가치가 없으며, 조절할 수 있거나 재생산할 수 있는 요소와 아무 연관성이 없다. 보통 허영 지표는 실제로 활용할 수 있는 지표와 대조되는 개념으로 사용된다. 반면에 실질적인 지표로는 의사 결정과 목표 달성, 사업 개발에 도움을 주는 데이터 등을 들 수 있다.

중립Neutrality: 생산적인 토론에서, 아이디어가 대립하는 순간이나 충돌하는 순간에 어느 한편을 들지 않는다. 비록 자신이 받은 교육과 경험, 가치와 믿음의 바탕 때문에 결코 완벽하게 중립적인 사람은 없다고 할지라도, 자신의 의견을 은연중에 또는 겉으로 표현하지 않음으로써 중립적인 태도를 유지할 수 있다.

수평적 사고^{Lateral Thinking}: (보통 "전통적"이라고 말하는) 수직적 사고와 반대되는 개념이다. 혁신적인 해결책을 찾기 위해 불가능하거나 비현실적인 해결책을 상상하는 것에서부터 시작한다. 비논리적인 아이디어를 "발판^{springboard}"으로 삼아 새로운 아이디어로 뛰어오르는 것이다. 새 아이디어를 실행할 수 있는지 없는지는 고려하지 않는다. 단지 유의미한 해결책을 찾을 때까지 반복하여 찾는다. 그리고 세 번째 방법으로 "상자에서 나온^{out of the box}" 사고, 이진 추리^{binary reasoning}를 이야기하기도 한다. "수직적" 사고에서 실행 불가능한 아이디어는 보통 "만약 가능했다면, 이미 존재했을 것이다", "성공할 수 없다", "너무 비용이 많이 든다", "비현실적이다", 심지어는 "어처구니없다" 등의 이유로 거절당한다.

비주얼 씽킹^{Visual Thinking}: 언어 처리와 유사한 "언어적" 사고방식과 대조되는 개념으로, 두뇌로 시각 정보 처리를 기본으로 하는 사고방식이다. 디자인 씽킹은 비주얼 씽킹을 기본으로 하는 방법론이다.
예: 경험을 지도에 표현하는 도구, 마인드 매핑^{mind mapping}, 포스트잇 활용 등

프로젝트^{Project}: 시작과 끝을 정해 실현하는 구체적인 임무의 하나로, 대상을 정하여 명확하게 결정한 목표를 달성하기 위해 실행해야 하는 모든 활동이다.

프로토타입^{Prototype}: 한 아이디어의 전부 또는 일부를 유형이나 디지털 형태로 구현한 결과물. 아이디어 창출 단계에서 고안한 제품 또는 제품을 개발하기 위한 가정을 최대한 구체화한 것을 말한다. 프로토타입은 결코 완성품이 아니다.

세런디피티^{Serendipity}: "찾던 것과 다른 무언가를 찾는 것". 어떤 주제에 관한 탐구를 하던 중 의도하지 않은 상황들이 연속적으로 일어나면서 우연히 발견하는 것을 말한다(예: 포스트잇 접착제, 아스피린 등). 이런 종류의 발견을 하려면 예상치 못한 일을 열린 마음으로 받아들여야 한다. 그냥은 일어나지 않는다!

소프트 스킬^{Soft Skills}(존재하는 방법): 한 개인의 개성을 이루는 고유의 인성, 태도. 주로 정서 지능을 뜻하며, 타인과 조화롭게 관계를 맺는 능력, 의식적으로 행동하기, 신뢰 속에서 협업할 수 있는 능력을 보여준다.
예: 복잡한 문제 해결 능력, 비판적인 사고, 창의력, 정서 지능 등

스토리텔링^{Storytelling}: 사용자의 경험, 아이디어가 탄생한 배경을 이야기하듯 전달하는 방법이다. 스토리텔링을 통해 상대방의 마음을 더욱 잘 끌 수 있다. 또한, 디자인 씽킹에서 한 콘셉트를 효과적으로 말로 표현하게 해 주는 강력한 기술이다.

활동 범위^{Playground}: 디자인 씽킹 워크숍에서 활동 범위는 프로토타입으로 제작해야 할 아이디어를 선택할 때(몰입 단계와 아이디어 창출을 거쳐 도달하는 결정의 순간에) 지켜야 할 테두리이다. 활동 범위는 일반적으로 다음 요소로 구성된다. "도출해야 하는 해결책, 피해야 할 해결책, 실행 가능한 해결책."

테스트^{Test}: 디자인 씽킹의 마지막 단계인 테스트는 제작한 프로토타입과 대상 사용자가 만나는 순간이다. 디자인 씽킹 프로세스에서 테스트는 양적 데이터를 수집하기보다는 질적인 정보를 얻는 것이 주된 목적이다.

참고 문헌

디자인 씽킹

- 팀 브라운[Tim Brown], 《디자인에 집중하라[Change by Design, Revised and Updated]》 (김영사, 2019)
- 로버트 쿠레일[Robert Curedale], 《디자인 씽킹 포켓 가이드[Design Thinking Pocket Guide]》 (Design Community College Inc, 2015)
- D.SCHOOL, 〈부트캠프 부트레그[Bootcamp bootleg](디자인 씽킹 도구함)〉, http://bit.ly/dschoolbtlg
- 제이크 냅[Jake Knapp], 《스프린트 세상에서 가장 혁신적인 기업 구글의 기획실행 프로세스[Sprint: How to Solve Big Problems and Test New Ideas in Just Five Days]》 (김영사, 2016)
- 비제이 쿠마르[Vijay Kumar], 《디자인 방법 101가지[101 Design Methods]》 (John Wiley & Sons, 2012)
- 쟌 리에트카[Jeanne Liedtka], 엔드류 킹[Andrew King], 케빈 베넷[Kevin Bennett], 《디자인 씽킹으로 문제 해결하기[Solving Problems with Design Thinking]》 (Columbia University Press, 2013)
- 쟌 리에트카[Jeanne Liedtka], 팀 오길비[Tim Ogilvie], 《성장을 위한 디자인: 디자인 씽킹 툴킷[Designing for Growth :A Design Thinking Tool Kit]》 (Columbia University Press, 2011)
- 로저 마틴[Roger Martin], 《디자인 씽킹 바이블-비즈니스의 디자인[Design of Business : Why Design Thinking Is the Next Competitive Advantage]》 (유엑스리뷰, 2018)
- 도널드 노먼[Don Norman], 《일상적인 것들의 디자인[The Design of Everyday Things]》 (Basic Books, 2013)
- 해리스 A. 필립[Harris A. Phillip], 《데이터 기반 디자인: 오늘날 제품 디자이너가 혁신적인 디지털 제품을 창작하기 위해 사용자 경험에 접근하는 방식[Data Driven Design : How Today s Product Designer Approaches User Experience to Create Radically Innovative Digital Products]》 (K & R Publications, 2013)

그래픽

- 마이크 로드[Mike Rohde], 《스케치노트 핸드북: 시각적 노트 정리 설명 가이드[The Sketchnote Handbook: the illustrated guide to visual note taking]》 (Peachpit Press, 2012)

문화와 영감

- 에드워드 드 보노[Edward De Bono], 《진지한 창의성: 새로운 아이디어를 창조하는 수평적 사고의 힘 사용하기[Serious Creativity: Using the Power of Lateral Thinking to Create New Ideas]》 (Harper business, 1993)
- 아이작 게츠[Isaac Getz], 《자유주식회사[Freedom, Inc.]》 (자음과 모음, 2017)
- 애덤 그랜트[Adam Grant], 《오리지널스: 어떻게 순응하지 않는 사람들이 세상을 움직이는가[Originals: How Non-Conformists Move the World]》 (한국경제신문사, 2016)
- 토니 셰이[Tony Hsieh], 《딜리버링 해피니스[Delivering Happiness]》 (북하우스, 2010)

- 다니엘 카너먼^{Daniel Kahneman}, 《생각에 관한 생각^{Thinking, Fast and Slow}》 (김영사, 2018)
- 가이 가와사키, 《가이 가와사키의 시장을 지배하는 마케팅^{Enchantment: The Art of Changing Hearts, Minds, and Actions}》 (모멘텀, 2013)
- 알렉산더 오스터발더^{Alexander Osterwalder}, 이브 피그너^{Yves Pigneur}, 조지 베르나르다^{Gregory Bernarda}, 알랜 스미스^{Alan Smith}, 《가치 제안 디자인 : 고객이 원하는 제품 및 서비스를 만드는 방법^{Value Proposition Design: How to Create Products and Services Customers Want}》 (John Wiley & Sons, 2014)
- 에릭 리스^{Eric Ries}, 《린 스타트업: 끊임없는 혁신으로 급격하게 성공적인 비즈니스를 만드는 방법^{The Lean Startup: How Constant Innovation Creates Radically Successful Businesses}》 (Penguin Books Ltd, 2011)
- 사이먼 사이넥^{Simon Sinek}, 《'왜'에서 시작하라: 위대한 리더들이 행동을 이끌어내는 법^{Start with Why : How Great Leaders Inspire Everyone to Take Action}》 (Penguin Books Ltd, 2011)
- 피터 틸^{Peter Thiel}, 《0에서 1로^{Zero to One}》 (Random House, 2015)
- 유네스 라르바우이^{Younes Rharbaoui}, 아나벨 비뇽^{Annabelle Bignon}, 《정글북^{Le livre de la Jungle}》 (Dunod, 2019)

기능성 게임과 아이스 브레이커

- 루크 호만^{Luke Hohmann}, 《이노베이션 게임^{Innovation Games}》 (에이콘출판, 2008)
- 제임스 매카누포^{James Macanufo} 외, 《게임 스토밍^{Gamestorming}》 (한빛미디어, 2016)

TED Talks

- 필립 스탁^{Philippe Starck}, 〈필립 스탁, 디자인을 논하다.〉
  https://www.ted.com/talks/philippe_starck_design_and_destiny?language=ko
- 톰 워젝^{Tom Wujec}, 〈복잡한 문제에 부딪혔다면 먼저 토스트 만드는 과정을 설명해 보세요!〉
  https://www.ted.com/talks/tom_wujec_got_a_wicked_problem_first_tell_me_how_you_make_toast?language=ko
- 사이먼 사이넥, 〈위대한 리더들이 행동을 이끌어내는 법〉
  https://www.ted.com/talks/simon_sinek_how_great_leaders_inspire_action?language=ko
- 토니 페델^{Tony Fadell}, 〈디자인의 첫번째 비밀은... 알아채는 것입니다.〉
  https://www.ted.com/talks/tony_fadell_the_first_secret_of_design_is_noticing?language=ko
- 에이미 커디^{Amy Cuddy}, 〈신체언어가 여러분의 모습을 만듭니다.〉
  https://www.ted.com/talks/amy_cuddy_your_body_language_may_shape_who_you_are?language=ko
- 켄 로빈슨^{Sir Ken Robinson}, 〈학교가 창의력을 죽인다.〉
  https://www.ted.com/talks/sir_ken_robinson_do_schools_kill_creativity?language=ko
- 알레한드로 아라베나^{Alejandro Araven}, 〈제 건축 철학이요? 공동체와 함께 만드는 거죠.〉
  https://www.ted.com/talks/alejandro_aravena_my_architectural_philosophy_bring_the_community_into_the_process?language=ko

디자인 씽킹 퍼실리테이션 대백과
실무에 바로 써먹는 60가지 디자인 도구

초판 발행일 2021년 9일 9일
1판 3쇄 2024년 4월 8일
펴낸곳 유엑스리뷰
발행인 현호영
지은이 멜리사 알다나, 뱅상 드로메르, 요안 르메니
옮긴이 허린
디자인 강지연, 임지선
주소 서울시 마포구 백범로 35, 서강대학교 곤자가홀 1층
팩스 070.8224.4322
이메일 uxreviewkorea@gmail.com

ISBN 979-11-88314-89-8

Passez au design thinking

by Vincent Dromer, Mélissa Aldana, Yoann Leméni
Copyright © Éitions Eyrolles in 2019
All rights reserved.

Original ISBN 978-2-212-57059-5
This Korean edition was published by UX REVIEW in 2021
by arrangement with the original publisher, Éditions Eyrolles.

. . . .

유엑스리뷰는 가치 있는 지식과 경험을 많은 사람과 공유하고자 하는
전문가 여러분의 소중한 원고를 기다립니다. 투고는 유엑스리뷰의 이메일을 이용해주세요.
✉ uxreviewkorea@gmail.com